NADJA TOMOUM

Das Geheimnis des TUTANCHAMUN

NADJA TOMOUM

Das Geheimnis des

TUTANCHAMUN

Der goldene Pharao und seine abenteuerliche Wiederentdeckung

C.H.BECK

Mit 29 Schwarzweißabbildungen und Karten sowie
einem Tafelteil mit 22 farbigen Abbildungen

Vorderer Vorsatz: Brustplakette mit dem Herzskarabäus des Königs
Hinterer Vorsatz: Farbenfrohes Goldpektoral
Siehe auch Tafelteil Nr. 8 und 14
(Fotos: © Sandro Vannini/Laboratoriorosso)

Originalausgabe

www.chbeck.de
Umschlaggestaltung: geviert.com, Michaela Kneißl
Umschlagabbildung: Tutanchamun, Goldmaske, um 1340 v. Chr.,
Höhe 54 cm. Kairo, Ägyptisches Museum; © akg-images
Satz: C.H.Beck.Media.Solutions, Nördlingen
Druck und Bindung: Druckerei C.H.Beck, Nördlingen
Gedruckt auf säurefreiem und alterungsbeständigem Papier
(hergestellt aus chlorfrei gebleichtem Zellstoff)
Printed in Germany
ISBN 978 3 406 79359 2

myclimate

klimaneutral produziert
www.chbeck.de/nachhaltig

INHALT

Wunderbare Dinge

Als Howard Carter am 4. November 1922 im Tal der Könige eintraf, herrschte dort eine außergewöhnliche Stille. Seine Arbeiter waren auf eine Felsstufe gestoßen und warteten nun auf den Leiter der Grabung. Carter ließ die Stelle unverzüglich freilegen. Die Arbeiter gruben sich durch eine dicke Schicht Geröll und legten nach und nach eine Treppe frei. Plötzlich stand die aufgewühlte Grabungsmannschaft vor einem vermauerten Türeingang, den Carter im Schein seiner Lampe inspizierte: In den Verputz waren die Siegel der antiken Friedhofsverwaltung eingeprägt. Dass sich hinter dieser Mauer das Grab einer bedeutenden Persönlichkeit verbergen musste, war dem erfahrenen Archäologen sofort klar. Er ließ alles wieder zuschütten. Lord Carnarvon, sein Geldgeber, befand sich zu diesem Zeitpunkt in England und musste umgehend benachrichtigt werden. Am 6. November erhielt der Lord ein Telegramm von seinem Grabungsleiter: *Habe endlich wunderbare Entdeckung im Tal gemacht. Ein großartiges Grab mit unberührten Siegeln. Bis zu Ihrer Ankunft alles wieder zugedeckt. Gratuliere.* Es dauerte fast drei Wochen, bis Lord Carnarvon und seine Tochter Lady Evelyn in Ägypten eintrafen. Nach dieser langen Zeit des Wartens, die Carter wie eine Ewigkeit vorkommen musste, konnte er nun endlich weiterarbeiten. Seine rechte Hand Arthur Callender, Lord Carnarvon und Lady Evelyn standen dabei in fiebriger Erwartung dicht hinter ihm. Als die Arbeiter die Treppe zum zweiten Mal freilegten und Carter wieder vor dem vermauerten Zugang stand, konnte er seinen Augen kaum trauen: Auf dem Mörtel im unteren Teil der Mauer erkannte er die Siegel des Tutanchamun. Diesen schönsten Moment in seinem Leben schildert der Archäologe in seinem Tagebuch: *Mit zitternden Händen machte ich eine kleine Öffnung in der linken oberen Ecke. Dunkelheit und Leere ... dann erweiterte ich das Loch, führte eine Kerze hindurch und spähte hinein ... Zuerst konnte ich nichts sehen, da die aus der Kammer entweichende heiße Luft das Licht der Kerze zum Flackern brachte. Als meine Augen sich aber an das Licht gewöhnten, tauchten bald Einzelheiten im Innern der Kammer auf, seltsame Tiere, Statuen und Gold – überall glänzendes schimmerndes Gold! ... Für den Augenblick – den andern, die neben mir standen, muß es wie eine Ewigkeit erschienen sein – war ich vor Verwunderung stumm. Als Lord Carnarvon die Ungewißheit nicht länger ertragen konnte und ängstlich fragte: «Können Sie etwas sehen?», war alles, was ich herausbringen konnte: «Ja, wunderbare Dinge!»* So ergreifend war für Carter der erste Blick in Tutanchamuns Gruft.

Carnarvon hätte kurz vor der Entdeckung beinahe aufgegeben und alle weiteren Zahlungen eingestellt – viele Jahre der Enttäuschung und des Zweifels lagen hinter ihnen. Wie oft hatten äußere Umstände ihre Pläne, im Tal der Könige zu graben, vereitelt und wie oft hatte die Zeit des unerträglichen Wartens mit anderen Aktivitäten überbrückt werden müssen. Zwölf Jahre lang hatte die offizielle Grabungserlaubnis für das Tal bei Theodore Davis gelegen, einem betuchten Schatzgräber aus den USA. Es hatte lange so ausgesehen, als wolle dieser dort für den Rest seines Lebens graben. 1912 hatte er sogar behauptet, Tutanchamuns Grab gefunden zu haben, was Carter jedoch bezweifelt hatte – er vertraute seinem Instinkt und seiner jahrelangen Berufserfahrung. Unbeirrt war er seiner Sehnsucht gefolgt, im Friedhof der glorreichsten Pharaonen des Alten Ägypten ein unberührtes Grab zu entdecken. Als Davis dann beim Ausbruch des Ersten Weltkriegs und aus gesundheitlichen Gründen nach Amerika zurückgegangen war, war für Carter und Carnarvon der große Augenblick gekommen, ihre «königliche» Grabungskampagne zu beginnen. Wegen des Krieges mussten sie jedoch weitere Verzögerungen in Kauf nehmen. Auch Ägypten war von der weltpolitischen Lage nicht unberührt geblieben und forderte seine Unabhängigkeit von der britischen Militärherrschaft. Nationale Erhebungen sorgten für große Unruhen im Land, und es kam zu einer Revolte gegen die Besatzer. In dieser äußerst angespannten Lage hatten die beiden Briten in fünf Winterkampagnen vergeblich nach dem Grab des geheimnisvollen Tutanchamun gesucht. Zu allem Übel geriet der Lord durch die hohe Inflation nach dem Ersten Weltkrieg in finanzielle Schwierigkeiten. Aber Carters eiserne Entschlossenheit, trotz widriger Umstände nicht aufzugeben, beeindruckte seinen Finanzier so sehr, dass dieser sich schließlich zu einer sechsten und letzten Grabung überreden ließ. Nun war ihr lang gehegter Wunsch in Erfüllung gegangen, und ihre Ausdauer wurde mit einer fulminanten Entdeckung belohnt.

Über 3300 Jahre lang hatte kein Mensch mehr die Gruft des Tutanchamun betreten. Die Gefühle der Ausgräber, als sie im Grab die Luft derjenigen einatmeten, die es zuletzt verlassen hatten, lassen sich nur vage erahnen. Zum Zeitpunkt seiner Entdeckung konnte Carter nicht vorhersehen, dass sich die Bergungsarbeiten mehr als zehn Jahre hinziehen und ihn an die äußersten Grenzen seiner Belastbarkeit bringen würden. Im Grabmal befand sich nicht nur die Mumie des Königs, sondern auch eine unvorstellbare Fülle von kostbaren Grabbeigaben. Nachrichten über diesen Jahrhundertfund verbreiteten sich wie ein Lauffeuer und lösten die erste globale Mediensensation aus. Die Welt stand kopf! In den ersten Wochen und Monaten nach Carters einzigartiger Entdeckung jagte eine Sensationsschlagzeile die nächste; noch nie hatte ein archäologischer Fund derartig viel Aufmerksamkeit erregt. Die luxuriösen Nildampfer von Thomas Cook und regionale Züge brachten wohlhabende Touristen von Kairo direkt zu den Ausgrabungen. Alle Hotelzimmer in Luxor waren ausgebucht. Das Winter Palace Hotel verwandelte sich in jenen Tagen in ein globales Pressebüro, von dem aus Depeschen mit aktuellen Neuigkeiten aus dem Grab in sämtliche Metropolen der Erde versendet wurden. Von überall her reisten unzählige Würdenträger, Touristen und Journalisten an, um den Sensationsfund im Tal der Könige mit eigenen Augen zu sehen. Eine Schar von Pressevertretern lauerte am Grabeingang, um ja nichts zu verpassen. Die Öffentlichkeit verfolgte Carters Bergung des Grabschatzes mit großem Interesse und wurde durch bebilderte Reportagen bestens informiert. So wurde ein Pharao, dessen Herrschaft in eine der brisantesten Zeiten des Alten Ägypten fiel und der aus den ägyptischen Annalen getilgt worden war, beinahe über Nacht zu einem gefeierten Weltstar. Vor der Entdeckung seines Grabes hatte nur eine Handvoll Archäologen von seiner Existenz gewusst. Seine letzte Ruhestätte ist das einzige so gut wie intakte Pharaonengrab, das jemals im Tal der Könige ausfindig gemacht wurde; die Gräber aller anderen Herrscher waren bereits in der Antike geplündert worden.

Tutanchamun ging als berühmtester Pharao in die Geschichte ein und ist für unzählige Menschen die Personifizierung des Alten Ägypten. Seine Goldmaske wurde zum bekanntesten Symbol antiker Kunst und zum Inbegriff für ewige Jugend, Prunk und Schönheit. Im Jahrzehnt der Entdeckung des Grabes, den wilden Zwanzigerjahren, flammte die seit vielen Jahrhunderten bestehende Ägyptomanie wieder auf und in westlichen Metropolen brach eine förmliche «Tutmania» los. Tutanchamun und sein Goldschatz boten stimulierende Impulse für sämtliche Kreativbranchen, und Hunderte von unbeschreiblich schönen Objekten aus seinem Grab sorgten dafür, dass diese Inspirationsquelle nicht versiegte. Bis heute ist König «Tut» der berühmteste aller Pharaonen und ein erfolgreicher Verkaufsschlager in der Populärkultur. Viele Millionen Touristen haben sein Grab im Tal der Könige in Luxor besucht und seine Schätze im Ägyptischen Museum in Kairo besichtigt. Unzählige Bücher und Filme sind über ihn erschienen und repräsentative Objekte aus seinem Grabschatz tourten durch die ganze Welt. Selbst der «Fluch des Pharao», der Lord Carnarvon und viele andere Menschen, die das Grab des Königs betreten hatten oder mit dem Grabungsteam in Verbindung standen, angeblich dahingerafft haben soll, tat der Beliebtheit des Pharao keinen Abbruch. Unzählige Mythen ranken sich um sein Leben und bieten reichhaltigen Stoff für Fantasyfilme, Dramen und Balladen. Howard Carters Entdeckergeschichte liest sich wie ein Abenteuerroman, von dem sich die Welt noch hundert Jahre später fesseln lässt. Der Goldschatz des legendären Königs hat nichts von seiner Strahlkraft verloren, und bis in jüngste Zeit gelingt es der Wissenschaft, weitere Geheimnisse über den goldenen Pharao zu lüften.

1. KAPITEL

Das Zeitalter der großen Pharaonen

Tutanchamun wurde um die Mitte des 14. Jahrhunderts v. Chr. in der glanzvollsten Epoche des Alten Ägypten geboren, als das Neue Reich im Zenit seiner kulturellen und wirtschaftlichen Macht stand. Zur Zeit des legendären Königs konnte Ägypten auf eine mehr als 1600 Jahre alte Kulturgeschichte zurückblicken, die ihren Ausgang mit der Erfindung der Schrift um 3000 v. Chr. genommen hatte. Die Bevölkerung war mit einem vorteilhaften Klima und einer ertragreichen Landschaft gesegnet: Vor allem der Nil – die Lebens- und Kommunikationsader Ägyptens – bildete die Grundlage für den Wohlstand des Landes. Der Fluss versorgte die Menschen mit frischem Wasser und brachte bei seiner alljährlichen Überschwemmung fruchtbaren Schlamm auf die Felder. In guten Jahren konnten die Ägypter ausreichende Ernten einbringen. Doch schon früh erkannten sie die Launen des Nils und schlossen sich zu einer zweckmäßigen Arbeitsgemeinschaft zusammen, um ihr Überleben auch in kargen Jahren sicherstellen zu können. Der Pharao sorgte für eine straff organisierte Verwaltung und brachte das Land unter seine Führung; er war Mittler zwischen dem Volk und den Göttern. Im Laufe der mehrere Jahrtausende langen Geschichte Ägyptens standen insgesamt 31 verschiedene Herrscherhäuser an der Spitze der ägyptischen Gesellschaft, allein im Neuen Reich drei Dynastien mit über 30 Pharaonen. Deren Aufgabe war es, sich um das Wohlergehen ihrer Untertanen zu kümmern, Feinde zu besiegen und die Götter zu besänftigen. Ägyptens Wohlstand hing von der Gunst des gottgleichen Königs ab, was die Bevölkerung zu Höchstleistungen anspornte. Nicht zuletzt dank des trockenen Klimas haben sich Tausende von steinernen Denkmälern, Darstellungen und Texte als bleibende Zeugnisse dieser ältesten Hochkultur des Mittelmeerraums erhalten. Jeder König vereinigte bei seinem Regierungsantritt in einem rituellen Akt die beiden administrativ geteilten Landesteile Ober- und Unterägypten; symbolisiert wurde dies durch die Hieroglyphe für «Vereinigen», die mit den Wappenpflanzen Papyrus (Unterägypten) und Lilie (Oberägypten) umschlungen war. Auch das bedeutende Ritual des Erschlagens der Feinde oblag dem König. All seine Handlungen basierten auf einer göttlichen Mythologie, die den Lauf der Welt bestimmte und auf ewig unveränderlich war. Nach dem Tod des Pharao fiel das Land in einen Urzustand zurück, in dem die Sonne untergegangen war und Chaos herrschte. Erst mit dem Regierungsantritt eines neuen Königs wurde die Finsternis überwunden und die Welt neu erschaffen. In der im Osten aufgehenden Sonne manifestierte sich jeden Tag aufs Neue das erfolgreiche Schöpfungswerk des Königs. Der beständige Rhythmus wiederkehrender Naturphänomene gab den Menschen am Nil ein Urvertrauen in das Leben. Viele Generationen von Pharaonen legten die Grundlagen für eine stabile Gesellschaftsstruktur und den unvergleichlichen Prunk des Neuen Reiches.

Im Alten Reich hatte Ägypten ab ca. 2700 v. Chr. mit dem Beginn des großen Pyramidenbaus seine erste Blütezeit erlebt. Die Hauptstadt des Reiches lag in Memphis, unweit des heutigen Kairo, an der Nahtstelle zwischen Ober- und Unterägypten. Auf der Ostseite des Nils, dem Ort der Lebenden, bauten die Ägypter ihre irdischen Wohnstätten, während sie auf der Westseite ihre Toten bestatteten.

Die gottgleichen Pharaonen ließen sich in der Wüste gewaltige, unvergängliche Grabanlagen aus Stein errichten. Die Pyramide war für die Ägypter ein Symbol des Urhügels, aus dem die Welt durch göttliches Wirken erschaffen worden war. Unter der sengenden Sonne Ägyptens setzten viele Hunderte Männer tonnenschwere Blöcke Schicht um Schicht aufeinander, um ihrem König ein Haus für die Ewigkeit buchstäblich in den Himmel zu bauen. 500 Jahre lang sorgten die ägyptischen Könige für politische Beständigkeit. Dann zerfiel das Alte Reich in einzelne Fürstentümer, und ein Bürgerkrieg brach aus, der Not und Hunger über die Bevölkerung brachte. Auf diese innere Krise – auch «Erste Zwischenzeit» genannt – sollten im Laufe der weiteren Geschichte Ägyptens noch andere Wirren und Fremdherrschaften folgen.

Um 2000 v. Chr. gelang es einer lokalen Herrscherfamilie im oberägyptischen Theben – dem heutigen Luxor –, die einzelnen Fürstentümer unter ihrer Führung wiederzuvereinigen und eine zweite Blütephase einzuleiten. In diesem Mittleren Reich entstanden literarische Meisterwerke, in denen man die traumatischen Erfahrungen der Ersten Zwischenzeit verarbeitete und auf die sich noch spätere Generationen berufen würden. Eine gottgegebene unerschütterliche Ordnung hatte sich plötzlich in Chaos aufgelöst. Nach diesen inneren Wirren war nichts mehr wie zuvor, und Gottes Gerechtigkeit wurde ernsthaft infrage gestellt. Die Pharaonen hatten es nicht vermocht, Unheil von ihrem Volk abzuwenden, und waren mit einem Mal mit ihrer menschlichen Seite konfrontiert. Der nachdenkliche Gesichtsausdruck der Königsstatuen jener Zeit spiegelt die Bürde des Königtums und die damit einhergehende Verantwortung wider. Die Könige des Mittleren Reiches sorgten dann wieder für Stabilität und führten jenseits der südlichen Landesgrenze Kriegszüge nach Nubien, um die dortigen Goldminen auszubeuten. Die Alten Ägypter hatten einen äußerst hohen Bedarf an dem seltenen Rohstoff, den die Ausbeute der eigenen Minen in der zwischen dem Nil und dem Roten Meer gelegenen Ostwüste nicht stillen konnte. Ägypten verfügte über die umfangreichsten Goldvorkommen in der Antike, an die 120 Goldminen im eigenen Land und in Nubien bis in die ptolemäische Zeit. Das Edelmetall hatte einen so großen Stellenwert, dass einer der fünf Titel des Königs aus dem Zeichen für den Himmelsgott Horus und dem Zeichen für Gold gebildet wurde; der Goldname setzte den Herrscher mit der Sonne gleich. So wundert es nicht, dass die Ägypter kriegerische Beutezüge ins goldreiche Nachbarland führten und zur Sicherung ihrer Vorherrschaft gewaltige Festungsanlagen an strategischen Stellen errichten ließen; dort lagerten sie das abgebaute Gold zwischen, bevor sie es unter strenger Bewachung über den Nil nach Ägypten transportierten. In dieser Zeit wurden auch erste Feldzüge nach Syrien und Palästina unternommen, auf die im Neuen Reich noch zahlreiche weitere folgen sollten. Ebenso bestanden bereits Verkehrs- und Handelsverbindungen nach Südeuropa und in die Ägäis. Im Mittleren Reich wurde den späteren expansionsfreudigen Herrscherdynastien des Neuen Reiches der Weg geebnet, zur führenden Macht der damaligen Welt aufzusteigen. Zuerst mussten sie jedoch noch eine weitere Krise – die Zweite Zwischenzeit – überstehen. Fremdländische Eroberer aus der Levante, die «Hyksos», rissen für 100 Jahre die Regierungsgewalt an sich und residierten in Avaris, dem östlichen Nildelta. Sie führten in Ägypten Pferde und Wagen ein, die später zur Standardausrüstung der kriegerischen Pharaonen werden und die Grundlage für ihre gewaltige Expansionspolitik bilden sollten.

Ab 1550 v. Chr. lenkten dann die Könige des Neues Reiches 500 Jahre lang die Geschicke Ägyptens. Trotz zeitweiliger Spannungen mit den nördlichen Nachbarn hatten Tutanchamuns Vorfahren erfolgreich Allianzen und Vasallenbeziehungen im Nahen Osten aufgebaut und mit der syrischen Festung Kadesch am Fluss Orontes einen wichtigen Handelsknotenpunkt unter ihre Kontrolle gebracht. Von dort erhielten die Ägypter die wertvollen Rohstoffe Kupfer und Zinn zur Herstellung von Bronze, woraus sie Waffen schmiedeten, sowie andere bedeutende Tributabgaben. Ihre wirtschaftlichen Interessen beförderten beide Seiten zusätzlich durch eine geschickte Heiratspolitik und den Austausch von kostspieligen Geschenken. Auf viele Kriege folgten immer wieder Phasen des Friedens. Ihre südlichen Nachbarn bis zum vierten Nilkatarakt standen unter Kontrolle der Ägypter. Nubien war der Hauptlieferant nicht nur von Gold, sondern auch von landwirtschaftlichen Produkten und Arbeitskräften; ebenso verschaffte es seinem nördlichen Nachbarn Zugang zu bedeutenden Handelsrouten, über die wertvolle Waren des afrikanischen Kontinents wie Elfenbein, Ebenholz und Weihrauch transportiert wurden. Der sogenannte Vizekönig von Kusch verwaltete die nubischen Provinzen südlich des ersten Nilkatarakts und exportierte Waren und Luxusgüter nach Ägypten. Unter Tutanchamun wurde diese bedeutende Position von einem gewissen Huy bekleidet, der seine erfolgreiche Amtszeit auf den Wänden seines Grabes im thebanischen Friedhof verewigen ließ. Kostbare Waren aus den Ländern des Mittelmeerraums fanden in Ägypten ebenfalls einen guten Absatz. Den immensen Reichtum der glanzvollsten Ära Ägyptens errangen mächtige Pharaonen durch hart erkämpfte Siege und eine geschickte Expansions- und Handelspolitik.

Das Neue Reich begann mit Ahmose, einem lokalen Fürsten aus Theben. Er brachte die unter seinen Vorgängern begonnenen Kämpfe gegen die Hyksos zu einem siegreichen Abschluss und vertrieb sie aus Ägypten. Ahmose war der erste Pharao und Begründer der 18. Dynastie, deren letzter rechtmäßiger Vertreter Tutanchamun sein würde. Unter der Herrschaft Ahmoses wurde Ägypten zu einem Militärstaat umgebaut. Kriegerische Beutezüge in benachbarte Länder füllten die Staatskasse und versprachen üppige Beute für die ägyptischen Soldaten. Männer aus dem Mittelstand traten reihenweise als Berufssoldaten einem großen Heer bei, und die Söhne des Königs wurden zu Generälen der Armee ernannt. Neue Großreiche in Vorderasien hatten Ägypten in den Blick genommen, das sich nur retten konnte, indem es seinen Feinden zuvorkam, und dafür brauchte es ein schlagkräftiges Heer. Ahmose verbrachte viele Jahre mit seinen Soldaten in Syrien und kam dabei in unmittelbaren Kontakt mit der dortigen Kultur. Seine erfolgreichen Feldzüge füllten die Schatzhäuser der Tempel; und das brachte den Berufsstand der Priester hervor, deren Einfluss mit jedem militärischen Erfolg größer wurde. Der thebanische Lokalgott Amun war durch die seit dem Mittleren Reich stetig wachsende Machtstellung Thebens zum Staatsgott emporgestiegen.

Ahmoses Sohn und Nachfolger, Amenophis I., fügte dann als erster Pharao seinem Namen den Gott Amun («der Verborgene») hinzu – viele Hymnen des Neuen Reiches preisen ihn als Schöpfergott. Karnak, seine Hauptresidenz in Theben-Ost, wuchs zu einer gewaltigen Tempelanlage heran, zu deren Prunk jeder König noch bis in die Zeit der römischen Fremdherrschaft mit eigenen Stiftungen beitrug. Amuns Hauptkultort zählt heute zu den Wundern der alten Welt. Auch Tutanchamun wird sich dort mit beeindruckenden Bau- und Restaurierungsprojekten verewigen. Während der 18. Dynastie entwickelte sich der thebanische Amuntempel zu einer mächtigen Wirtschaftsinstitution und Hochburg der Priesterschaft. Durch erfolgreiche Handelsbeziehungen und kriegerische Beutezüge nach Nubien und Vorderasien flossen dem Land viele Tribute, Rohstoffe und Waren zu und verschafften Karnak große Macht und großen Reichtum. Amenophis I. sicherte die südlichen Landesgrenzen bis zum zweiten Nilkatarakt und ging im Norden gegen das syrische Reich der Mitanni vor. Sein Nachfolger Thutmosis I. setzte diese Expansionspolitik in Nubien und Syrien fort und ließ tief in den thebanischen Bergen das erste Felsgrab des Tals der Könige (KV38) anlegen. Fast alle Pharaonen des Neuen Reiches werden sich in diesem gigantischen Gräberfeld bestatten lassen. Die große Zeit des Pyramidenbaus war zu Beginn der 18. Dynastie endgültig vorbei. Jeder König gab unmittelbar bei Amtsantritt den Bau des eigenen Grabes in Auftrag, um seine Versorgung im Jenseits dauerhaft sicherzustellen. Starb ein Herrscher vorzeitig, wurde er auch in einem unvollendeten oder – wie bei Tutanchamun – hastig fertiggestellten Grab beigesetzt.

Auf Thutmosis I. folgte sein Sohn Thutmosis II. Er ging gnadenlos gegen einen Aufstand fünf nubischer Provinzen vor und *wurde wütend wie ein Panther*, wie er auf einem seiner Gedenksteine schildert, den er zwischen Assuan und Philae aufstellen ließ; doch nach nur drei Regierungsjahren verstarb dieser Herrscher. Thutmosis III., ein Sohn des Königs von seiner Nebenfrau Isis, wurde zwar zum offiziellen Nachfolger ernannt; da dieser aber noch ein Kind war, ließ sich seine Stiefmutter und Tante Hatschepsut zum Pharao krönen und führte die Regierungsgeschäfte stellvertretend für ihn. Schon früher hatten immer wieder auch Frauen den ägyptischen Königsthron bestiegen, aber keine von ihnen hatte sich so hervorgetan wie Hatschepsut. Sie ließ sich im Königsornat und mit voller Pharaonentitulatur auf Tempelwänden darstellen. Ihren Stiefsohn und Neffen Thutmosis III. verdrängte sie jedoch nicht gänzlich, denn er scheint während ihrer Herrschaft Feldkampagnen nach Vorderasien und Nubien geführt zu haben. Bekannt wurde sie vor allem durch ihren auf dem thebanischen Westufer gelegenen Totentempel in Deir el-Bahari; dieser diente dem Kult der verstorbenen Königin und zählt zu einem der bedeutendsten Monumente altägyptischer Tempelarchitektur. Er stellt den Höhepunkt einer neuen Entwicklung des Neuen Reiches dar: Der königliche Totentempel wurde nun in der Ebene in rund eineinhalb Kilometer Entfernung vor dem dazugehörigen Grab im Tal der Könige errichtet. Hatschepsuts Kultanlage zeichnet sich durch ein Dekorationsprogramm von hohem künstlerischen Wert aus und dokumentiert bedeutende Ereignisse ihrer langen Herrschaft: Feinste Reliefs schildern die göttliche Geburt und Krönung der Königin, ihre Expeditionen ins sagenumwobene Punt, das im heutigen Somalia oder Eritrea lag, und den Transport von tonnenschweren Granitobelisken von Assuan nach Karnak. Als Pharao machte Hatschepsut Gebrauch von ihrem Anspruch, sich im Tal der Könige ein Grab (KV20) errichten zu lassen. Sie griff dabei auf ein ursprünglich für ihren Vater Thutmosis I. begonnenes Grabmal zurück. Ihre Begräbnisstätte wurde zwischen 1903 und 1904 von Howard Carter während seiner Amtszeit als Chefinspektor von Oberägypten freigelegt. Hatschepsuts erfolgreiche Regierungszeit endete rund 20 Jahre nach dem Tod ihres Gemahls Thutmosis II.

Als Thutmosis III. endlich sein rechtmäßiges Erbe antreten konnte, entlud sich die angestaute Energie in einer großen Kampfeslust. Er führte nicht weniger als 17 Militärkampagnen und ging als der mächtigste Kriegerkönig des Pharaonenreiches in die Geschichte ein. Seine Feldzüge gegen syrisch-palästinensische Mächte führten ihn bis an den Euphrat; dort ließ er zwei Gedenkstelen aufstellen, eine neben einem Monument seines Vorfahren Thutmosis I. und eine zweite auf der anderen Seite des Flusses. Er nahm die Söhne von besiegten vorderasiatischen Herrschern als Geiseln mit an seinen Hof, um sie nach ägyptischer Tradition zu erziehen; dadurch sicherte er sich die Loyalität eroberter Gebiete und festigte die ägyptische Vorherrschaft auch für künftige Generationen. Im Süden stieß er bis zum Gebel Barkal unweit des vierten Nilkatarakts vor. Dort gründete er das religiös-administrative Zentrum von Napata und zwang die Bevölkerung, zum Amunglauben zu konvertieren. Unter Thutmosis III. erreichte Ägypten seine größte territoriale Ausdehnung. Zahlreiche zeitgenössische Denkmäler zeigen ihn als wagemutigen Pharao auf seinem Streitwagen im Kampf gegen fremdländische Feinde, etliche Male kehrte er mit reicher Beute in seine Heimat zurück. In der Schlacht von Megiddo gewann er die vergoldeten Streitwagen der gegnerischen Fürsten. Auf den Wänden seines Annalensaals im Karnaktempel ließ er seine siegreichen Militärkampagnen und die geleisteten Tributzahlungen verewigen. Der König zeigte auch ein großes Interesse an exotischer Flora und Fauna: So brachte er etwa aus Syrien den Granatapfel und das Haushuhn nach Ägypten mit. Nach rund 54 Regierungsjahren verstarb Thutmosis III. und hinterließ seinem Sohn und Nachfolger Amenophis II. ein großes Reich mit sicheren Grenzen.

Amenophis II. erbte die körperliche Konstitution seines Vaters, er war ein sportlicher König, der mit Pfeil und Bogen umzugehen verstand und sich auch im Rudern und Laufen hervortat. Er führte die Kriege in Nubien und gegen das Reich der Mitanni in Syrien weiter und stellte den Reichtum des Landes durch seine rege Bautätigkeit zur Schau. Als Victor Loret, damaliger Generaldirektor des ägyptischen Antikendienstes, 1898 sein Grab (KV35) im Tal der Könige entdeckte, staunten die Archäologen nicht schlecht: Sie fanden darin nicht nur die Mumie von Amenophis II., sondern auch die sterblichen Überreste der bedeutendsten Herrscher des Alten Ägypten und einiger ihrer Familienangehöriger. Zwei dieser Mumien, die als «jüngere Dame» und «ältere Dame» bekannt sind, wurden mit Hilfe von Genanalysen als Mutter und Großmutter Tutanchamuns identifiziert. Auch fand sich in diesem Grab eine Mumie, die Amenophis III., dem Großvater Tutanchamuns, zugewiesen wird. Die Leichname waren während der 21. Dynastie von der königlichen Verwaltung infolge von Plünderungen und Räumungen der Pharaonengräber dorthin umgebettet worden. Unweit dieser spektakulären Entdeckung arbeitete der junge Howard Carter bereits seit einigen Jahren im Totentempel der Hatschepsut in Deir el-Bahari als

Archäologe und Zeichner für den britischen «Egypt Exploration Fund».

Auf Amenophis II. folgte sein Sohn Thutmosis IV., der den ägyptischen Thron durch göttliche Gunst erlangte. Als er sich einmal nach einer Jagd im Schatten der Sphinx bei den Pyramiden von Gizeh ausruhte, hatte er einen Traum: Vor ihm erschien der Sonnengott Re, der sich nach damaligem Glauben in Gestalt der Sphinx zeigte und ihm den Thron Ägyptens versprach, wenn er sein Bild von dem Sand befreien würde. Die Weissagung Res erfüllte sich, und Thutmosis IV. ließ zum Dank zwischen den Pranken der Sphinx «die Traumstele» aufstellen, auf der von diesen Begebenheiten berichtet wird. Seit Urzeiten lag das Hauptkultzentrum des Sonnengottes Re in Heliopolis, nahe dem heutigen Kairo. Die herausragende Bedeutung dieses Gottes zeigt sich in der Einführung des Königstitels «Sohn des Re» ab der 4. Dynastie. Im Amuntempel von Karnak ließ Thutmosis IV. einen 32 Meter hohen Obelisken – ein Symbol der Strahlen des Sonnengottes – fertigstellen und aufrichten, der von seinem Großvater Thutmosis III. in Auftrag gegeben, aber nicht vollendet worden war. Dieses bedeutende Denkmal wurde im 4. Jahrhundert n. Chr. nach Rom geschafft und Ende des 16. Jahrhunderts auf Geheiß von Papst Sixtus V. auf seinem heutigen Platz vor der Lateransbasilika errichtet. Während der Regierungszeit Thutmosis' IV. kam es zu einem Friedensschluss mit dem Herrscher des Mitannireiches in Nordsyrien. Zur Festigung des Friedensvertrags heiratete er dessen Tochter, die den ägyptischen Namen Mutemwia erhielt; ihr Sohn wurde als Amenophis III. der Nachfolger seines Vaters Thutmosis IV. Dieser starb nach zehnjähriger Amtszeit und fand seine letzte Ruhe im Tal der Könige, wo Howard Carter 1903 sein geplündertes Grab (KV43) mit prachtvollen Wandmalereien entdeckte.

Unter der fast 40 Jahre währenden Herrschaft Amenophis' III. erlebte Ägypten eine beispiellose kulturelle und wirtschaftliche Blütezeit. Im ganzen Land und über die Landesgrenzen hinaus ließ dieser Pharao eindrucksvolle Baudenkmäler von gigantischen Ausmaßen errichten; sein kolossaler Baustil wurde erst wieder von den Ramessidenkönigen der 19. Dynastie aufgegriffen und sogar übertroffen. Der Kunststil unter Amenophis III. zeichnet sich durch Überfeinerung und motivischen Detailreichtum aus; er diente Künstlern noch zur Zeit seines Sohnes und Nachfolgers Amenophis IV. Echnaton und seines Enkels Tutanchamun als Inspirationsquelle. Ägypten erlebte eine Zeit des Friedens und konnte sich ungestört seiner inneren Entwicklung widmen. Amenophis III. genoss die siegreichen Errungenschaften seiner Vorfahren in vollen Zügen und schwelgte im Prunk. In seiner ganzen Regierungszeit unternahm er vermutlich nur eine einzige militärische Kampagne nach Nubien. Entgegen der Konvention nahm er sich mit Teje eine Bürgerstochter zur Gattin und machte sie sogar zu seiner Hauptfrau. Sie stammte aus einer angesehenen mittelständischen Familie der Stadt Achmim in Mittelägypten. Zur Feier seiner Heirat mit der «Großen königlichen Gemahlin» brachte der junge Amenophis III. die erste Reihe von Gedenk-Skarabäen heraus. Diese wurden zu einer Besonderheit seiner Amtszeit und dienten sowohl zur Verherrlichung seiner Taten als auch zur Verkündung besonderer Anlässe. Auf einer Serie der Stierjagd-Skarabäen rühmt er sich, nicht weniger als 76 Wildstiere getötet zu haben, während die Löwenjagd-Skarabäen davon berichten, dass der Pharao im ersten Jahrzehnt seiner Herrschaft über 100 Löwen höchstpersönlich erlegt hatte. Durch diese spezielle Themenwahl sollten die physischen Kräfte des Königs zur Schau gestellt werden. Seine Schwiegereltern Juja und Tuja – Tutanchamuns Urgroßeltern – versorgte er mit angesehenen Ämtern am Königshof; auch gewährte er ihnen ein Grab im Tal der Könige (KV46), was nur sehr wenigen Personen der Oberschicht gestattet wurde und für ihre enge Bindung zum König spricht. Ihr nahezu unversehrtes Grab mitsamt ihren Mumien und ihrem kostbaren Grabschatz wurde 1905 von James Quibell entdeckt, der für den Amerikaner Theodore Davis als Grabungsleiter tätig war. 17 Jahre später fand Carter im Grabschatz des Tutanchamun eine Haarlocke von Teje, der Großmutter des Königs. Sie war eine der berühmtesten und mächtigsten Königinnen des Alten Ägypten; die lebensnahen Gesichtszüge der von ihr erhaltenen Rundplastiken scheinen auf eine energische Persönlichkeit hinzuweisen.

Amenophis III. residierte mit seiner Gemahlin in einem prunkvollen Palast in Malkata und ließ auf dem thebanischen Westufer den größten Totentempel Ägyptens aller Zeiten errichten. Von seiner Kultanlage sind heute nur noch Überreste der beiden berühmten rund 18 Meter hohen Memnonkolosse erhalten, die einstmals den Tempeleingang flankierten. Für den höchsten Gott Amun, seine Gemahlin Mut und ihren Sohn Chons ließ Amenophis III. auf der Ostseite des Nils unweit des Karnaktempels den Luxortempel errichten. Zwischenzeitlich war die thebanische Priesterschaft zu einem mächtigen Gegenspieler des Königs aufgestiegen. Tribute, Beute und Luxusgüter aus dem Ausland hatten Karnak zu einem äußerst bedeutenden Wirtschaftszentrum mit Ländereien, Vieh und Werkstätten anwachsen lassen, und einflussreiche Familien des Landes waren dort mit angesehenen Posten versorgt worden. Amenophis III. ließ den Amuntempel weiter ausbauen, verherrlichte die Landesgötter mit üppig ausgerichteten Kultfesten und ließ im Allerheiligsten eine Serie von kostbaren Statuen für bedeutende Staatsgottheiten aufstellen. Zunehmend räumte er aber auch «Aton» – *ein alter Name für die Sonne selbst* – einen Platz als eigenständigem Gott ein. In Hymnen wurde Aton als Schöpfer und Erhalter des Lebens gepriesen. Die Hinwendung zu einer besonderen Sonnenverehrung hatte sich bereits unter Thutmosis IV. angebahnt. Unterdessen gingen die thebanischen Priester in Karnak weiterhin ungestört ihren alten Kultpraktiken nach und verehrten den Staatsgott Amun als König der Götter. Erst unter Amenophis IV. Echnaton, dem Sohn Amenophis' III., gerieten die altbewährten Traditionen ins Wanken: Dieser Pharao wird einen radikalen Bruch mit der thebanischen Priesterschaft herbeiführen und eine religiöse Umwälzung auslösen, wie Ägypten sie noch nie zuvor gesehen hatte. Er wird den Reichsgott Amun in Karnak von seinem Thron stoßen und den Sonnengott Aton zum Universalgott erheben.

2. KAPITEL

Echnatons religiöse Revolution

Tutanchamuns Geschichte ist eng verflochten mit dem Wirken seines Vaters Amenophis IV. Echnaton. Dieser war schon zu Lebzeiten äußerst umstritten: Er sorgte für große Unruhe in seinem Land und gilt heutzutage als der Begründer der ersten monotheistischen Religion. Die einen halten ihn hierbei für einen religiösen Eiferer und Ketzerkönig, der sein Land in ein tiefes Chaos gestürzt habe, andere sehen in ihm eher einen visionären Religionsstifter. Echnaton betrachtete sich als alleinigen Sohn und Hohepriester des Gottes Aton, den er als universale Gottheit an die Stelle der vielen sich in unterschiedlichen Erscheinungsformen offenbarenden Götter setzte. Aton verkörperte Licht und kosmische Energie und trat ausschließlich in Form der Sonnenscheibe in Erscheinung. Das radikale Wesen dieses außergewöhnlichen Königs enthüllte sich nicht sofort. Zum Zeitpunkt seiner Thronbesteigung um 1351 v. Chr. deutete nichts darauf hin, dass er Ägypten schon bald in eine gewaltige Krise stürzen würde. Wie seine Vorgänger trug er den obersten Gott Amun in seinem Geburtsnamen Amenophis («Amun ist zufrieden»), und auch mit seiner Königstitulatur schien er der orthodoxen Tradition zu folgen. Seine spätere Abkehr vom althergebrachten Staatskult kam allerdings nicht von ungefähr. Am Hof seines Vaters Amenophis III. hatte er in jungen Jahren sicherlich die zwischen dem Pharao und dessen religiösen Beratern stattfindenden Gespräche über eine sich anbahnende neue Sonnentheologie mitbekommen. Da Ägyptens komplexes Göttersystem und seine lokalen Traditionen für Ausländer nur schwer zugänglich waren, schien die Einrichtung einer anderen Art von Kult für die Vasallenstaaten erforderlich. Aton eignete sich ideal als Universalgott: Man konnte ihn ja in allen Ländern am Himmel sehen. Amenophis III. hätte jedoch niemals ernsthaft in Erwägung gezogen, die Stellung Amuns – des Königs der Götter – zu hinterfragen oder diesen gar zu eliminieren, wie es sein Sohn Amenophis IV. mit unerhörter Verwegenheit tun würde. In der zunehmenden Macht des obersten Gottes Amun und seiner Priester sah Echnaton eine Bedrohung für sein eigenes Königtum. Bei der Etablierung des neuen Atonkults sorgte er deshalb dafür, dass dieser exklusiv an ihn und seine Familie gebunden war. Mit seiner Gemahlin Nofretete («die Schöne ist gekommen») stand ihm eine starke Persönlichkeit zur Seite: Sie wird die Sonnenreligion ihres Mannes maßgeblich unterstützen und eine – für eine Königin – ungewöhnliche Machtstellung einnehmen. Das unkonventionelle Herrscherpaar wird sechs Töchter bekommen. Wie seine Vorgänger unterhielt Echnaton einen großen Harem an seinem Hof, zu dem auch Nebenfrauen von ausländischer Herkunft gehörten. Kija, eine von ihnen, war vielleicht eine mitannische Prinzessin aus Nordsyrien, die eine bevorzugte Stellung am Königshof einnahm, wie ihr Titel «Große geliebte Frau des Königs von Ober- und Unterägypten» nahelegt.

In den ersten Jahren seiner Amtszeit vollzog Amenophis IV. noch ganz nach traditionellem Brauch Kulthandlungen in Karnak für den Hauptgott Amun und andere alteingesessene Gottheiten. Doch sein Vorhaben, die Macht des Staatsgotts einzuschränken, muss schon eine ganze Weile in ihm gereift sein. Denn schon bald ließ er unweit des Amuntempels provokativ einen Tempel zu Ehren des Sonnengottes Aton in völlig ungewohntem Stil errichten und schrieb seinen neuen Glauben in einer revolutionären Kunstsprache fest: Amenophis IV. präsentiert sich in androgyner Gestalt mit manieristischen Körperformen unter seinem Vater Aton – der Sonnenscheibe –, der ihm mit seinen Strahlen Leben spendet. Der König war im Besitz von männlichen und weiblichen Eigenschaften und hat sich – wie Aton – selbst erschaffen. Er und seine Gemahlin Nofretete stehen ganz unter dem Einfluss ihres energiespendenden, mächtigen Sonnengottes. Völlig unkonventionell sind auch die privat anmutenden Bildszenen im engen Kreis der Angehörigen: Auf Denkmälern zeigt sich der Herrscher in inniger und liebevoller Beziehung mit seiner Familie unter den Strahlen des Aton, die Töchter sitzen auf dem Schoß ihrer Eltern, klettern über sie oder stehen dicht hinter ihnen. Die Königsfamilie zeigt sich im Mittelpunkt allen Geschehens, Aton schenkt ihnen seine allumfassende Liebe und durchdringt sie mit seinem Licht. Der noch deutlich zu erkennende Kunststil der Zeit Amenophis' III. wurde mit einer bislang nicht gekannten Freiheit des Ausdrucks kombiniert. Amenophis IV. ging sogar noch einen Schritt weiter: Er legte seinen Geburtsnamen Amenophis ab, um sich fortan Echnaton («Aton wohlgefällig» oder «Strahl des Aton») zu nennen, während seine Gemahlin Nofretete den Beinamen Neferneferuaton («Vollkommenste des Aton») erhielt. Das war eine klare Kampfansage an die Priester Karnaks und den Staatsgott Amun.

Im fünften Jahr seiner Herrschaft brach der König endgültig mit Theben: 350 Kilometer nördlich vom Hauptkultort des Amun ließ er im heutigen Tell el Amarna auf dem Ostufer des Nils seine neue Hauptstadt Achet-Aton («Horizont des Aton») errichten. Sie diente als Zentrum für seine neue Religion, und dort konnte er jeden Tag beobachten, wie die Sonne zwischen zwei Hügeln aufging. Amarna gilt als eines der frühesten Stadtplanungsprojekte der Antike. Zur Finanzierung dieses gewaltigen Bauvorhabens erlegte Echnaton allen Tempeln des Landes eine Sonderbesteuerung auf. Die Bauwerke wurden mit normierten Steinblöcken («Talatat») von handlichem Format innerhalb von nur fünf Jahren hochgezogen. Auf einer von 14 Felsstelen abgesteckten Fläche von rund zwölf Kilometern Länge und 25 Kilometern Breite entstanden Paläste, Prozessionswege, Villen, Verwaltungsgebäude, Arbeitersiedlungen, Wohnhäuser und Werkstätten. Zur Versorgung der neu angesiedelten Bevölkerung standen ausgedehnte Ländereien zur Verfügung. Farbenfrohe Darstellungen der ägyptischen Flora und Fauna schmückten die Wände und Böden der üppig ausgestatteten Paläste. Im Zentrum der Stadt lag der große Atontempel, ein offener Bau ohne Dach mit zahlreichen Opferaltären. Traditionelle ägyptische Tempel bestanden aus einer Reihe von Vorhöfen, die zu überdachten Räumen bis ins Allerheiligste führten, wo sich die aus Edelmetall gefertigten Kultstatuen der Götter befanden. In den offenen Tempeln in Amarna erübrigte sich eine Kultstatue – Aton war schließlich überall sichtbar. Entgegen dem herkömmlichen Brauch ließ der König für sich und seine Familie in einem entlegenen Tal östlich von Amarna, Richtung Sonnenaufgang, ein großes Felsgrab errichten und nicht auf dem Westufer, wo man sonst in der Regel die Toten bestattete. Den Bau an seinem Grab im Westteil des Tals der Könige (WV25) gab er endgültig auf. Echnatons Glaube war gänzlich auf Aton ausgerichtet, den Schöpfer der sichtbaren Welt, der alles Leben auf Erden mit seinen Strahlen durchdrang.

Weitab von Theben und seinen Priestern konnte der König in Amarna seinen neuen Glauben ungestört zelebrieren. Er stellte eine neue Beamten- und Priesterschaft ein und nahm aus Theben nur diejenigen Staatsdiener in die neue Hauptstadt mit, die ihm gegenüber loyal waren. Über 3000 Jahre später sammelte Howard Carter 1892 seine ersten Erfahrungen als Ausgräber in Amarna, und nur 20 Jahre darauf fand der deutsche Ägyptologe Ludwig Borchardt dort in den Ruinen eines Bildhauerateliers die weltberühmte Büste der Nofretete. Seit vielen Jahrzehnten lockt sie Millionen von Besuchern ins Neue Museum in Berlin. In Amarna stießen Archäologen auch auf die berühmten «Amarnabriefe»: Auf 300 gebrannten Tontafeln ist in akkadischer Keilschrift – der Lingua franca im Neuen Reich – der rege Briefverkehr zwischen Pharaonen und vorderasiatischen Königen aus der Zeit Amenophis' III., Echnatons und Tutanchamuns verewigt. Sie gewähren einmalige Einblicke in Ägyptens politische und wirtschaftliche Beziehungen mit ihren nördlichen Nachbarn in jener Zeit. In einigen Briefen beschweren sich die Vasallen über Ägyptens fehlende Präsenz und äußern ihre Sorge über einen kriegerischen Einfall der Hethiter im Norden. Echnatons Versäumnis, wirkungsvolle Maßnahmen zur Aufrechterhaltung der Stabilität des großen Reiches zu ergreifen, wurde auch in Ägypten mit großer Besorgnis zur Kenntnis genommen. Bisher hatte Amun, der König der Götter, den Pharaonen zu einer erfolgreichen Expansionspolitik verholfen und für Prosperität im Land gesorgt. Umso mehr sahen die Priester Thebens Echnatons Nachlässigkeit und Schmähung Amuns als Undankbarkeit gegenüber ihrem höchsten Gott an, waren doch ihm allein die siegreichen Kriege, die vollen Schatzhäuser und der Wohlstand Ägyptens zu verdanken. Die Autorität der Sakralbeamten war eng an die Machtstellung ihres Staatsgottes gekoppelt. Sie stammten aus einflussreichen Familien und waren durch die enormen Einnahmen, die dem Karnaktempel seit Jahrhunderten zuflossen, über viele Generationen hinweg zu wirtschaftlichem Reichtum gelangt. Mit Amuns Sturz vom Königsthron drohte auch ihre Macht ausgehebelt zu werden. Aber nicht nur sie hatten erheblich durch ihn profitiert, sondern auch das Militär. Die Soldaten kamen seit den erfolgreichen Feldzügen unter Thutmosis III. immer weniger zum Einsatz und rüsteten nur noch selten zum Krieg; die unter Echnatons Vorfahren mühsam errungene Vorherrschaft in Vorderasien begann allmählich zu bröckeln. Auch die Generäle wollten ihre Eigeninteressen und ihr soziales Ansehen gewahrt sehen, außerdem fürchteten sie nun materielle Einbußen. Die Empörung unter den einflussreichen Ständen hinderte Echnaton jedoch nicht daran, gnadenlos gegen Amun vorzugehen und seine Darstellungen von allen Tempelwänden tilgen zu lassen. Der König schreckte nicht einmal davor zurück, die Denkmäler seines Vaters Amenophis III., der den höchsten Gott in seinem Namen trug, zu beschädigen. Die Zerstörung des Bildes und Namens von Amun sollten den ägyptischen Reichsgott seiner Identität für immer berauben. Auf Befehl Echnatons wurden dessen Heiligtümer im ganzen Land geschlossen. Und während der Rest des ägyptischen Pantheon verschont blieb, widerfuhr Göttern, die mit dem Amunkult in Verbindung standen, wie seiner Gemahlin Mut und ihrem Sohn Chons, das gleiche Schicksal.

Während sich der König und seine Familie in Amarna dem Atonkult hingaben, betete die Mehrheit der Bevölkerung weiterhin die alten Götter an, denn ihrer Erfahrung nach erhörten nur sie ihre Bitten und befreiten sie von ihren Sorgen. Selbst in der neuen Hauptstadt stand nicht jeder Dorfbewohner hinter der neuen Religion des Herrschers. In der Öffentlichkeit stimmten die Untertanen Loblieder auf ihren Pharao an und warfen sich ihm zu Füßen. Auf persönlicher Ebene blieb ihnen die exklusive Sonnenreligion Echnatons jedoch verschlossen. Heimlich beteten sie weiterhin zu ihren alten Göttern und richteten sich in ihren eigenen vier Wänden kleine Privatkapellen und Hausaltäre ein. Da die Dörfer außerhalb von Amarna lagen, konnte das einfache Volk seinen alten Kulten weiterhin ungestört nachgehen. Es brauchte nahbare Götter, die sich der Hoffnungen, Wünsche und Nöte der Menschen annahmen und an die Gebete und Opfer direkt gerichtet werden konnten. Die Verehrung des Aton erfolgte nur mittelbar über das Königspaar. Der Sonnenglaube war einzig und allein für Echnaton und seine Familie geschaffen worden, und Aton offenbarte sich nur ihnen. In den Ruinen von Amarna fanden Archäologen auch Figuren der traditionellen Götter, insbesondere solche, die mit Tod, Geburt und Fruchtbarkeit in Verbindung standen; eigentlich durfte es diese dort nicht geben, sie wurden jedoch von einem Großteil der Bevölkerung weiterhin verehrt. In seinem berühmten Sonnengesang, den Echnaton selbst verfasst haben soll, beschreibt er Aton als *einzigen Gott, dessengleichen nicht ist.* Sein irdischer Sohn huldigt ihn als Schöpfer und Bewahrer aller Völker auf Erden, die sein tägliches Erscheinen am Osthorizont preisen und sich, sobald er untergegangen ist, aus Furcht verstecken. *Es gibt niemanden, der dich kennt, außer dein Sohn Echnaton*, lobpreist der König seinen hochverehrten Aton. Die Götter der Unterwelt standen für Vernichtung und Tod und wurden als seine Feinde betrachtet. Echnaton war ein exzentrischer Herrscher. Seine ausschließlich dem Diesseits zugewandte Sonnenreligion blieb Antworten auf existenzielle Fragen schuldig, die sich mit den Mächten des Chaos jenseits der irdischen Welt befassten. Nur durch den Abstieg in die allnächtliche Finsternis – in das Reich der Toten – konnte sich die Sonne erneuern und verjüngt aus der Unterwelt wieder emporsteigen; dafür brauchte es die traditionelle Religion. Ein so tief verwurzelter Glaube wie der ägyptische ließ sich nicht einfach von heute auf morgen abschaffen. Und so wundert es nicht, dass Echnatons kompromissloser Atonkult nur von kurzer Dauer war. In seinen letzten Lebensjahren musste der König viele Schicksalsschläge hinnehmen. Vier seiner Töchter verstarben an den Folgen einer Pest. Auch wird vermutet, dass seine Gemahlin Nofretete und seine Mutter Teje einer Seuche zum Opfer fielen. Das für ihn in Amarna errichtete Felsgrab wurde leer aufgefunden. 1907 stieß der Archäologe Edward Ayrton auf das notdürftig eingerichtete Einkammergrab KV55 im Tal der Könige, das heute auch als «Amarna

Cache» bekannt ist. Darin fand er eine weitestgehend skelettierte Mumie, bei der es sich nach Genanalysen um Echnatons sterbliche Überreste handelt. Die Mumie war in einem verzierten menschenförmigen Holzsarg beigesetzt worden, der ursprünglich vielleicht für seine Nebenfrau Kija angefertigt worden war.

Welche Könige zwischen Echnaton und Tutanchamun regierten, gibt bis heute viele Rätsel auf. Antike Quellen berichten von drei aufeinanderfolgenden Königen. Bezüglich der Nachfolge Echnatons kommen unterschiedliche Szenarien in Betracht: Semenchkare, dessen Identität bis heute ungeklärt ist, könnte der Gemahl von Meritaton, der ältesten Tochter von Echnaton und Nofretete, und ein Halbbruder oder Bruder des Königs gewesen sein. Möglicherweise verstarb er nach einjähriger Ko-Regentschaft noch während der Regierungszeit Echnatons, oder aber er herrschte nach dem Tod des Revoluzzerkönigs etwa ein Jahr lang über Ägypten. Auch ein weiblicher Pharao namens «Neferneferuaton» soll auf den Thron gefolgt sein, bei der es sich höchstwahrscheinlich um Nofretete handelt, sofern sie nicht an der Pest gestorben war. Dass auch sie nach dem Tod Echnatons den Thron bestiegen haben könnte, machen einige Ägyptologen an einem Titel fest: Sie soll während der Regierungszeit ihres Gemahls als Ko-Regentin den Beinamen «Anchet-Kheperu-Re» («Lebend sind die Erscheinungen des Re») getragen haben, die weibliche Form des Thronnamens «Anch-Kheperu-Re» des mysteriösen Semenchkare. Man vermutet sogar, dass Nofretete nach dem Tod Echnatons als Alleinherrscherin eine männliche Rolle mit einem neuen Namen einnahm, den weiblichen Thronnamen durch den männlichen ersetzte und so als Semenchkare regierte. Allerdings verlieren sich ihre Spuren nach dem 16. Regierungsjahr ihres Gemahls. Auch Meritaton hatte als älteste Tochter Echnatons Anspruch auf den Königsthron und könnte die Titel ihrer Mutter angenommen haben – Tutanchamun war da gerade einmal etwa fünf Jahre alt. In einem Brief einer namentlich nicht genannten ägyptischen Königswitwe an den hethitischen Großkönig Shuppiluliuma bittet sie den ausländischen Herrscher, ihr aus einer Notlage zu helfen. Er solle ihr einen seiner Söhne schicken, den sie zum Königinnengemahl machen würde. Der hethitische Herrscher gab ihrer Anfrage statt und schickte seinen Sohn Zannanza. Tragischerweise starb er auf seiner Reise oder nach seiner Ankunft in Ägypten unter ungeklärten Umständen. So wurden die Pläne der Königswitwe durch das unerwartete Lebensende des ausländischen Prinzen vereitelt. Handelte es sich bei der Absenderin möglicherweise um Nofretete oder Meritaton? Oder vielleicht sogar um Anchesenamun, die Gemahlin Tutanchamuns? Sie wird sich nach dem Tod ihres Mannes nämlich in einer ähnlich heiklen Situation befunden haben. Es ist kaum vorstellbar, dass eine Königswitwe einem ausländischen Prinzen auf den ägyptischen Königsthron zu verhelfen gedachte, wäre dieser Akt in der heimischen Staatspolitik doch einem Sakrileg gleichgekommen. Tatsächlich hatte ihr Gesuch den hethitischen König überrascht. Bevor er seinen Sohn Zannanza nach Ägypten ziehen ließ, sandte er zunächst einen Boten aus, der sich über die Wahrheit des Briefinhalts vergewissern sollte. Da offensichtlich ein legitimer männlicher Erbe fehlte, war die Herrscherin darauf aus, ihre Position am ägyptischen Königshof zu festigen. Falls es sich um Nofretete oder Meritaton handelte, war Tutanchamun zu diesem Zeitpunkt noch ein kleines Kind und wurde wohl nicht als geeigneter Thronnachfolger gehandelt. Oder steckte hinter dem Brief der Königswitwe an den Hethiterkönig lediglich ein diplomatischer Schachzug zugunsten ägyptischer Interessen in Vorderasien? Meritaton starb im Alter von nicht einmal 16 Jahren, und bis heute wurden weder ihr Grab noch ihre Mumie gefunden. Jedenfalls war die Rehabilitierung des Amunkults bereits im dritten Regierungsjahr des Pharao «Anchkheperure Neferneferuaton» auf den Weg gebracht worden. Rund vier Jahre nach Echnatons Tod kam Tutanchamun auf den Thron, unter dem der Amunkult weiter an Boden gewann und man allmählich wieder zu den Verhältnissen der Vor-Amarnazeit zurückkehrte. Erst mit Haremhab – dem letzten König der 18. Dynastie – begann der ägyptische Staat dann radikal gegen den Sonnenglauben Echnatons vorzugehen. So schnell die Architekten Amarna mit normierten Steinblöcken errichtet hatten, so rasch wurden einige Jahre nach dem Tod des «Ketzerkönigs» die Steine wieder abgetragen und für Neubauten andernorts verwendet. Die Ramessiden nannten Echnaton einen «Rebellen», seine Regierungszeit «Rebellion» und schlossen alle Pharaonen der Amarnazeit aus der ägyptischen Königschronik aus. Ihnen sollte keinerlei Ehrbekundung zuteilwerden, die Erinnerung an sie sollte gänzlich ausgelöscht werden. Und doch hatte Echnaton mit seiner kompromisslosen Hinwendung zum Diesseits tiefe Spuren hinterlassen und die altägyptischen Dichter zu neuen Formen der Lyrik inspiriert: In Liebesliedern, Totenklagen und Harfnerliedern priesen sie die Schönheit des Lebens und forderten zum irdischen Lebensgenuss auf. Der Tod wurde in einer völlig neuen Intensität beklagt und die jenseitige Welt bezweifelt. *Feiere einen Festtag und werde dessen nicht müde! … Bedenke: niemand, der fortgegangen ist, kehrt wieder!* steht im Harfnerlied eines gewissen Antef. Auch wenn Echnatons Revolution kein Erfolg beschieden war, übten die Erfahrungen der Amarnazeit doch einen nachhaltigen Einfluss auf die Weltanschauung der folgenden Generationen aus.

3. KAPITEL

Der Mensch hinter der Goldmaske

Die Sterne standen nicht günstig dafür, dass Tutanchamun als glorreicher Pharao in die Geschichte eingehen würde: Als Echnatons Nachfolger trat er ein schweres Erbe an, er war unumstößlich mit der Amarnaepisode verbunden, weshalb seine Existenz von allen späteren Königen geleugnet wurde. Über 3000 Jahre lag er in Vergessenheit, und nur durch Howard Carters hartnäckige Entschlossenheit, ein unversehrtes Grab im Tal der Könige zu finden, wurde der verfemte Regent der Nachwelt schließlich doch noch bekannt. Lange tat man ihn allerdings als unbedeutenden und schwachen Herrscher ab, schrieb seine plötzliche Anerkennung lediglich dem Zufallsfund seines Grabschatzes zu und sagte ihm so manch anderes nach, wie dass er einem Mord zum Opfer gefallen sein soll. Wer aber war der Mensch hinter der legendären Goldmaske, der als Kind auf den Thron kam und viel zu früh verstarb? Tutanchamun wurde um 1342 v. Chr. etwa im elften Regierungsjahr Echnatons geboren. Zu Ehren des Sonnengottes Aton erhielt er den Geburtsnamen Tutanchaton *(lebendes Abbild des Aton)*; er wuchs vermutlich im königlichen Harem in Amarna auf und stand ganz unter dem Zeichen von Echnatons Atonglauben. Lange hatten Archäologen nach historischen Zeugnissen für seine leiblichen Eltern gesucht und schließlich in einer Inschrift auf einem Steinblock aus Hermopolis, dem heutigen el-Aschmunein in Mittelägypten, einen wertvollen Hinweis gefunden: *… Sohn des Königs von seinem Leibe, von ihm geliebt, Tutanchaton.* Auf demselben Steinblock steht an einer stark beschädigten Stelle wahrscheinlich der Name seiner Schwester Anchesenpaaton geschrieben. Sie war die drittälteste von den insgesamt sechs Töchtern Echnatons und Nofretetes sowie die spätere Gemahlin Tutanchamuns. Mit der Wiedereinführung des Amunglaubens wurde sie in «Anchesenamun» umbenannt. Seit der Entdeckung dieses Steinblocks stand für die meisten Archäologen fest: Echnaton war der Vater des weltberühmten Kindkönigs. Ihre Annahme bestätigte sich viele Jahrzehnte später, als Mediziner und Naturwissenschaftler die Mumie Tutanchamuns und weitere zehn Mumien aus der 18. Dynastie untersuchten, zwischen denen man verwandtschaftliche Beziehungen vermutete. Mit Hilfe moderner Methoden der Humangenetik und Computertomografie erhellten die Forscher die Familienverhältnisse des Königs und brachten dabei Erstaunliches ans Licht: Die bislang als Echnaton identifizierte Mumie aus dem Grab KV55 im Tal der Könige war in Wahrheit Tutanchamuns Vater und eine als «jüngere Dame» bekannte Mumie aus dem Grab KV35 seine Mutter. Weitere Genanalysen ergaben, dass Echnaton der Sohn Amenophis' III. und Tejes war, die demnach Tutanchamuns Großeltern waren. Die Mumie seiner Großmutter – auch als «ältere Dame» bekannt – und die seines Großvaters waren zusammen mit der Mumie seiner Mutter – «der jüngeren Dame» – im Grab von Amenophis II. (KV35) im Tal der Könige notbestattet worden. Lange hatte man Kija, die bevorzugte Nebenfrau Echnatons, für Tutanchamuns Mutter gehalten. Ungefähr in der Zeit, als er geboren wurde – um das elfte Regierungsjahr Echnatons herum –, verschwand sie plötzlich von der Bildfläche. Vielleicht war sie bei der Geburt des Prinzen im Kindbett gestorben. Auch Nofretete, die «Große königliche Gemahlin» Echnatons, hatte man als seine Mutter in Betracht gezogen. Dass sich Echnaton und Nofretete ausschließlich mit ihren sechs Töchtern präsentieren, entsprach einem ägyptischen Brauch: Prinzen wurden in der Regel nicht mit abgebildet. Eine Ausnahme stellt eine bedeutsame Trauerszene im hoch über Amarna gelegenen Felsgrab der Königsfamilie dar: Diese zeigt vermutlich den Prinzen Tutanchaton in den Armen seiner Mutter oder Amme hinter Echnaton und Nofretete. Wenn seine Mutter aber eine Vollschwester Echnatons war, wie die DNA-Ergebnisse nahelegen, scheiden sowohl Kija, die den Titel «Schwestergemahlin» nicht führte, als auch Nofretete, für die weder der Titel «Schwestergemahlin» noch «Königstochter» belegt ist, als Kandidatinnen eigentlich aus; somit könnte auch Echnatons schattenhafte Schwester Sitamun oder eine andere seiner Schwestern Tutanchamuns Mutter gewesen sein, obwohl auch für sie der Titel «Schwestergemahlin» nicht nachgewiesen ist. Ahnenforschung mit Hilfe von Mumien-DNA zu betreiben, führt nicht immer zu eindeutigen Ergebnissen, da ägyptische Könige und ihre Gemahlinnen oft über viele Generationen hinweg in enger verwandtschaftlicher, inzestuöser Beziehung zueinander standen. Aber so viel ist gewiss: Tutanchamun entstammte einer mächtigen Herrscherdynastie und war der Sohn von Echnaton; dieser und seine Eltern Amenophis III. und Teje zählen zu den imposantesten Figuren der ganzen ägyptischen Geschichte. Interessanterweise wird Tutanchamuns Mutter an keiner Stelle erwähnt, und das, obwohl doch gerade die Königsmütter der späteren 18. Dynastie eine herausragende Stellung neben ihren Söhnen einnahmen. Nicht einmal in seinem Grab entdeckte Howard Carter ein Objekt, das ihr zu Ehren beigegeben worden war. Möglicherweise war sie bei seiner Geburt verstorben, was auch dadurch nahegelegt wird, dass sich seine Amme Maia als Ersatzmutter verstärkt um seine Erziehung kümmerte. Eine Wandszene in deren imposantem Grab in Sakkara zeigt den jungen König auf ihrem Schoß sitzend, was auf ihre bedeutende Rolle im Königspalast hinweist. Maia war offenkundig die zweitwichtigste Frau in Tutanchamuns Leben nach seiner Gemahlin Anchesenamun und teilte sich die Erziehung des Prinzen mit seinem Tutor Senqed. Dessen Grab in Achmim schmückt eine Darstellung, die ihn in seiner Rolle als pflichtbewussten Lehrer zeigt: Er lenkt den Streitwagen an der Seite des jungen Königs. Wichtige Positionen wurden mit Angehörigen des Achmim-Clans, dem auch Tutanchamuns Großeltern angehörten, bekleidet.

Um das Jahr 1333 v. Chr. bestieg Tutanchaton im zarten Alter von etwa neun Jahren den ägyptischen Thron als 13. Pharao der 18. Dynastie. Der Ort, an dem er gekrönt wurde, ist nicht bekannt. In Amarna finden sich kaum archäologische Spuren von ihm; immerhin wurden in den dortigen Ruinen etliche Fingerringe aus Fayence mit seinem Namen entdeckt. Dass er als Minderjähriger zum König ernannt wurde, ist ein deutlicher Hinweis darauf, dass es keinen weiteren erbberechtigten Prinzen in der Königsfamilie gab. Er war mit der etwa 14-jährigen Anchesenpaaton («sie lebt durch Aton»), seiner Schwester oder Halbschwester, vermählt worden, und mit dieser Heirat besiegelte er seinen legitimen Anspruch auf den Königsthron. Anchesenpaaton war gerade einmal vier Jahre alt gewesen, als vier ihrer Schwestern – eine nach der anderen – an der Pest verstarben. Vielleicht war sie sogar die einzige noch lebende Tochter Echnatons und Nofretetes, als sie zur Gemahlin Tutanchatons bestimmt wurde. Während des Inthronisierungsrituals empfing er die Krone von Ober- und Unterägypten sowie Krummstab und Geißel als Herrschaftsinsignien. Ein Set dieser Gegenstände in kindgerechter Größe, das in seinem Grab gefunden wurde, trägt seinen Namen und könnte eigens für seine Krönung angefertigt worden sein. Über den Inhalt einer ebenfalls in der Gruft gefundenen Truhe schrieb Carter: *... mit sehr geringen Ausnahmen ... waren die Klei-*

der in dieser Truhe die eines Kindes, was wiederum nahelegt, *daß Tutanchamun noch ein Knabe war, als er die Thronfolge antrat*. Ganz nach ägyptischer Tradition, legte sich der neue König fünf Königsnamen zu, mit denen er sein religiös-politisches Regierungsprogramm zum Ausdruck brachte: Er beabsichtigte, «die Götter zufriedenzustellen» und damit die Verhältnisse der Vor-Amarnazeit wiederherzustellen. Kurz nach seiner Krönung gab er Amarna als Residenz auf und siedelte mit seiner Familie und seinem Gefolge nach Memphis um. Die einstige Hauptstadt des Alten Reiches hatte sich zu einer kosmopolitischen Handelsstadt entwickelt und war das Zentrum von Militär und Reichsverwaltung; für kriegerische Operationen nach Vorderasien lag sie strategisch günstiger als Theben. In Memphis residierte auch der Wesir von Unterägypten. Ptah wurde dort seit Urzeiten als Schöpfergott und Schutzgottheit der Handwerker verehrt. Diese bedeutende Stadt hatte über die Jahrhunderte viele fremde Einflüsse aufgenommen und deshalb auch Echnatons Atonkult reibungslos integrieren können. Unweit von Heliopolis, dem Hauptkultort des Sonnengottes Re, war sogar ein Tempel für Aton errichtet worden. Um Frieden mit den oberägyptischen Priestern zu schließen, machte Tutanchaton Theben wieder zum religiösen Zentrum des Reiches. Wie erleichtert müssen die Gottesdiener von Karnak gewesen sein, nach Echnatons aufsässigem Aton-Intermezzo erneut zu Ruhm und Ehre zu gelangen. Amun kam wieder auf seinen angestammten Platz und empfing in seinem Allerheiligsten ganz offiziell die täglich dargebrachten Opfer. Der Ablösungsprozess vom Gott Aton vollzog sich unter Tutanchaton schrittweise: Nach seiner Thronbesteigung betete er noch den bevorzugten Gott seines Vaters an und ließ sich mit seiner Gemahlin Anchesenpaaton unter den lebensspendenden Strahlen des Sonnengottes abbilden. Erst in seinem dritten Regierungsjahr nahm das junge Königspaar die neuen Namen Tutanchamun («lebendes Abbild des Amun») und Anchesenamun («sie lebt durch Amun») an und verkündete so seine Ehrerbietung gegenüber dem Reichsgott von Karnak, den Echnaton gnadenlos verfolgt hatte. Der neue König schien um einen harmonischen Ausgleich der beiden Religionen bemüht und verehrte sowohl Amun als auch Aton als Staatsgott. In einigen Königskartuschen (Namensringen) wurde der Name Aton durch den des Amun ersetzt, während er in anderen unverändert stehen blieb. So ganz schwor Tutanchamun dem Sonnenglauben daher wohl nicht ab. Rehabilitierte er den Amunkult aus Überzeugung oder wollte er am Ende nur die Priester Thebens beschwichtigen? Offensichtlich setzte der König seine beiden Vornamen strategisch ein. Die Rehabilitierung des Amun erfolgte sicherlich auf Geheiß der Priester von Theben oder Tutanchamuns einflussreichen Beratern; der Kindkönig war noch viel zu jung, um die politische Führung Ägyptens selbst in die Hand zu nehmen. Noch dazu bekleidete er das königliche Amt in der brisantesten Umbruchzeit der ägyptischen Geschichte.

Stellvertretend für Tutanchamun lenkten drei erfahrene Männer die Geschicke des Landes: der «Gottesvater» Eje, der Militärführer Haremhab und der Schatzhausvorsteher Maya. Nach Echnatons revolutionärem Zwischenspiel brauchte das Land eine starke Hand, die es in die gewohnten Bahnen zurückführte. Eje hatte schon unter Echnaton hohe Ämter als «königlicher Wedelträger», «Stallmeister», «Truppenführer» und «Gottesvater» bekleidet. Als Dienstältester im Gefolge Tutanchamuns behielt er den Titel «Gottesvater» – was einem königlichen Berater gleichkam – bei. Als «Leiter des Fests der Götterneunheit» war Eje in königliche Kulthandlungen involviert und richtete bedeutende Tempelfeierlichkeiten im Rahmen der traditionellen Religion aus, obwohl er ein Verfechter der Atonreligion Echnatons war. Er stammte vermutlich aus dem Familienclan von Achmim und stand in enger Beziehung zur Königsfamilie; vielleicht waren er und Echnatons Mutter Teje sogar Geschwister. Seine Gemahlin Tij arbeitete ebenfalls am Königshof und war niemand Geringeres als die Amme der Königin Nofretete gewesen. Man vermutet auch, dass Eje der Vater der «Großen königlichen Gemahlin» Echnatons war. Wahrscheinlich verhalf Eje dem jungen Tutanchamun auf den Thron, um direkten Einfluss auf die Regierungsgeschäfte nehmen zu können und unmittelbar in staatspolitische Geschäfte mit eingebunden zu werden.

Ejes späterer Kontrahent, der Oberbefehlshaber Haremhab, stammte aus einer einfachen Familie und war ein Emporkömmling aus den Reihen der Soldaten. Vermutlich hieß er ursprünglich Paatenemheb und war in der Amarnazeit Truppenführer gewesen, für den die Einrichtung eines Grabes in Echnatons Hauptstadt begonnen, aber nicht vollendet wurde. Von allen unter Tutanchamun dienenden Beamten hatte Haremhab die höchsten Staatsfunktionen inne. Er legte eine steile Karriere hin und schaffte es bis an die Spitze des ägyptischen Heeres. Im Auftrag des Königs führte er Verhandlungen mit ausländischen Mächten und hatte als «Erbprinz» und «königlicher Stellvertreter» noch andere bedeutende Funktionen inne: In seinen Händen lag die Verantwortung der Gesamtverwaltung des Landes sowie des Rehabilitierungsprogramms der Tempel des Amun. Haremhab war somit der eigentliche Machthaber im Land. Um eine ebenbürtige Stellung einnehmen zu können und sich für das Königsamt zu legitimieren, erhielt Eje den bedeutenden Beamtentitel des «Wesirs». Mit ihrer Machtposition und engen Bindung zum Königshaus erhoben Eje und Haremhab gleichermaßen Anspruch auf den Thron. Maya, der Dritte im Bunde, hatte ebenfalls schon unter Echnaton gedient. Er war für die Finanzen und wirtschaftlichen Angelegenheiten Ägyptens zuständig und leitete wichtige Restaurierungsmaßnahmen im Tal der Könige. Als Tutanchamuns Grab unmittelbar nach seinem Tod von Plünderern heimgesucht worden war, erteilte Maya den Befehl zur Wiederversiegelung des Grabes. Er wird später auch noch unter Haremhabs Regentschaft dienen. Die beiden Männer verfügten über großen Einfluss am Königshof und ließen für sich tempelartige Grabanlagen in Sakkara errichten – die imposantesten Gräber des Neuen Reiches im Friedhof von Memphis. Wandreliefs in Haremhabs Anlage werfen ein Licht auf seine erfolgreichen Militäreinsätze gegen Ägyptens Feinde – Vorderasiaten, Libyer und Nubier. Tutanchamun und seine Gemahlin belohnten ihren Generalissimus für seine Verdienste vom «Erscheinungsfenster» ihres Palastes aus mit Ehrengold.

Inwieweit der Kindkönig in die Gespräche mit seinen Seniorberatern tatsächlich eingebunden war und Entscheidungen von ihm persönlich getroffen wurden, entzieht sich unserer Kenntnis. Höchstwahrscheinlich ging er seinen königlichen Pflichten nur der Form halber nach und empfing seine Staatsdiener im königlichen Palast zu wichtigen Audienzen. Der Königspalast war nicht nur der Wohnsitz des ägyptischen Herrschers, sondern bildete zugleich auch ein bedeutendes Wirtschaftszentrum, bestehend aus Werkstätten, Magazinen, einer Arbeitersiedlung, dem Schatzhaus und administrativen Bereichen. In der altägyptischen Sprache hieß der Königspalast «Per-aa» («Großes Haus»), was im Neuen Reich mit «Pharao» gleichgesetzt wurde. Ägyptische Königspaläste lagen inmitten von paradiesischen Gärten mit Teichen und üppiger Flora und Fauna. Die Räume waren mit luxuriösen Möbeln und edlen Gebrauchsgegenständen ausgestattet, bunte Wanddekorationen spiegelten die sattgrüne Landschaft des Nils wider. Tutanchamuns Grabschatz gibt der Nachwelt eine Vorstellung von seinem kurzen Leben auf Erden und von den Dingen, die ihn zu Lebzeiten umgaben. Seinem Rang gemäß und je nach Anlass boten sich dem König im Palast unterschiedliche Sitzmöglichkeiten auf Thronen, Stühlen, Faltstühlen und Hockern. Sein goldener Thronsessel – eines der schönsten

Objekte aus seinem Grabinventar – zeigt deutliche Abnutzungsspuren; offensichtlich war er bei diversen zeremoniellen Anlässen häufig genutzt worden. Wunderschön verzierte Truhen, Schränkchen und Kisten dienten Tutanchamun zur Aufbewahrung seiner feinen Leinenkleidung – von seiner Unterwäsche bis hin zu prachtvollen Roben –, seiner prunkvoll verzierten Sandalen, seines edlen Goldschmucks, seiner Perücken und anderen erlesenen Accessoires. Die Alten Ägypter verwandten viel Zeit auf Körperpflege und Kosmetik, sowohl im Alltag als auch zu offiziellen Anlässen. Howard Carter fand in Tutanchamuns Grab viele Behältnisse aus unterschiedlichen Materialien, in verschiedensten Formen und Größen, die einst mit wohlriechenden Parfüms, Ölen und Salben für Gesicht, Körper und Haare gefüllt waren. Auch im Jenseits sollte der König mit allem, was er zur Pflege seines Äußeren benötigte, ausgerüstet sein, um dem ägyptischen Schönheitsideal bis in alle Ewigkeit genügen zu können. Zum Schlafen standen Tutanchamun diverse Holzbetten zur Verfügung, sein Kopf ruhte auf einer gepolsterten Kopfstütze. Königliche Wedelträger machten dem Kindkönig die Hitze Ägyptens durch das Zufächeln kühler Luft erträglich oder spendeten ihm Schatten in der sengenden Sonne. Unter der Grabausstattung Tutanchamuns entdeckte Carter an Stäben montierte Straußenfederwedel und Straußenfederfächer – sogar ein rotierender Handfächer befand sich darunter. Des Nachts wurden die Räume von Fackeln und Öllampen beleuchtet. Das Licht wurde mit den Strahlen der Sonne gleichgesetzt und war ein Symbol für Leben. Entsprechend sind die im Grab gefundenen bronzenen Kerzenleuchter in Gestalt der «Anch»-Hieroglyphe, des Zeichens für Leben, geformt.

Für feierliche Anlässe richtete man festliche Bankette mit Musik, Tanz und Gesang aus. Musiker spielten verschiedene Saiteninstrumente und Flöten, der Rhythmus wurde mit Kastagnetten, Tamburinen und Händeklatschen geschlagen. Im Grab Tutanchamuns fanden sich ein Paar Elfenbeinklappern, auf deren Oberfläche Inschriften mit den Namen der Teje und ihrer Enkelin Meritaton innerhalb von Kartuschen eingeritzt sind. Musik und Tanz spielten auch in der Kultpraxis eine wichtige Rolle: Tamburin- und Trompetenspieler kündigten die Ankunft des Königs im Tempel an, der von Trommeln spielenden Nubiern, mit Klappern tanzenden Libyern und Lauten spielenden Sängern begrüßt wurde. Dem König waren zwei Trompeten und zwei Rahmenrasseln auf seine Reise ins Jenseits mitgegeben worden; letzteres Instrument, auch «Sistrum» genannt, gehörte zu den bevorzugten Kultinstrumenten von Priestern. Durch die auf Stäben aufgereihten Metallscheiben entsteht beim Schütteln des Sistrums ein Klingen, das sich wie das Rauschen des Windes im Papyrusdickicht anhört, mit dem die Götter besänftigt und die Verstorbenen zum Leben erweckt werden sollten. Durch die Expansionspolitik des Neuen Reiches im Nahen Osten und durch diplomatische Heiratspolitik gelangten auch ausländische Musiker an den ägyptischen Königshof, welche die Leier, Laute und Winkelharfe aus ihrer Heimat mitbrachten. Zum Zeitvertreib ging Tutanchamun, wie alle Könige vor ihm, gerne in die Wüste oder das Sumpfland, um dort das Jagen mit einem Wurfholz oder Pfeil und Bogen oder Harpunenfischen zu trainieren. Das Plateau von Gizeh und die fruchtbare Oase Fayum lagen unweit des königlichen Palasts und waren ein bevorzugter Jagdgrund der Pharaonen des Neuen Reiches. In Medinet el-Gurob am Eingang des Fayum stand eine königliche Residenz als Raststätte nach den sportlichen Aktivitäten zur Verfügung. Tutanchamuns Jagdausrüstung wurde ihm bei seiner Bestattung mitgegeben, damit er seiner Leidenschaft auch nach dem Tod im Jenseits uneingeschränkt nachgehen konnte. Die Inschrift auf dem Griff eines Straußenfächers aus seinem Grabschatz verrät, dass der Jüngling für die Beschaffung der Vogelfedern höchstpersönlich auf Straußenjagd in die Wüste östlich von Heliopolis gegangen war.

Trotz seiner kurzen Regierungszeit von etwa zehn Jahren gab Tutanchamun erstaunlich viele Bau- und Restaurierungsprojekte in Auftrag. An oberster Stelle stand dabei Theben, wo die Verwüstungen Echnatons am größten gewesen waren. Schließlich dehnte man die Wiederherstellung der orthodoxen Tradition auch auf nördlichere Landesteile aus, wo Amun ebenfalls verfolgt worden war. Selbst in den besetzten Gebieten Nubiens bis zum vierten Nilkatarakt wurden Restaurierungen an Amunheiligtümern durchgeführt. Diese Aktion wurde vom frisch inthronisierten König demonstrativ kundgetan: Auf einer zwei Meter hohen «Restaurationsstele», die Tutanchamun vor dem dritten Torbau des Karnaktempels aufstellen ließ, beschreibt er in drastischen Worten das von Echnaton hinterlassene Chaos, das er bei seiner Thronbesteigung als «Sohn des Amun» vorfand, sowie seine dagegen getroffenen Maßnahmen: Ägypten sei von Krankheiten geplagt, seine Tempel zu Ruinen verfallen und von Unkraut überwuchert; die geschmähten Götter hätten sich vom Volk abgewandt und dessen Gebete nicht mehr erhört; Tutanchamun sorgte nun für Ordnung und nahm die verwahrlosten Tempel wieder in Betrieb. Tatsächlich ließ der junge Herrscher auf seine Worte auch Taten folgen. Archäologische Spuren zeugen von umfangreichen Restaurierungsmaßnahmen unter seiner Herrschaft. Für die drei höchsten Staatsgötter Amun-Re, Re-Harachte und Ptah ließ er kostbare Statuen aus Elektrum anfertigen, die allerdings schon in der Antike wieder eingeschmolzen wurden. Im Zuge der Rehabilitierung des traditionellen Kultes wurde das Staatsvermögen wieder auf alle Tempel und Götter Ägyptens verteilt. Das Narrativ der «Restaurationsstele» entsprach ganz den gängigen literarischen Konventionen: Jeder König beseitigte die von seinem Vorgänger hinterlassene Unordnung und übertrumpfte dessen Errungenschaften mit noch größeren Erfolgen. Den Beschluss, die traditionellen Verhältnisse wiederherzustellen, erließ der König in einem Palast von

König Thutmosis I. in Memphis. In welches Chaos Echnaton das Land mit seinem diesseitsorientierten Atonkult gestürzt hatte, schildert auch «Das Buch von der Himmelskuh»: Dieser bedeutende Mythos begegnet erstmals auf einem der Schreine im Grab Tutanchamuns; er handelt von den Ursprüngen der Welt, als die Götter und Menschen noch zusammen auf der Erde lebten und vom zentralen Sonnengott Re regiert wurden. Die Sonne ging nie unter, und es gab weder Finsternis noch Nacht – die Erde befand sich in einem paradiesischen Zustand. Aber selbst die Götter machten einen natürlichen Alterungsprozess durch; jedes Geschöpf musste irgendwann einmal sterben und wieder in seinen Urzustand zurückkehren. So wurde auch Re zu einem Greis, und die Herrschaft auf Erden drohte ihm zu entgleiten. Daher begannen die Menschen sich gegen ihn zu erheben, woraufhin er einen Teil von ihnen vernichtete und sich auf dem Rücken der Himmelskuh enttäuscht von der Erde zurückzog. Fast alle Götter schlossen sich ihm an, bis auf Osiris – der Unterweltsgott –, der von da an die Endlichkeit alles Seienden auf Erden verkörperte, brachte das Altern doch unweigerlich den Tod mit sich. Ein Teil der Menschheit überlebte Res Vernichtung und lebte von da an erstmals seit der Schöpfung von ihren Göttern getrennt. So entstand der jetzige Zustand der unvollkommenen Welt. Das Ausblenden der kosmischen Ordnung und einer Notwendigkeit des Todes, der Regeneration erst möglich macht, entzweite die Menschen und ihre Götter, wodurch sie jeglichen Halt verloren und in ein tiefes Trauma gestürzt wurden. Der Mythos von der Himmelskuh schildert nichts anderes als die Auswirkungen von Echnatons Sonnenreligion, die sich dem Leben und Licht widmete, während sie dem Tod und der Finsternis als essenziellen Komponenten menschlichen Daseins keinerlei Bedeutung beimaß. Nach Amarna brach mit Tutanchamun eine neue Zeit an, in der sich die Menschen wieder auf die traditionelle Rolle des Schöpfergottes besannen. Durch seinen allnächtlichen Eintritt in die Unterwelt überwand er das Chaos und die dunklen Mächte jeden Tag aufs Neue und garantierte mit seinem allmorgendlichen Aufgang im Osten das Fortbestehen der diesseitigen Welt. Der ewige Kreislauf von Leben und Tod und die zyklische Erneuerung des irdischen Daseins aus dem Chaos der Urflut verdichtet sich im Bild der sich selbst in den Schwanz beißenden «Uroboros»-Schlange, die erstmals auf einem der Schreine im Grab Tutanchamuns dargestellt ist. Die Wiederherstellung des Zustands vor Amarna festigte die soziale Ordnung und brachte wieder Ruhe ins Land.

In Theben, wo Echnatons Handlanger die größte Zerstörung angerichtet hatten, gab es am meisten zu tun: Eine große Mannschaft von Steinmetzen, Handwerkern und Künstlern rückte auf beiden Seiten des Nils aus und nahm Ausbesserungen an Malereien und Reliefs in Tempeln und Gräbern, an Statuen und überall dort vor, wo Amuns Namen und Bilder ausgehackt worden waren. Sie konzentrierte sich vor allem auf Reparaturen entlang wichtiger Prozessionswege, auf denen in der Vor-Amarnazeit das ganze Jahr über wichtige Feste gefeiert worden waren. Amun hatte regelmäßig seinen Schrein im Allerheiligsten verlassen und war mit seinem Gefolge aus Karnak mit viel Pomp ausgezogen, um bedeutende Heiligtümer in Ost- und Westtheben zu besuchen. Unter Echnaton verwahrlosten Denkmälern Amenophis' III. schenkte Tutanchamun besondere Aufmerksamkeit und ließ sie wieder gründlich instand setzen. Auch vor den Monumenten seines Vaters hatte Echnaton keinen Halt gemacht und dessen Totenkult bei der Umsiedlung nach Amarna gleich mit verlagert. Tutanchamun verehrte diesen glanzvollen König in besonderem Maße, huldigte ihm als letztem Herrscher vor dem großen Umsturz und machte seinen Totentempel wieder funktionstüchtig. Bilder von Fruchtbarkeitsgöttern, die Amenophis III. kultisch versorgen sollten, ließ er wiederherstellen. Die Bilderstürmer hatten ganze Arbeit geleistet: Keine einzige Skulptur, weder die von Amun noch seiner Gemahlinnen Mut oder Amunet noch seines Sohnes Chons, war verschont geblieben. Nur wenige Exemplare konnten noch ausgebessert werden, komplett zerstörte Plastiken wurden durch neue ersetzt. Als «lebendes Abbild des Amun», so die Übersetzung des Namens Tutanchamun, verlieh der König den neuen Statuen für den höchsten Gott seine eigenen Gesichtszüge. Der König der Götter sollte wieder die Position einnehmen, die ihm gebührte und die er vor Echnatons Revolution bekleidet hatte. Besondere Werke aus Tutanchamuns Regierungszeit befinden sich heute in berühmten Museen auf der ganzen Welt. In die thebanischen Heiligtümer und Dörfer kehrte wieder Leben zurück: Die Architekten erhielten große Bau- und Restaurierungsaufträge in Karnak und Luxor und machten da weiter, wo sie ihre Arbeit mit dem Tod Amenophis' III. hatten niederlegen müssen; Amun sollte wieder in neuem Glanz erstrahlen. In einem strategisch gelegenen Bezirk des Karnaktempels unweit der zentralen Versorgungsstelle beim Großen Tempelsee befand sich ein dorfähnliches Areal mit Warenlagern, einem Geflügelhof, Teichen mit Enten und Gänsen sowie Werkstätten und Küchen für das Tempelpersonal. Priester und andere Bedienstete bereiteten dort für die Götter Nahrung zu aus allem, was der Nil und die Äcker Ägyptens hergaben. Eine Fülle an köstlichsten Speisen landete im Allerheiligsten auf den Opfertischen der Götter. Die hochgesteckten Pläne für den Luxortempel hatten nach dem Tod Amenophis' III. nicht zu Ende gebracht werden können und wurden nun von Tutanchamun fortgeführt. Sein Vorgänger hatte den Tempel als Bühne für das alljährlich stattfindende Opetfest auserkoren, das seit Königin Hatschepsut eine der wichtigsten religiösen Feierlichkeiten war. Der Kindkönig ließ an den Innenwänden der Kolonnade feinste Reliefs anbringen, auf denen der mehrtägige Festablauf dargestellt ist: Jeweils in einer eigenen Götterbarke ziehen Amun,

Dieser Porträtkopf von Tutanchamun gehörte zu einer Statuengruppe, die einstmals einen Gott auf einem Thron sitzend und den König vor ihm stehend zeigte. Tutanchamun trägt die sogenannte Blaue Krone, eine Art Kriegshelm. Er war vermutlich aus mit Metallscheiben verziertem Leder gefertigt. Von dem Gott hat sich nur noch die rechte Hand auf der Rückseite der Kopfbedeckung erhalten.

seine Gemahlin, die löwenköpfige Göttin Mut, und ihr gemeinsamer Sohn und Mondgott Chons von Karnak aus, um den nahe gelegenen Luxortempel zu besuchen. Das Herrscherpaar schließt sich der Prozession in separaten Barken an. Begleitet wird das Spektakel von Priestern, Musikern, Tänzern und Standartenträgern. Andere Darstellungen zeigen Kulthandlungen entlang des Prozessionsweges, wo in kleinen Schreinen Opferhandlungen ausgeführt werden und Metzger Opfertiere in kleine Stücke zerteilen. Weitere Szenen schildern die Rückreise Amuns und seines Gefolges zum Karnaktempel, vor dessen Toren die Bevölkerung jubelte und betete. Der König reiste in Begleitung seiner Gemahlin für die Festivitäten eigens aus Memphis an, um seinen kultischen Pflichten persönlich nachzukommen. In den Wandszenen lässt Tutanchamun seinem Großvater Amenophis III. einmal mehr eine herausragende Stellung zukommen und verehrt ihn als vergöttlichten König. Der Enkel rühmt sich, dass er eine Erneuerung des Tempels für seinen «Vater» Amenophis III. vorgenommen hat, und gibt sich als Sohn eines der glorreichsten Herrscher des Neuen Reiches aus, um die Rechtmäßigkeit seiner Herrschaft zu festigen. Seinen Vater Echnaton unterschlägt er dabei, als hätten dieser und die Amarnazeit nie existiert.

Zur Konsolidierung wirtschaftlicher Interessen in den südlichen Kolonien wurden ausgedehnte Bauprojekte in Nubien ausgeführt und bis hin zum drei Kilometer südlich von Dongola im heutigen Sudan gelegenen Kawa bedeutende Heiligtümer errichtet. In den dortigen Tempelruinen machten Archäologen eine erstaunliche Entdeckung: Tutanchamun war dort – wie zuvor sein Großvater Amenophis III. – in den Rang eines Gottes erhoben und als Verkörperung des lokalen Amun verehrt worden. Auch im südlich von Abu Simbel gelegenen Faras ließ er sich als Gott verewigen. Faras verband wichtige Handelsrouten miteinander, und dort befand sich auch der Verwaltungssitz des Huy, des Vizekönigs von Kusch. Huy beaufsichtigte Bauprojekte, führte militärische Operationen durch und kontrollierte die heiß begehrten Goldminen von der südlichen Grenze Ägyptens bis hin zum vierten Nilkatarakt. Seine Gemahlin Taemwadjisy trug den Titel «Aufseherin des Harems des Tutanchamun» und war die drittwichtigste Frau in dessen Leben nach seiner Gemahlin Anchesenamun und seiner Amme Maia. Vermutlich war Taemwadjisy eine Nachfahrin der Achmim-Familie von Juja und Tuja, die ihrem Gemahl Huy zu seiner einflussreichen Stellung in Nubien verhalf. Sein Felsgrab im thebanischen Friedhof gilt als eine der beeindruckendsten Anlagen eines hohen Beamten aus der Zeit des Neuen Reiches und schildert in farbenfrohen Wandmalereien die Entrichtung von Tributen aus eroberten Gebieten an den König. Wie schon unter seinen Vorgängern flossen Ägypten auch unter Tutanchamun reichlich Gold und andere Rohstoffe sowie exotische Waren aus dem Süden zu. Es muss ein imposanter Anblick für die

Einwohner Ägyptens gewesen sein, wenn die reich beladenen Schiffe und Barken im heimatlichen Hafen einliefen und neben Rohstoffen, Rindern, Giraffen und anderem Vieh auch Luxusprodukte und fein gekleidete nubische Prinzen und Prinzessinnen an Bord führten. Nubische Edelleute brachten dem König als Tribute aus ihrem Land Goldringe und andere Kostbarkeiten auf Tabletts dar. Im Gegenzug erhielt Huy von seinem Herrscher als Auszeichnung für seine Verdienste goldene Armreifen und Halsketten.

Unter Tutanchamun fanden keine größeren außenpolitischen Aktionen statt, und er ist, wenn überhaupt, nur ein einziges Mal selbst als Feldherr ausgezogen. Die Zeiten großer militärischer Erfolge im Ausland waren längst vorbei. Zudem grassierte eine Seuche und beeinträchtigte die Schlagkraft der Soldaten erheblich. Der Generalissimus Haremhab ging gegen die immer mächtiger werdenden Hethiter in Syrien vor; sie waren zu einer zunehmenden Bedrohung für das Land am Nil geworden. Der unter erheblichen Mühen erreichte Friede mit ihnen zerbrach allmählich, und Ägypten verlor immer mehr an Einfluss bei seinen nördlichen Nachbarn. Haremhab versuchte das Territorium, das seinem Land von seiner einstigen Vormachtstellung in Vorderasien geblieben war, zu retten. Ansonsten führte er nur noch eine militärische Kampagne gegen Nubien und festigte die ägyptische Kontrolle über die südlichen Kolonien. Ganz nach der königlichen Tradition ließ sich Tutanchamun offiziell selbstverständlich als alleiniger Triumphator feiern: Auf einer mit Kriegs- und Jagdszenen bemalten Holztruhe aus seinem Grabschatz zermalmt er in Gestalt einer Sphinx seine Feinde oder prescht mit seinem Streitwagen durch die chaotische Masse von Kontrahenten aus dem Norden und Süden. Pferd und Streitwagen gehörten seit ihrer Einführung in Ägypten um 1600 v. Chr. zur Standardausrüstung der Pharaonen. In Tutanchamuns Grab fanden sich Streitwagen, Pfeile und Bogen und andere Waffen, damit er auch im Jenseits gut gerüstet war. Die Sohlen prunkvoller Sandalen aus seinem Grabschatz sind mit dem Emblem der Neunbogenvölker, den traditionellen Feinden Ägyptens, dekoriert, die er mit jedem Schritt regelrecht zerquetschte. Selbst die unteren Enden von zwei Gehstöcken des Königs sind in der Form von Köpfen feindlicher Ausländer gestaltet. Die Widersacher Ägyptens konnten gegenüber Tutanchamun nichts ausrichten, er kontrollierte sie auf Schritt und Tritt und bezwang sie mit seiner Macht und Stärke. Das Bild des fortwährend siegreichen Herrschers entsprach jedoch nicht immer der Realität. Jeder Pharao zeichnete eine Idealvorstellung seiner selbst und wollte als ruhmreicher Bezwinger des Chaos in die Ewigkeit eingehen. Mit historischen Fakten nahmen es die Alten Ägypter nicht so genau, ihr irdisches Dasein verlief nach göttlichen Vorgaben. In Wirklichkeit aber hatten auch sie in ihrer langen Geschichte militärische Niederlagen einstecken müssen. Allerdings waren die Beziehungen mit ausländischen Nachbarn nicht immer konfliktgeladen, und es gab durchaus auch Phasen eines friedlichen Nebeneinanders.

Nach nur etwa zehn Regierungsjahren verstarb Tutanchamun plötzlich im Alter von etwa 19 Jahren im Jahr 1323 v. Chr., und mit seinem Hinscheiden erlosch die männliche Linie der 18. Dynastie. Der Königshof schien nicht auf seinen frühen Tod vorbereitet gewesen zu sein und bestattete ihn in aller Eile in einem kleinen Grab im Tal der Könige (KV62), welches Howard Carter 1922 entdecken und die Welt in Staunen versetzen sollte. Tutanchamun erlebte kurz vor seinem Tod noch die alljährliche Weinernte; anhand der in seiner Gruft gefundenen Girlanden, Blütenhalskragen und Kränze lässt sich sein Sterbemonat auf Januar oder Februar ansetzen. Die Ursachen seines frühen Hinscheidens beschäftigen die Forscher bis heute, die alle möglichen Szenarien durchspielten: von einem gewaltsamen Tod, einem Schlag auf den Hinterkopf bis hin zu einem tödlichen Unfall mit dem Streitwagen. Nach neuesten wissenschaftlichen Erkenntnissen soll er an einer Blutvergiftung infolge eines Bruches des linken Oberschenkelknochens im Bereich des Kniegelenks gestorben sein. Die vielen Beschädigungen an der Mumie wurden ihr erst nach ihrer Entdeckung zugefügt und verwässern damit die Beweislage über die wahren Gründe seines frühen Ablebens. Danach verlieren sich die Spuren seiner Gemahlin Anchesenamun. Ihr Name erscheint zusammen mit dem Ejes, dem Nachfolger des Königs, auf zwei Fingerringen, sodass davon auszugehen ist, dass sie ihren Gemahl überlebt hat. Die Ehe Tutanchamuns und Anchesenamuns war kinderlos geblieben. Howard Carter fand im Grab des jung verstorbenen Königs die Föten von zwei Mädchen; DNA-Analysen zufolge war mindestens eine von ihnen seine Tochter. Eine weibliche Mumie aus dem Grab KV21 im Tal der Könige wurde als ihre Mutter identifiziert. Ob es sich dabei um Anchesenamun oder eine Nebenfrau handelt, ist unklar.

Der Gottesvater Eje war bereits Ende 60, als er zum Pharao gekrönt wurde. Er richtete die Bestattung seines Vorgängers aus und vollzog an dessen Mumie in priesterlichem Ornat das Mundöffnungsritual – die Wiederbelebung der Sinne. Normalerweise erfüllte diese Aufgabe der älteste Königssohn, jedoch hatte Tutanchamun keinen männlichen Nachkommen. Eje schlüpfte in die Rolle eines leiblichen Königssohns und legitimierte damit seinen Anspruch auf den Pharaonenthron. Sicherlich war er auch für die Ausübung des rituellen Kultvollzugs in dessen Totentempel zuständig, der sich vermutlich in der Nähe vom Karnaktempel befand. Haremhab ließ ihn später abreißen und einige Steinblöcke für die Errichtung des zweiten und neunten Torbaus des Amuntempels wiederverwenden. Die unter Tutanchamun in Auftrag gegebenen Bauprojekte führte er fort, ersetzte aber dessen Namen durch seine eigenen. Selbstverständlich hegte er selbst große Ambitionen, König von Ägypten zu werden, da ihm als königlichem Stellvertreter der Thron mehr zustand als Eje; Haremhabs wichtigster Ehrentitel wies ihn sogar als «Erbprinz» aus. Zwischen den beiden Männern herrschte eine unverkennbare Abneigung. Der Oberbefehlshaber versuchte Eje als legitimen Königsnachfolger zu verunglimpfen, was sein Nebenbuhler ihm heimzahlte, indem er kurzerhand Nachtmin zum «Militärführer» und «Königssohn» ernannte. Offensichtlich hatte dieser in einem engen Verhältnis zu Tutanchamun gestanden, da er ihm fünf «Uschebtis» (Dienerfiguren) für seine Grabausstattung stiftete. Mit der Ernennung Nachtmins zu Haremhabs Nachfolger drängte der König den Oberbefehlshaber ganz bewusst ins Abseits. Doch nach nur vier Regierungsjahren verstarb Eje und wurde im Westtal des Tals der Könige beigesetzt (WV23). Man vermutet, dass er sich in dem ursprünglich für seinen Vorgänger bestimmten Grab bestatten ließ.

Obwohl eigentlich Nachtmin als «Erbprinz» für die Nachfolge Ejes vorgesehen war, riss Haremhab nach dem Tod des «Gottesvaters» um 1319 v. Chr. den Königsthron an sich. Zunächst behielt er noch den religiösen Kurs seiner beiden Vorgänger bei und richtete Eje eine ordentliche Bestattung ganz im Sinne der orthodoxen Riten aus; aber sicherlich nur, um sich den Anschein eines rechtmäßigen Thronfolgers zu geben. Dann fasste Haremhab im Laufe seiner Amtszeit den Entschluss, mit der Amarnazeit komplett zu brechen und eine Neuordnung der Verwaltung und des Gerichts im Land einzuführen. Auf einer Stele im Karnaktempel drohte er korrupten Staatsdienern damit, ihnen die Nase abzuschneiden und sie zu verbannen, wenn sie sich nicht dem königlichen Willen beugten. Nicht ganz so schlimm erging es Dieben aus den Reihen der Soldaten, die bei Vergehen mit Schlägen bestraft wurden. Da er nicht dem Königshaus der 18. Dynastie entstammte, stilisierte sich Haremhab bewusst als König einer neuen Zeit und als unerbittlicher Herrscher. Er überschrieb Ejes Denkmäler mit seinem Namen und entweihte dessen Grab. Tutanchamuns Gruft blieb verschont – vermutlich nur, weil sie bereits längst von Geröll verschüttet war. Schließlich rechnete der einstige General mit allen Königen der Amarnazeit und ihren Familienmitgliedern vollständig ab: Er ließ Monumente in Echnatons einstiger Hauptstadt sowie den Atontempel in Karnak niederreißen, um die Steinblöcke andernorts für die Errichtung von Amuntempeln zu verwenden. Auf diese Weise gelangte der Steinblock mit der Inschrift, die Tutanchamun als «leiblichen Königssohn» ausweist, von Amarna nach Aschmunein. Haremhab ließ alle Kartuschen und Bilder Echnatons und seiner Familie zerstören und schrieb sich Tutanchamuns Bau- und Restaurierungsmaßnahmen selbst zu. Auch dessen «Restaurationsstele» in Karnak überschrieb er mit seinem Namen und rühmte sich, den alten Amunglauben wiedereingeführt zu haben. Nach rund 14 Jahren Herrschaft schied er aus dem Leben und wurde im Tal der Könige (KV57) bestattet. Er hatte von seinem Recht Gebrauch gemacht, sich ein seinem Rang angemessenes zweites Grab im Königsfriedhof anlegen zu lassen. über 100 Meter tief reicht sein Grab in den Felsen hinein und entspricht wieder ganz den großen Dimensionen des Neuen Reiches. Mit ihm endete die ruhmreiche 18. Dynastie, und die Zeit der großen Ramessidenkönige begann. Haremhab hinterließ keinen Erben, hatte aber noch zu Lebzeiten seinen Wesir Paramesse als seinen Nachfolger bestimmt und auf das königliche Amt vorbereitet. Als dieser den Thron bestieg, gab er sich den neuen Namen Ramses I. und begründete die 19. Dynastie. Die steile Karriere seines Vorgängers als oberster General und späterer Pharao beeindruckte die Ramessiden. Da sie selbst aus den Reihen des Militärs stammten, sahen sie in ihm den Begründer ihres neuen Herrscherhauses. Sie setzten die Tilgung jeglicher Erinnerung an die Amarnazeit radikal fort und erklärten in letzter Konsequenz die Herrschaft von Echnaton, Semenchkare, Tutanchamun und Eje für nichtig. Und doch gelang es den Ramessiden nicht, die Spuren der Amarnakönige vollständig zu tilgen. In den Tempeln von Karnak und Luxor und andernorts finden sich noch vereinzelt die Kartuschen und Darstellungen Tutanchamuns, oder man blickt dem König in einer seiner erhaltenen Rundplastiken ins Antlitz. Mit der Entdeckung seines nahezu unversehrten Grabes im Tal der Könige lief er seinen Nachfolgern – Haremhab und den großen Ramessidenkönigen –, deren Gräber im Altertum fast vollständig geplündert wurden, dann endgültig den Rang ab.

4. KAPITEL

Der Entdecker und sein Mäzen

Die Namen zweier Briten werden für immer mit Tutanchamun und dem spektakulärsten Archäologiefund des 20. Jahrhunderts verbunden bleiben: Howard Carter und Lord Carnarvon. Der eine war ein ehrgeiziger und eigensinniger Künstler und Archäologe, der andere ein vermögender und risikofreudiger Abenteurer und Lebemann. Was sie verband, waren ihr Erkundungsdrang, ihre Leidenschaft für die Kunst und ihr Interesse an Ägypten. Sie stammten aus unterschiedlichen Gesellschaftsschichten, und in ihrer Heimat hätten sich ihre Wege womöglich niemals gekreuzt. Eine schicksalhafte Fügung brachte sie im 4000 Kilometer von Großbritannien entfernten Luxor zusammen. Howard Carter wollte sich unter allen Umständen seinen Lebenstraum erfüllen, im Tal der Könige eine einzigartige Entdeckung zu machen, Lord Carnarvon hingegen führten seine chronischen Krankheiten in die sonnigen Gefilde Ägyptens. Er war auf der Suche nach einem aufmunternden Zeitvertreib und fand Gefallen daran, im gigantischen Gräberfeld Thebens verborgene Schätze zu heben. Carter schien der ideale Mann für die Leitung seiner Ausgrabungen zu sein. Trotz ihrer gegensätzlichen Persönlichkeiten ergänzten sie sich gut und wurden in den 15 Jahren ihrer Zusammenarbeit zu einem eingespielten Team. Ihre Suche nach einem noch unentdeckten Grab im Tal der Könige wurde für die Geduld der beiden Männer streckenweise zur Zerreißprobe. Das Vertrauen des einen und die Unbeirrbarkeit des anderen führten sie schließlich zu ihrem großen Erfolg. Als der Archäologe Tutanchamuns Grab fand, konnte er auf 30 Jahre Grabungserfahrung in Ägypten zurückblicken.

Howard Carter wurde am 9. Mai 1874 in Kensington, einem Stadtteil im Westen von London, geboren und wuchs in Swaffham in der Grafschaft Norfolk auf. Er war das jüngste von elf Kindern des Ehepaars Samuel John Carter und Martha Joyce Sands. Wegen seiner schwachen körperlichen Konstitution versäumte er viele Schulstunden und erhielt rudimentären Privatunterricht. Zeit seines Lebens arbeitete Carter hart an sich, die Defizite seiner schulischen Bildung aufzuholen. Sein Vater war ein viktorianischer Künstler, der auf das Malen von Tieren spezialisiert war und als Hauptillustrator für die «Illustrated London News» arbeitete. Als erwachsener Mann sprach Carter häufig davon, dass er sein künstlerisches Talent dem Vater zu verdanken habe. Auch einige seiner Geschwister schlugen eine künstlerische Laufbahn ein; sein Bruder William fertigte ein Porträt von Howard an, als dieser sich auf dem Höhepunkt seiner Karriere befand. Von klein auf interessierte sich Carter für Naturkunde – besonders Vögel hatten es ihm angetan – und unternahm Expeditionen aufs Land. Über seinen Vater lernte er die Aristokratenfamilie Amherst auf ihrem Landsitz Didlington Hall kennen. Die Amhersts waren begeisterte Liebhaber des Alten Ägypten und besaßen eine erlesene ägyptische Sammlung. Ein gern gesehener Gast im Hause der Familie war der junge Ägyptologe und Botaniker Percy Newberry, der seit einigen Jahren für den «Egypt Exploration Fund» arbeitete. Die 1882 in London von Amelia Edwards ins Leben gerufene Organisation ließ Ausgrabungen und Bestandsaufnahmen von Denkmälern in Ägypten durchführen. Durch die Begegnung mit den Amhersts reifte in Carter der Wunsch heran, das Land am Nil zu bereisen.

1891 trat Howard Carter mit 17 Jahren seine erste Reise nach Ägypten an, um in den Felsengräbern von Beni Hassan in Mittelägypten als Grabungszeichner für den britischen «Egypt Exploration Fund» unter Percy Newberry zu arbeiten. Dreißig Jahre später wird Carter die größte Entdeckung seines Lebens machen und auf das Grab des sagenumwobenen Pharao Tutanchamun im Tal der Könige stoßen.

Anfang der 1890er Jahre bot sich ihm dann die Gelegenheit seines Lebens: Lady Amherst war einer Anfrage von Newberry nachgekommen, ihm einen Künstler nach Ägypten zu schicken, am besten jemanden, der möglichst wenig Ansprüche stellen würde, und hatte Carter an den «Egypt Exploration Fund» empfohlen. Als Vorbereitung auf seine neue Tätigkeit fertigte er unter der Leitung des Ägyptologen Francis Llewellyn Griffith Zeichnungen von Exponaten der ägyptischen Sammlung des British Museum in London an. Letzterer war der Namensgeber des späteren «Griffith Institute» in Oxford, in dem heute Carters gesamter Nachlass seiner Dokumentation von Tutanchamuns Grab aufbewahrt wird. Schon innerhalb weniger Monate zeichnete der junge Lehrling altägyptische Bildmotive mit erstaunlicher Genauigkeit und technischer Bravour. 1891 folgte er mit gerade einmal 17 Jahren dem Ruf Ägyptens. Seine Reise führte ihn mit dem Zug von London Bridge Station über den

Ärmelkanal quer durch Mitteleuropa bis zu einem italienischen oder französischen Hafen, von wo aus er mit einem Schiff das Mittelmeer überquerte. Seit Reiseveranstalter wie der britische Unternehmer Thomas Cook oder die Berliner Carl und Louis Stangen mit der Eröffnung des Suezkanals 1869 die ersten Pauschaltouren nach Ägypten anboten, konnten reiche Europäer das Land am Nil bequem bereisen. *Die Schar der Besucher mehrt sich von Jahr zu Jahr*, heißt es in der 1913 erschienenen siebten Auflage des Reiseführers «Ägypten und der Sudan» von Baedeker. Newberry wartete in Alexandria auf Carter, von wo aus sie gemeinsam mit dem Zug über Kairo nach Beni Hassan weiterreisten. Dort kopierte er die Wandmalereien der Felsgräber und fertigte Wasserfarbenbilder von den schönsten Motiven an. Einige Monate später begleitete er Newberry zu den nahe gelegenen Felsgräbern von el-Berscheh, wo er seine zeichnerische Tätigkeit fortsetzte. In einer Zeit, als es noch keine Farbfotografien gab, waren talentierte Künstler für die archäologische Dokumentation unverzichtbar, und so gab es für Carter reichlich zu tun. Er konnte damals noch nicht ahnen, dass seine erste Anstellung in Mittelägypten den Anfang einer steilen Karriere markierte. Anfangs hielt sein neues Leben alles andere als verlockende Aussichten für ihn bereit. Sogleich bekam er das harte Ausgräberdasein und den harschen Ton, der unter den Grabungsmitgliedern herrschte, zu spüren. Ihr Alltag war monoton und streng geregelt: Sie standen bei Sonnenaufgang auf, arbeiteten bis zum Sonnenuntergang und nutzten die Zeit abends in einem der Gräber, das ihnen zugleich auch als Unterkunft diente, für die Nachbearbeitung. Über viele Monate lebten sie in völliger Abgeschiedenheit, und die Zusammenarbeit auf engstem Raum stellte für das Team eine große Herausforderung dar. Unterschiedliche Temperamente prallten aufeinander, und lebhafte Debatten endeten schon mal im Streit. Der Staub und die Hitze Ägyptens taten ihr Übriges dazu.

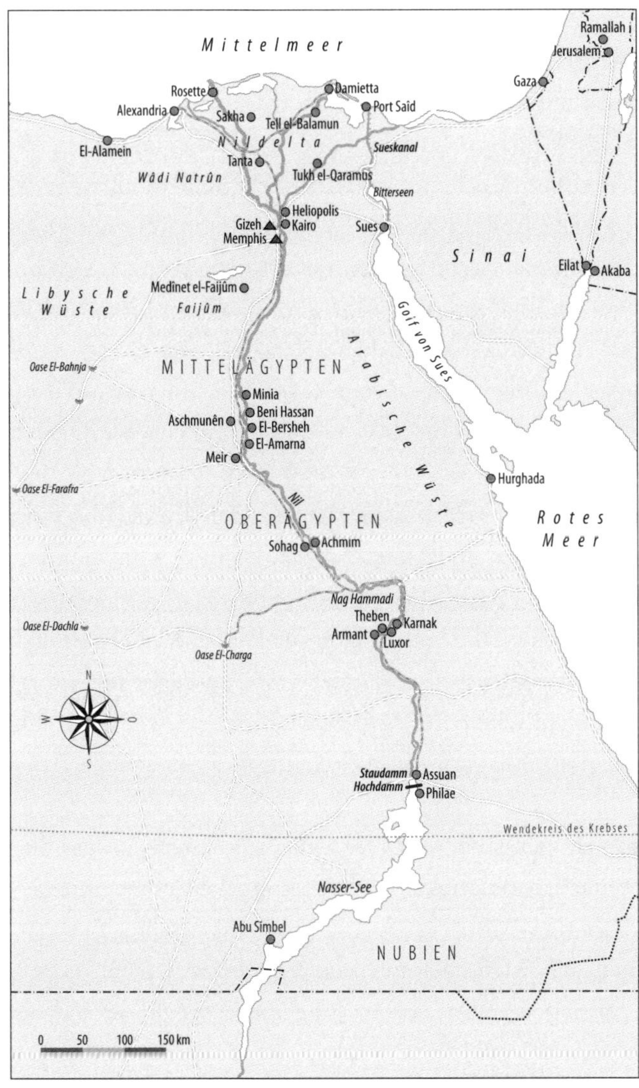

Der Nil, die Lebens- und Kommunikationsader im Alten Ägypten, erstreckt sich zwischen Assuan und Alexandria über mehr als 1000 km. Im Laufe der dreitausendjährigen Geschichte des Landes entstanden bedeutende Kult- und Siedlungszentren zu beiden Seiten des Flusses. Diese Karte zeigt vor allem Howard Carters Stationen seiner jahrzehntelangen Arbeit in Ägypten.

Schon bald sollte Carter aber das große Glück haben, mit einem Mann arbeiten zu dürfen, der ihm das nötige Rüstzeug für effektive Feldforschung an die Hand geben würde: Der englische Pionierarchäologe William Matthew Flinders Petrie, Hauptausgräber des «Egypt Exploration Fund», war ein praktisch veranlagter Wissenschaftler und etablierte für die Archäologie wegweisende Dokumentationsstandards. Nicht wenige seiner Kollegen sahen sich noch als Schatzgräber, und gut ausgebildete Archäologen ließen sich damals an einer Hand abzählen. Fähige Menschen wie Carter wurden in der jungen Feldforschung dringend benötigt. Er war äußerst talentiert und ging mit größter Ruhe und Präzision vor; für die archäologische Tätigkeit schien er also bestens qualifiziert zu sein. Und doch blieb er stets tief im Herzen ein Künstler, der sich in jeder freien Minute dem Zeichnen und Malen hingab. Dann versank er in seiner eigenen Welt und vergaß alles um sich herum. Voller Hingabe brachte Carter archäologische Stätten oder die Fauna der Nilwelt (Tafelteil, Abb. 1) in Wasserfarben zu Papier. Die künstlerischen Fähigkeiten seiner altägyptischen Kollegen bewunderte er sehr und nahm sie sich zum Vorbild. Man sagt Carter nach, er sei schüchtern, eigenbrötlerisch und starrsinnig gewesen. Er war sich seines unbeherrschten Temperaments bewusst und fand sich damit ab, dass die Menschen seine Standhaftigkeit als Dickköpfigkeit missdeuteten. Wenn es die Situation erforderte, war er durchaus gesellig, charmant und besonnen, wie Menschen aus seinem näheren Umfeld berichteten. Carter blieb zeit seines Lebens Junggeselle. Rückblickend betrachtet, lässt seine Geschichte darauf schließen, dass er ein Mensch mit einer leidenschaftlichen und romantischen Veranlagung war; denn selbst unter widrigsten Umständen gab er stets alles dafür, sich seinen lang gehegten Traum zu erfüllen. Seine erhaltenen Zeichnungen und Malereien zeugen von seiner Einfühlsamkeit und Liebe zu Kunst und Natur. Wie kein anderer verstand er es, dank seines intuitiven Gespürs und ästhetischen Empfindens, das Wesen der altägyptischen Kunst zu erfassen und mit großer Kunstfertigkeit festzuhalten. Seine dokumentarischen Aufzeichnungen von Tutanchamuns Grab legen Zeugnis ab für seine Gewissenhaftigkeit und seine absolute Hingabe. Eine von Carters stärksten Eigenschaften hatte einen wesentlichen Anteil am größten Erfolg seines Lebens: Sogar unter größtem Stress besaß er eine unendliche Geduld.

1892 reiste Carter nach Tell el-Amarna, der einstigen Hauptstadt des revolutionären Königs Echnaton, um dort im Auftrag der Amhersts Ausgrabungen durchzuführen. Nichtsahnend arbeitete er bereits 30 Jahre vor seiner großen Entdeckung an dem Ort, an dem Tutanchamun vermutlich geboren und aufgewachsen war. Hier bot sich Carter eine weitere wertvolle Gelegenheit, von Petries praktischem Erfahrungsschatz profitieren zu können, was ihm später bei seinem Aufstieg vom Hilfszeichner zum Grabungsleiter von großem Nutzen sein sollte. Von diesem lernte er, wie unerlässlich die systematische Erfassung einer Grabung war und dass jeder noch so kleine und unscheinbare Fund seine eigene Geschichte erzählte, die es wert war, aufgezeichnet zu werden. Während seines viermonatigen Aufenthalts in Amarna führte ihn Petrie zum jüngst entdeckten Felsgrab des Echnaton. Carter war von der Gruft des Königs eher enttäuscht, sie erschien ihm so *rauh* und *unfertig* im Vergleich zu den bei Weitem imposanteren Privatgräbern in Beni Hassan. Er fertigte für seinen älteren Kollegen Zeichnungen von Reliefszenen im Grab des Amarnakönigs an und stellte dabei abermals seine außergewöhnliche Begabung und sein Auge für die Besonderheiten ägyptischer Kunst unter Beweis. Seine Werke wurden zusammen mit einem Artikel von Petrie in der «Daily Graphic» veröffentlicht; eines davon zeigt Echnaton und Nofretete in einer Trauerszene unter der Strahlensonne. Carter kam durch Petrie erstmals mit dem außergewöhnlichen Kunststil der Amarnazeit in Berührung, dem er viele Jahre später auf Tutanchamuns goldenem Thronsessel und vielen anderen seiner Grabbeigaben wiederbegegnen sollte. Petrie erkannte die archäologischen Talente des jungen Künstlers damals noch nicht. In seinem Grabungsprotokoll vermerkte er: *Herr Carter ist ein gutmütiger Junge, dem sein ganzes Interesse der Malerei und Naturkunde gilt ... es lohnt sich für mich nicht, ihn als Ausgräber auszubilden.*

Ein Jahr später begann Carters Zeit im oberägyptischen Theben, das für ihn zur Heimat seines Herzens werden sollte. In den folgenden Jahren kehrte er mit einigen Unterbrechungen immer wieder dorthin zurück. Der geschichtsträchtige Ort mit seiner kontrastreichen Landschaft und seinen magischen Lichtstimmungen zog ihn fest in seinen Bann. Der junge Brite erlebte noch die alljährliche Nilflut; schon für die Alten Ägypter war sie ein aufregendes Spektakel gewesen, das ihrem Land unermesslichen Segen brachte. Die Eröffnung des Staudamms in Assuan 1970 schob diesem einzigartigen Naturphänomen dann einen Riegel vor. Carter richtete sich in Theben gut ein. Seine Unterkunft war einfach, aber gemütlich – mit seinem Bohemienstil verlieh er ihr eine besondere Note –, und er hielt sich allerlei Haustiere. Die Strapazen des Arbeitsalltags ließen sich mit einer behaglichen Rückzugsmöglichkeit gut aushalten. Er nutzte die Mußestunden, um seiner Gönnerin Lady Amherst zu schreiben und ihr von seiner Grabungstätigkeit und dem Erwerb von antiken Stücken für ihre heimische Sammlung zu berichten. Selbst aus seinen Briefen machte er kleine Kunstwerke, indem er sie mit hübschen Zeichnungen versah. In den 1920er Jahren wurden die Amhersts dann hart vom Schicksal getroffen, als sich ihr Anwalt mit ihrem gesamten Geld davonmachte und sie gezwungen waren, all ihren Besitz zu veräußern. Carters Briefe an Lady Amherst wurden später auf Auktionen versteigert.

Ab 1893 betraute ihn der Schweizer Ägyptologe Édouard Naville, der zweite Hauptausgräber des «Egypt Exploration Fund», mit unterschiedlichen Aufgaben im Totentempel der Hatschepsut in Deir el-Bahari. Der junge Brite erhielt einmal mehr die Möglichkeit, sich zusätzliche Kompetenzen als Archäologe anzueignen: Er beaufsichtigte die Arbeiter beim Abtragen von Geröll und war für die zeichnerische Erfassung der Tempelreliefs verantwortlich. Aus seinen frühen Jahren in Ägypten stammen auch seine ersten «Porträts von Deir el-Bahari», darunter ein in Tempera gemaltes Bild von Hatschepsuts Großmutter Seniseneb (Tafelteil, Abb. 2). Erstmals wurde er auch als Grabungsfotograf eingesetzt und leitete die architektonische Rekonstruktion von Tempelteilen. Zu dieser Zeit bot Theben ein völlig anderes Bild als das, was Touristen heutzutage vorfinden. Seit vielen Jahrhunderten waren dort Plünderer zugange, die überall deutliche Spuren hinterließen: weit und breit enorme Schutthügel, aus dem Wüstensand herausragende Schächte und pietätlos zurückgelassene Mumien, die Schatzgräber auf der Suche nach Gold zerfleddert hatten. Archäologische Grabungen waren äußerst mühsam und erforderten viel Geduld. Carter war ein geborener Archäologe, denn für alles, was er anging, nahm er sich viel Zeit und vollbrachte jeden Handgriff mit großer Geschicklichkeit. Gaston Maspero, Generaldirektor des ägyptischen Antikendienstes, war auf den talentierten Briten aufmerksam geworden und sah in ihm den geeigneten Mann für die zu besetzende Stelle des Chefinspektors von Oberägypten und Nubien. 1899 bot Maspero ihm eine Festanstellung an, und Carter sagte zu. Seine Beförderung kam überraschend und verstimmte die britischen Archäologen. Ihr junger Kollege hatte keine universitäre Ausbildung und war noch dazu nicht sehr umgänglich. Für den verantwortungsvollen Posten des Chefinspektors reichte sein zeichnerisches Talent in ihren Augen bei Weitem nicht aus. Sie taten ihm unrecht: Carter hatte seine vielseitige Begabung in den sechs Jahren seiner Zusammenarbeit mit Édouard Naville in Deir el-Bahari unter Beweis gestellt. Allerdings bekam er die Stelle nicht nur wegen seines außergewöhnlichen Könnens, sondern auch weil er Brite war: Ägypten lag im Mittelpunkt diverser geopolitischer Interessen und befand sich seit 1882 unter britischer Herrschaft. Der Khedive («Vizekönig») Abbas Hilmi Pascha amtierte zwar als Gouverneur Ägyptens, das seinerzeit eine Provinz des Osmanischen Reiches war, der eigentliche Machthaber im Land war allerdings der britische Generalkonsul Lord Cromer. Die Verwaltung der Altertümer wiederum lag in den Händen der Franzosen. Seitdem General Napoleon Bonaparte 1798 eine systematische Erforschung altägyptischer Denkmäler hatte durchführen lassen, bildeten die Franzosen eine nicht zu übersehende Präsenz in der Archäologie des Landes. Mit der Ernennung Auguste Mariettes zum ersten Direktor des neu eingerichteten Antikendienstes 1858 durch Khedive Mohamed Said Pascha unterstanden die ägyptischen Altertümer den Franzosen. Und denen widerstrebte es, dass die Briten ihre Vormachtstellung ausnutzten, um wichtige Posten der Altertümerbehörde mit ihren eigenen Landsleuten zu besetzen. Vertreter der beiden Imperialmächte wetteiferten um ihren Einfluss in Ägypten und trugen ihre Zwistigkeiten auch im Alltag aus, was Carter schon bald zu spüren bekommen sollte und was ihn beinahe seine archäologische Karriere kosten würde.

Als Carter seine Arbeit in Oberägypten aufnahm, bestand seine erste Amtshandlung darin, den Abtransport der königlichen Mumien aus den Sammelverstecken des thebanischen Friedhofs ins Ägyptische Museum von Kairo zu beaufsichtigen. Nur die Mumie des Königs Amenophis II. beließ er in seinem Grab. Als Chefinspektor führte Carter erstmals auch eigene Forschungen in Deir el-Bahari durch, wo er ein Loch untersuchte, in das zwei Jahre zuvor ein Pferd hineingestolpert war. Seine Ausgrabungen dort brachten ein Tempelgrab zutage, in dem er eine bedeutende Sitzstatue des Königs

Mentuhotep II., des Begründers der 11. Dynastie, entdeckte. Bis heute ist das Grab als «Bab el-Hosan» («Pferdetor») bekannt. Viele weitere Aufgaben lagen vor Carter: Er war verantwortlich für die Aufsicht und Sicherung aller Denkmäler in einem über 800 Kilometer großen Gebiet. Die meisten Monumente waren ungeschützt, und Besichtigungen waren teilweise mit etlichen Strapazen und Gefahren verbunden. In unzulänglich erschlossene Gräber musste man regelrecht hineinkriechen, und noch dazu herrschte in ihrem Inneren absolute Dunkelheit. Carter ließ einige freigelegte Anlagen mit Licht ausstatten und die Eingänge mit Eisentüren verriegeln – reiche Gönner stellten ihm die nötigen Mittel dafür zur Verfügung. In Luxor lernte er den wohlhabenden Amerikaner Theodore Davis kennen, dem Gaston Maspero nur allzu gern eine offizielle Grabungserlaubnis für das Tal der Könige erteilte. Davis verfügte über das nötige Geld, Grabungen in großem Stil durchzuführen, wozu der Antikendienst selbst niemals in der Lage gewesen wäre. Während der Wintermonate der Jahre 1901 bis 1904 arbeitete Carter für Davis als Grabungsleiter im Tal der Könige. 1903 fand er das Grab Thutmosis' IV. (KV43) und ließ kurz darauf das Grab der Königin Hatschepsut (KV20) von Schutt freiräumen. Zwar war die Gruft Thutmosis' IV. bereits in der Antike geplündert worden, jedoch fand Carter immerhin noch einige ansehnliche Grabbeigaben, darunter Dienerfiguren aus Fayence und Teile eines königlichen Streitwagens. Seine Arbeit mit Davis erwies sich für Carter als eine wichtige Zeit seiner archäologischen Laufbahn. Er machte sich mit dem gesamten Friedhofsareal im Tal der Könige vertraut, und sein Wunsch, dort ein intaktes Grab zu finden, reifte allmählich in ihm heran. Anfangs schwebte ihm dabei noch kein bestimmtes Grab vor. Erst aufgrund seiner wachsenden Erfahrungen als Archäologe und ans Licht kommender Hinweise auf den mysteriösen Tutanchamun entwickelte Carter geradezu eine Besessenheit, die Gruft dieses unbekannten

Königs zu finden. Doch bis zur Verwirklichung dieses Traums sollten noch fast 20 Jahre vergehen.

Nach fünf Jahren Amtszeit in Oberägypten wurde Carter 1904 als Chefinspektor von Unterägypten nach Kairo abberufen. Kurz nach seinem Amtsantritt ereignete sich ein folgenreicher Vorfall: Französische Touristen hatten sich in Sakkara mit ägyptischen Aufsehern angelegt. Als zuständiger Inspektor wurde Carter herbeigeholt, der für seine Mitarbeiter Partei ergriff. Die Angelegenheit schaukelte sich hoch und wurde als «Sakkara-Affäre» zu einem diplomatischen Zwischenfall. Der französische Generalkonsul erwartete von Carter eine offizielle Geste des Bedauerns, dieser weigerte sich jedoch, sich zu entschuldigen. Vergeblich appellierten Maspero und Davis in nahezu väterlicher Manier an Carters Vernunft, diplomatisch zu sein und nachzugeben. Als Konsequenz musste Maspero seinen Chefinspektor ins Nildelta nach Tanta versetzen. Das blamable Ereignis in Sakkara und seine Verbannung an einen unwirtlichen Ort hinterließen bei Carter einen bitteren Nachgeschmack. Er arbeitete noch kurze Zeit im 40 Kilometer von Kairo entfernten Tukh el-Qaramus, danach fasste er den Entschluss, dem Antikendienst den Rücken zu kehren, und informierte Maspero im Herbst 1905 über seinen Rücktritt. Sein Chef versuchte ihn umzustimmen und sprach zu ihm als Freund, aber Carters Entschluss stand fest. Den Antikendienst von heute auf morgen zu verlassen, war für ihn sicherlich nicht leicht gewesen. Aber offensichtlich sah er für sich keinen anderen Ausweg im Umgang mit der ihm angetanen Schmach. Am 4. November 1905 gab die «Egyptian Gazette» seinen Rücktritt öffentlich bekannt. Carter muss damals viel durchgemacht haben, seine Karriere schien mit einem Schlag beendet. Hätte er damals gewusst, dass er auf den Tag genau 17 Jahre nach der offiziellen Bekanntgabe seiner Kündigung die größte Entdeckung seines Lebens machen würde, wäre ihm viel Kummer erspart geblieben. Auch war er noch völlig ahnungslos, dass sich sein künftiger Mäzen bereits seit 1903 jeden Winter in Ägypten aufhielt und sich schon bald in greifbarer Nähe befinden würde: Die «Egyptian Gazette» kündigte am 14. Dezember 1905 einen zweiwöchigen Aufenthalt von Lord Carnarvon und seiner Gemahlin Almina für Neujahr an. Nach seinem Rücktritt vom Antikendienst hielt sich Carter als Maler, Reiseführer und Agent im Antikenhandel über Wasser. Er verbrachte viel Zeit in seinem geliebten Theben, wo es auch die meisten Auftragsarbeiten für ihn gab. Davis verhielt sich ihm gegenüber loyal und beauftragte ihn, Zeichnungen und Wasserfarbenbilder von Objekten seiner Ausgrabungen im Tal der Könige für seine alljährlich erscheinenden Publikationen anzufertigen. In jenen Tagen nahm Lord Carnarvon seine erste Grabung in der thebanischen Nekropole auf. Mit Sicherheit war Carter dem Lord in dieser Zeit bereits begegnet, er wird aber erst ab 1909 für dessen «königliche» Kampagne als Grabungsleiter tätig werden.

Eng verwoben mit dieser Entdeckungsgeschichte ist Lord Carnarvon, ein weiterer außergewöhnlicher Charakter. Er wurde am 26. Juni 1866 als George Edward Stanhope Molyneux Herbert, Fünfter Graf von Carnarvon, in Highclere Castle in der englischen Grafschaft Hampshire geboren und war der einzige Sohn des Ehepaars Henry Herbert, der Vierte Graf von Carnarvon, und Lady Evelyn Stanhope. Der Vierte Graf von Carnarvon war ein angesehener Politiker und bekleidete mehrere Ämter unter Premierministern der Konservativen Partei. Carnarvons Mutter starb, als er acht Jahre alt war. Seine Familie nannte ihn «Porchy», nach seinem Höflichkeitstitel Lord Porchester. Porchy und seine drei Schwestern wuchsen in einer idyllischen Umgebung auf dem viktorianischen Landsitz ihrer Eltern auf. Highclere Castle wurde 2010 als Drehort der britischen Fernsehserie «Downton Abbey» berühmt. Das schillernde Kostümdrama erzählt das Leben der fiktiven Adelsfamilie

George Herbert, Fünfter Graf von Carnarvon, aus Highclere Castle in Hampshire war der Finanzier von Howard Carters langer Suche nach einem unversehrten Pharaonengrab im Tal der Könige. Ein Autounfall in Deutschland mit schweren gesundheitlichen Folgen brachte den Lord in das sonnige Klima Ägyptens, wo er ab 1906 Ausgrabungen im thebanischen Friedhof durchführen ließ und drei Jahre später zu Carters Mitstreiter wurde.

Crawley und ihrer Diener Anfang des 20. Jahrhunderts im Geburtshaus Carnarvons. Seine Lehrer hielten ihn für «zurückgeblieben», aber vielleicht unterforderte der Unterricht ihn einfach nur. Jedenfalls sprach er Französisch und Deutsch und liebte Sport, Kunst und Geschichte. Zeitweise ging er auch in Hannover zur Schule. Nach einer Erziehung an der Prestigeschule Eton, wo er unter anderem Latein und Altgriechisch lernte und sich ein Semester lang eine Schlange in der Schublade seines Schreibtischs hielt, wechselte er 1885 ans Trinity College in Cambridge. Dort offenbarte sich sein Interesse für Kunst, als er die Holzverkleidung in seinem Zimmer von einer späteren Bemalung, die ihm missfiel, befreien und ihren ursprünglichen Zustand wiederherstellen wollte. Als junger Mann suchte er gerne Antiquitätengeschäfte auf und sammelte französische Stiche und Zeichnungen. Er war ein Sportnarr und tat sich als Reiter, Bogenschütze und im Segeln hervor. Seine besondere Leidenschaft galt Pferden, und er tummelte sich gern auf Rennplätzen; auf den Hügeln hinter seinem Landsitz in Highclere begann er mit der Pferdezucht. Porchy liebte wagemutige Abenteuer und beschloss, nach dem Studium die Welt zu umsegeln. 1887 trat er seine erste Reise auf seinem Segelschiff «Aphrodite» an, das ihn von Vigo bis zu den Kapverden, nach Pernambuco und sogar bis nach Rio de Janeiro führte. Er beherzigte den Rat eines erfahrenen Kapitäns und ließ wegen gefährlicher Wetterbedingungen von der Umsegelung des Kap Hoorn ab. Die nächsten Reisen führten ihn unter anderem nach Japan, Südafrika, Australien und Italien. Während er die halbe Welt umsegelte, hatte er an Bord seines Schiffs viel Zeit zum Lesen. Zwischen den einzelnen Reisen hielt er sich kurz in Highclere Castle auf. Carnarvon hatte ein rastloses Gemüt und suchte das Abenteuer. Als sein Vater 1890 starb, wurde aus Porchy mit gerade einmal 24 Jahren der Fünfte Graf von Carnarvon. Vier Jahre später bereiste er mit einem Freund erneut Südamerika. Kurz nach seiner Rückkehr heiratete er 1895 im Alter von 29 Jahren die 19-jährige Almina Victoria Maria Alexandra Wombwell in der Margaret's Church in Westminster in London. Sie war die uneheliche Tochter von Alfred de Rothschild, Direktor der Bank von England. De Rothschild erkannte sie nicht offiziell als seine Tochter an und gab sich als ihr Patenonkel aus. Immerhin stattete er sie mit einer Mitgift von einer halben Million Pfund aus, beglich die Schulden ihres Bräutigams und führte sie in die adligen Kreise Englands ein. Almina war in jeder Hinsicht eine gute Partie für den jungen Carnarvon. Zum Zeitpunkt seiner Eheschließung besaß er fünf Landsitze und ein Haus in London, aber ihm fehlte es an finanzieller Liquidität. Konkurrierende Importe aus Übersee reduzierten sein jährliches Einkommen aus der Landwirtschaft seiner Besitztümer. Er benötigte dringend Bares für den Unterhalt seiner Anwesen und seinen luxuriösen Lebensstil, und das brachte Almina durch ihren Vater mit. Die Heirat wurde im gegenseitigen Einvernehmen vollzogen: Geld gegen sozialen Aufstieg. Die frisch Vermählten lebten das luxuriöse Leben der adligen Oberschicht: zum Jagen ging es nach Bretton Hall und zur Oper nach London. Zwischendurch unternahmen sie Reisen in sämtliche Metropolen der Welt und kamen 1898 auf ihrer «Grand Tour» erstmals auch nach Ägypten. Carnarvon und Almina bekamen zwei Kinder, Henry und Evelyn. Letztere wird ihren Vater nach der Entdeckung des Grabes des Tutanchamun regelmäßig auf seinen Reisen nach Ägypten begleiten.

Lord Carnarvon war neuen Technologien sehr zugetan. Er zeigte ein großes Interesse für die Fotografie und experimentierte mit ersten Farbaufnahmen. 1916 wurde er zum Präsidenten des «Kameraclubs» ernannt und richtete im selben Jahr seine erste Fotoausstellung aus. Sein bevorzugtes Motiv waren schöne Frauen. Von seinen Ägyptenreisen existieren im Archiv von Highclere Castle über 600 Fotos. Auch der Flugsport interessierte ihn sehr. 1910 überredete er Geoffrey de Havilland, den englischen Flugpionier, seinen ersten Flug von Highclere Castle aus zu starten. Carnarvons größte Leidenschaft galt allerdings dem Autosport. *Autos waren für ihn ein aufregendes Spielzeug*, wie sein Urenkel George Herbert in einem Interview sagte. Carnarvon wurde sein erster Autoführerschein in Frankreich ausgestellt, wo Automobile früher zugelassen wurden und schnellere Geschwindigkeiten zulässig waren als in seiner Heimat. Nach einer Reihe von Testfahrten mit vielen Prototypen kaufte er sich schließlich einige Panhard & Levassors, eine der nobelsten Automarken Anfang des 20. Jahrhunderts. Er besaß das dritte in England zugelassene Automobil und erwarb bis zu seinem Tod mehr als 60 Fahrzeuge; in seinem ersten unternahm er mit Almina und

Lady Evelyn Herbert und ihr Vater Lord Carnarvon mit dem Gouverneur der Provinz von Kena, Abdel Aziz Bey Yehia, nach ihrer Ankunft in Luxor im November 1922 auf dem Rücksitz ihres Grabungsautos.

seinem französischen Chauffeur eine Reise auf den Kontinent. Eines seiner Lieblingsmodelle war ein Bugatti von 1912, den er im selben Jahr auf seiner Rückreise von Ägypten nach England beim Hersteller kaufte. Die ersten Automobile waren sehr anfällig und blieben ständig auf der Strecke liegen, weshalb Carnarvon bei größeren Touren immer von einem zweiten Automobil mit einem Mechaniker an Bord begleitet wurde. Zu dieser Zeit waren Autos noch ein seltener Anblick auf den Straßen, den meisten Menschen waren sie nicht geheuer. Den Fahrern versuchte man mit teils befremdlichen Verkehrsregeln beizukommen. Rote Fahnen schwenkende Verkehrspolizisten liefen vor den Wagen her und man erließ Gesetze zugunsten von Mensch und Tier. Carnarvon saß gerne selbst am Steuer, einer seiner Spitznamen war *Motor Carnarvon*. Er war für seinen rasanten Fahrstil bekannt und erhielt einige Strafzettel für zu hohe Geschwindigkeit aufgebrummt. Den ersten bekam er 1898 in Newbury für eine

Geschwindigkeit von 19 Stundenkilometern. Einmal schrieb eine britische Zeitschrift über ihn, er sei mit einer erschreckenden Geschwindigkeit von 30 Stundenkilometern an Fußgängern und Radfahrern vorbeigerauscht. Seine unbekümmerte Raserei wurde ihm zum Verhängnis, als er 1901 in Deutschland mit seinem Automobil auf dem Weg zu seiner Frau war, die sich im hessischen Kurort Bad Schwalbach aufhielt. Kurz vor seinem Ziel verursachte er auf der Bäderstraße im Taunus, der heutigen Bundesstraße 260, einen schweren Verkehrsunfall. Carnarvon verlor die Kontrolle über sein Gefährt, als er versuchte, zwei Karren mit Ochsengespannen auszuweichen, welche die Straße blockierten. Der Wagen überschlug sich und begrub den Lord unter sich. Sein Chauffeur, der auf dem Beifahrersitz saß, wurde aus dem Automobil geschleudert und trug nur leichte Verletzungen davon. Carnarvon traf es härter: Er zog sich eine schwere Gehirnerschütterung zu, erlitt starke Verbrennungen, Quetschungen am Brustkorb und Verletzungen an Kiefer und Gaumen. Dieser Unfall veränderte sein Leben: Er musste sich wiederholt Operationen unterziehen und sollte sich bis zu seinem Tod nicht mehr richtig erholen. Mit gerade einmal 35 Jahren war Carnarvon Halbinvalide. Almina kümmerte sich um ihren schwer kranken Mann und entdeckte dabei ihre Leidenschaft für die Krankenpflege. Als der Erste Weltkrieg ausbrach, richtete sie in Highclere Castle ein Krankenhaus für verwundete Soldaten ein und ließ sich in einem Londoner Hospital zur Krankenschwester ausbilden. In ihrem Schloss stellte sie einen Arzt, Radiologen und 30 Krankenschwestern ein. 1916 verlegte sie ihr Krankenhaus nach London und assistierte bei Operationen.

Seit seinem schweren Unfall litt Carnarvon unter den kalten und feuchten Wintern in seiner Heimat. Seine Ärzte rieten ihm, im trockenen Klima Ägyptens Linderung für seine Schmerzen zu suchen. So verbrachte er ab 1903 jeden Winter im sonnenreichen Land am

Nil und suchte eine Aufgabe für sein rastloses Gemüt. Er fing schnell Feuer für die Archäologie und stellte sechs Jahre später Carter als Leiter seiner Ausgrabungen in Theben ein. Der junge Brite war ein Eigenbrötler und Einzelgänger, der Lord hingegen fiel durch seine gesellige und charmante Art auf; er befolgte die Etikette eines edwardischen Kavaliers. Jedes Jahr ließ Carnarvon seine Besitztümer in England für einige Monate zurück, um den Ausgrabungen auf dem thebanischen Westufer beizuwohnen und Unterkunft in Carters schlichtem Grabungshaus zu beziehen. Viele Menschen seines Rangs wären nicht auf die Idee gekommen, ihr komfortables Leben für einige Monate im Jahr gegen das einfache Archäologendasein einzutauschen. Highclere liegt in einem romantischen Park, verfügt über eine beeindruckende Bibliothek von 6500 Büchern und ist heute ein beliebtes Ausflugsziel für Touristen. Carnarvon war aber nicht einfach nur ein reicher Lord mit labiler Gesundheit, der mit seiner Zeit und seinem Geld nichts Besseres anzufangen wusste, als archäologische Ausgrabungen in Ägypten zu finanzieren; in erster Linie zogen ihn das trockene Klima und seine Leidenschaft für Ägypten ab 1903 regelmäßig dorthin. Er wurde zum überzeugten Mitstreiter an Carters Seite auf der Suche nach etwas Großartigem und noch Unentdecktem. Auf einigen seiner erhaltenen Porträtaufnahmen erscheint er als Mann von Welt, der eine Neugier auf das Leben und Abenteuer auszustrahlen scheint. Seine Schwester Lady Burghclere beschrieb ihn *als schweigsamen Mann mit einem schwärmerischen Herz, … einer unerschütterlichen Ruhe* … und … *Sinn für Humor.* Wie Carter liebte er die Geschichte und Landschaft Ägyptens und die Schönheit seiner Kunst. Im Laufe der Jahre erstand Carnarvon eine stattliche Anzahl altägyptischer Artefakte. Drei Jahre nach seinem Tod verkaufte seine Frau Almina 1400 altägyptische Objekte seiner Sammlung an das Metropolitan Museum in New York. Der Rest verblieb in Highclere, wo die derzeitige Gräfin

Fiona Carnarvon und ihr Gemahl George Herbert, der Achte Graf von Carnarvon, eine kleine Dauerausstellung im Keller von Highclere eingerichtet haben. Dort können Besucher in die spannende Geschichte von Tutanchamun und das Leben und Wirken von Lord Carnarvon und Howard Carter eintauchen. Neben originalen Exponaten der altägyptischen Kultur zeigt die Ausstellung auch Repliken von Tutanchamuns Grabschatz. Die heutigen Carnarvons halten das Andenken an ihren weltberühmten Vorfahren durch viele Fernseh- und Interviewbeiträge lebendig. Vor einigen Jahren trat George Herbert in die Spuren seines Urgroßvaters und begab sich auf eine Reise nach Ägypten, um die neuesten Forschungen über Tutanchamun, sein Grab und die Schätze zu erkunden. Als der Fünfte Graf von Carnarvon Ägypten als sein jährliches Winterdomizil auserkor, hatte er sich bestimmt nicht träumen lassen, dass er weltweit Schlagzeilen mit einem Jahrhundertfund machen würde, von dem die Welt bis heute spricht. Sein Urenkel äußerte sich dazu 2014 bei einer Rede, die er anlässlich der Ausstellung «Discovering Tutankhamun» im Ashmolean Museum in Oxford hielt: *Mein Urgroßvater wäre erfreut, dass sich die Faszination für seine und Howard Carters Entdeckung nach all den Jahren bis heute fortsetzt.*

5. KAPITEL

Erste Spuren von Tutanchamun im Tal der Könige

Wie so viele Menschen erlagen auch Howard Carter und Lord Carnarvon der besonderen Magie Thebens. Dieser eindrucksvolle Ort besticht durch seine kontrastreiche Landschaft: Unter einem stahlblauen Himmel zieht sich ein von ausgedehnter Wüste umschlossener Grünstreifen den Nil entlang. Die Ruinen zu beiden Seiten des Flusses verleihen dieser einstmals glanzvollen Stadt ihr einzigartiges Erscheinungsbild. Das *hunderttorige Theben*, wie der griechische Dichter Homer es in seinem epochalen Werk *Ilias* (9. Gesang, Vers 383) bezeichnete, war einst die ruhmreichste Metropole der Antike. Ihren provinziellen Dorfcharakter hatte sie ab ca. 2000 v. Chr. allmählich abzulegen begonnen, und zu Beginn des Neuen Reiches lief sie der Stadt Memphis, das sich seit dem Alten Reich als religiöses Zentrum etabliert hatte, den Rang ab. Als nach der Vertreibung der im Ostdelta des Landes residierenden Hyksos eine lokale Fürstenfamilie das Zepter übernahm, verlagerte sich der geistige Mittelpunkt des Reichs ins oberägyptische Theben. Als führende Weltstadt flossen ihr nun üppige Tribute aus unterworfenen Gebieten, Beute aus siegreichen Kriegen und Luxusgüter aus florierenden Handelsbeziehungen zu. Viele Könige ließen ihre glanzvollen Palastanlagen in diesem einflussreichen Zentrum Ägyptens errichten. Auf der Ost seite Thebens, der heutigen Touristenstadt Luxor, erheben sich die steinernen Reste der gewaltigen Karnak- und Luxortempel. Jahrein, jahraus verwandelte sich die religiöse Hochburg in einen Festspielort zu Ehren des Gottes Amun und seines Gefolges, deren Kultbilder von einer Priesterschar auf Barken aus den Tempeln herausgetragen wurden. Unter großer Anteilnahme der Bevölkerung traten die Gottesdiener ihren Marsch auf reich geschmückten Prozessionswegen an und fuhren auf Booten ans Westufer des Nils. Dort setzten sie ihren Weg zu Fuß in Richtung der Totenkultanlagen der verstorbenen Pharaonen fort. Ihre Totentempel lagen in rund eineinhalb Kilometer Entfernung östlich von ihren Gräbern am Rand des Fruchtlandstreifens und boten die Bühne für den königlichen Totenkult. Grab- und Tempelanlagen wurden im Neuen Reich bewusst getrennt gehalten. Die Grüfte der Könige lagen – im Gegensatz zu den von Weitem sichtbaren Pyramiden des Alten Reiches – an einem versteckten Ort, in welcher der Eintritt in das jenseitige Leben stattfand. Die Geheimhaltung der Lage der Gräber ließ sich aber praktisch nicht umsetzen. Zu viele Personen waren an ihrer Ausschachtung und Ausgestaltung beteiligt, die selbst die verborgensten Winkel kannten und von den in den Königsgräbern abgelegten Schätzen wussten. Da so die Versuchung groß war, sich am Grab eines verstorbenen Herrschers zu schaffen zu machen, musste der Königsfriedhof streng bewacht werden. Kontroll- und Wachstationen auf den Gebirgspässen schützten die Gräber vor Plünderern.

500 Jahre lang diente das Tal der Könige – der Schauplatz des Jahrhundertfunds – als Hauptfriedhof für die größten Herrscher des Alten Ägypten; Thutmosis I. war der erste Pharao, der dort bestattet wurde (KV38). Ein hoher Beamter namens Ineni rühmt sich in einer Inschrift in seinem thebanischen Grab (TT81), für seinen König einen *Palast für die Ewigkeit* an einem geheimen Ort geschaffen zu haben. Von da an ließen sich dort fast alle Pharaonen des Neuen

Aufnahme vom Tal der Könige aus dem Jahr 1925, im Vordergrund das Grab des Tutanchamun (KV62) unterhalb des Grabeingangs von Ramses VI. (KV9). In dem weltberühmten Friedhof ließen sich die Könige des Neuen Reiches mit üppigen Totengaben bestatten. KV62 war das einzig nahezu unversehrte Königsgrab, das dort gefunden wurde.

Reiches beisetzen. Nur Echnaton wich von der Tradition ab und errichtete sein Felsgrab in Amarna. Mit der Rehabilitierung Amuns kehrte aber bereits sein Nachfolger Tutanchamun wieder in den thebanischen Friedhof zurück und ließ auch die Gebeine seines Vaters Echnaton dorthin transferieren. *Das Tal der Königsgräber schon der Name ist voller Romantik, und ich glaube, unter all den Wundern Ägyptens gibt es keinen* [Namen], *der die Phantasie mehr anregt*, schreibt Howard Carter in seinem Entdeckerbericht. Der Brite empfand eine besondere Zuneigung für Theben, und wann immer es ihm möglich war, kam er gern an diesen besonderen Ort zurück;

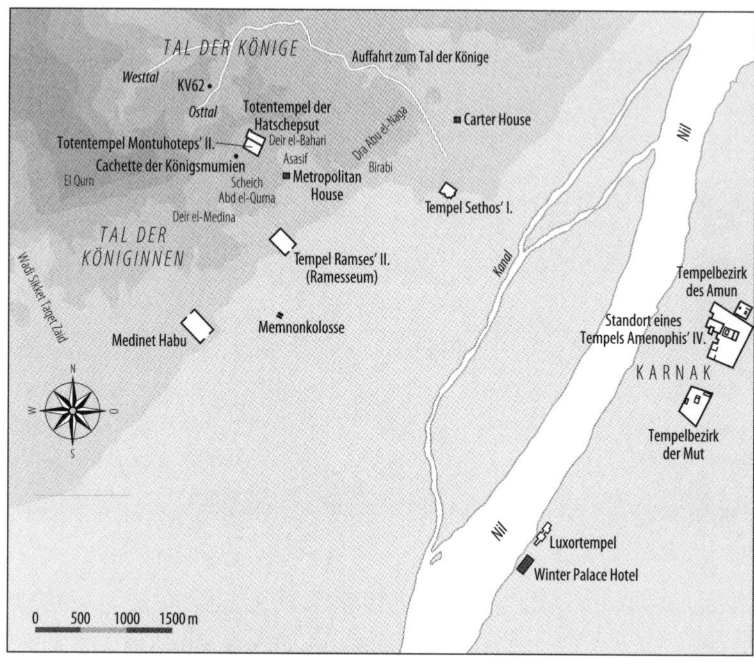

Das im heutigen Luxor gelegene Theben war im Neuen Reich das religiöse Zentrum Ägyptens und Hauptwohnsitz des Staatsgottes Amun. Der ihm geweihte Karnaktempel liegt auf der Ostseite Thebens. Auf der Westseite befinden sich ein gigantischer Friedhof mit den Gräbern der Pharaonen des Neuen Reiches, von Mitgliedern der königlichen Familie und hohen Würdenträgern sowie die königlichen Totentempel.

er wurde ihm zur zweiten Heimat. Zwei Jahrzehnte lang arbeitete er geduldig darauf hin, im Tal der Könige ein noch unentdecktes Königsgrab zu finden.

Der Eingang zum Pharaonenfriedhof des Neuen Reiches befindet sich am nördlichen Ende von Theben-West hinter dem Totentempel König Sethos' I. aus der 19. Dynastie zwischen Dra Abu el-Naga und dem Haus Howard Carters («Castle Carter II»). Über einen aufsteigenden Weg, der durch ein sich windendes Wadi führt, erreicht man heutzutage ein modernes Besucherzentrum, von dem aus eine Weggabelung in das Ost- und das Westtal führt. Das Tal der Könige (arab. Wadi el-Muluk oder Biban el-Muluk) ist in die weißsandigen Kalkfelsschluchten von Theben-West eingebettet, deren geologische Formation die Wahl des Standortes für den Königsfriedhof des Neuen Reiches beeinflusst haben mag. Der Gipfel el-Qurn bildet mit 300 Metern den höchsten Punkt und gleicht einer Pyramide. Auf ihm thronte nach altägyptischer Vorstellung die Ortsgöttin Meretseger, die Schutzgöttin der Toten und «Herrin des Westens». Die Pyramide war die altehrwürdige Form der Grabanlagen früherer Pharaonen vor dem Neuen Reich und galt als Symbol des Sonnengottes. Der heutige Anfahrtsweg weicht von der Route ab, die die Priester und Trauerzüge im Alten Ägypten nahmen; damals wurde der Pfad *Weg, auf dem die Sonne zur Ruhe geht,* genannt. Über einen beschwerlichen Schotterweg trug man die mumifizierten Leichname der Verstorbenen zusammen mit ihren Totengaben feierlich zu Grabe. Auf dem heute asphaltierten Hauptweg kann man das Tal der Könige bequem mit dem Auto oder Bus erreichen. Carter legte die Strecke gern auf einem Esel zurück. Wenn Carnarvon oder hohe Gäste zugegen waren, nahm der Archäologe auch mit dem Grabungsauto – einem schnellen Ford – vorlieb. Abenteuerlustige Besucher können auf den Spuren der Alten Ägypter wandeln und sich dem Tal der Könige auch, ausgehend vom Totentempel der Königin Hatschepsut in Deir el-Bahari oder der Arbeitersiedlung Deir el-Medina, über zwei Gebirgspässe zu Fuß nähern. Auf dem Gebirgskamm angekommen, gelangen sie – wie einst die Friedhofsarbeiter – an eine Weggabelung, die sie links zum Friedhof der Königinnen und rechts hinab ins Tal der Könige führt. Die meisten Gräber der Pharaonen des Neuen Reiches wurden im Osttal angelegt, auch das Grab von Tutanchamun befindet sich dort, während im Westtal lediglich die Könige Amenophis III. (WV22) und Eje (WV23), der

Großvater und unmittelbare Nachfolger Tutanchamuns, die letzte Ruhe fanden. Das Tal kommt heute einem gigantischen Freilichtmuseum gleich: Seit vielen Jahrzehnten steigen in Hochzeiten bis zu zwei Millionen Besucher pro Jahr in die tief im Felsen gelegenen Gräber hinab. Bislang fanden Archäologen 64 Anlagen für königliche und private Bestattungen im berühmtesten Königsfriedhof der Welt: undekorierte Schächte, Einkammergräber und mehrräumige, reich verzierte Anlagen; immer noch werden erstaunliche Entdeckungen gemacht. Nicht alle der bislang gefundenen Anlagen wurden fertiggestellt oder waren überhaupt benutzt worden. Zwischen 100 bis 200 Meter tief sind die imposantesten Gräber stollenartig in das Kalkmassiv getrieben. Die Königinnen und ihre Kinder wurden zu Beginn der 18. Dynastie an verschiedenen Stellen auf dem thebanischen Westufer bestattet. Eine Herrscherfamilie später etablierte sich das südlich des Pharaonenfriedhofs gelegene «Tal der Königinnen» zum Hauptbestattungsort der königlichen Gemahlinnen. Auch durften sich vereinzelt besonders verdienstvolle Beamte in unmittelbarer Nähe ihres Herrschers im Friedhof der Pharaonen bestatten lassen.

Das Grab eines vergöttlichten Königs war von großer Bedeutung für sein ewiges Fortleben im Jenseits. Im Neuen Reich wurde für die Ausführung der königlichen Gräber eine große Mannschaft von Künstlern und Handwerkern beschäftigt, die sich jeden Morgen von ihrem Dorf in Deir el-Medina über den thebanischen Gebirgskamm zum Tal der Könige aufmachte. Die Gänge und Kammern der Gräber spiegeln den nächtlichen Weg der untergegangenen Sonne durch die Unterwelt wider, über die der Gott Osiris herrscht. Bemalte Reliefs an den Grabwänden zeigen Szenen aus den Unterweltsbüchern wie etwa die zwölfstündige Fahrt des Sonnengottes Re auf einer Barke durch das Reich des Osiris. Auf dieser Reise spendet Re den Toten Licht, und aus seiner Vereinigung mit Osiris geht er verjüngt hervor. Am nächsten Morgen erscheint der Sonnengott am Osthorizont und tritt seinen Tageslauf an, bis er am Abend wieder untergeht. Die Nacht birgt viele Gefahren, feuerspeiende Schlangen und Ungeheuer – ganz wie in Dantes «Inferno»; solchen Bedrohungen kann Re mit Hilfe von magischen Formeln unbeschadet entgehen. Der König schließt sich der allabendlichen Nachtfahrt an, um wie die Sonne den ewigen Zyklus von Geburt, Tod und Wiedergeburt zu durchlaufen. Er blickt von seinem Grab aus in Richtung Osten, den Ort des Sonnenaufgangs. Während die ersten Gräber noch weiter oben in den Felshängen angelegt wurden und einen rechtwinkligen Grundriss aufweisen, errichtete man spätere Gräber am Talgrund mit prachtvollen Außenfassaden und gerader Achse, sodass das Licht bis in die tiefsten Winkel dringen konnte. Obwohl sie als ewige Ruhestätten für die toten Könige gedacht waren, wurden sie bereits in der Antike geplündert und zu einem beliebten Reiseziel.

Bereits ab 500 v. Chr., unter der persischen Fremdherrschaft, kamen die ersten Touristen nach Theben. Mit der Eroberung Ägyptens durch den Makedonenkönig Alexander den Großen rund 200 Jahre später wuchs die Zahl ausländischer Besucher im Land am Nil dann stetig an. Reisende hinterließen Graffiti bei besonders beliebten Sehenswürdigkeiten wie dem Karnak- und dem Luxortempel, an den Memnonkolossen und auch im Tal der Könige. Dort fanden sich über 2000 Besuchergraffiti aus der Antike, das älteste davon im Grab des Königs Ramses VII. datiert ins Jahr 278 v. Chr. Im Grab Ramses' VI. allein fanden sich tausend Besucherinschriften teils aus griechischer und römischer Zeit. Im Laufe der Jahrhunderte gerieten die meisten Königsgräber in Vergessenheit, entweder versandeten sie, oder ihre Eingänge wurden von Geroll verschuttet. Mit der arabischen Eroberung Ägyptens im 7. Jahrhundert n. Chr. blieben die Touristen aus, und das Land wurde zur «Terra incognita» für den Westen. Fast 1000 Jahre lang grenzte sich Ägypten ab, und doch behielt es seine große Faszination bei. Sobald das Reisen Ende des 16. Jahrhunderts wieder sicher schien, traf auch schon der erste Europäer ein: Ein Venezianer reiste bis nach Luxor und tief in den Süden nach Philae. 80 Jahre später gelangten zwei Kapuzinermönche ins Tal der Könige. Zu diesem Zeitpunkt kursierten in Europa bereits einige Reiseberichte über Ägypten, die das Interesse an der ägyptischen Kultur schürten. Reisende des 18. Jahrhunderts, die es bis nach Theben schafften, schildern in ihren Berichten, dass Diebesbanden die Königsgräber kontrollierten und das besetzte Terrain mit Waffengewalt verteidigten. Ein dortiger Besuch war wahrlich riskant und musste mit den Einheimischen verhandelt werden. 1708 blieben dem Jesuitenpater Claude Sicard von zehn zugänglichen Gräbern vor allem der Granitsarkophag Ramses' IV. und die farbenfrohen Wandmalereien seines Grabes in bleibender Erinnerung. Mit «Eine Beschreibung des Ostens» veröffentlichte der anglikanische Geistliche Richard Pococke im Jahr 1743 eine erste wissenschaftliche Beschreibung von über 18 Gräbern des Tals. 25 Jahre darauf besuchte James Bruce aus Schottland sieben der Grabanlagen. Er war begeistert von der Anlage Ramses' III. und kopierte eine Darstellung zweier Harfenspieler, die in Europa großen Anklang fand. 1792 stattete der Engländer William George Browne dem Pharaonenfriedhof einen Besuch ab und schildert in seinem Reisebericht die archäologischen Erkundungen des Sohns des einheimischen Scheichs Hamam.

1798 wurde Ägypten dann zur Bühne europäischer Imperialpolitik: Durch einen Feldzug nach Ägypten wollte der französische General Napoleon Bonaparte Englands wirtschaftliche Interessenssphäre beschneiden. Seiner militärischen Unternehmung war zwar kein Erfolg beschieden, dafür setzte er die wissenschaftliche Erkundung Ägyptens in Gang. Ganze 167 Wissenschaftler, Ingenieure und Künstler in seinem Gefolge erforschten in seinem Auftrag das Land und dokumentierten altägyptische Denkmäler entlang des Nils. Ihre Forschungen legten das Fundament für die moderne Ägyptologie: Zwischen 1809 und 1829 brachten sie ihre berühmte Publikationsserie «Déscription de l'Égypte» heraus. Die Forscher kartografierten 16 Gräber im Tal der Könige und entdeckten im Westtal das Grab Amenophis' III. 1799 fand ein französischer Offizier den berühmten «Stein von Rosette», ein Schlüsselwerk der altägyptischen Kultur. Die Franzosen mussten den Stein nach der Machtübernahme der Briten in Ägypten an die Siegermacht abtreten; seitdem bildet er eines der Glanzstücke in der Sammlung des British Museum in London. Jean-François Champollion gelang es 1822 mit Hilfe des Steins von Rosette, die ägyptische Hieroglyphenschrift zu entschlüsseln und so das Geistesleben der Alten Ägypter wieder zum Leben zu erwecken. Nun war es möglich, Inschriften auf Tempeln, Papyri und andere Schriftzeugnisse zu lesen und in ihre Glaubenswelt einzutauchen. Genau hundert Jahre nach Champollions bahnbrechendem Erfolg sollte Howard Carter das Grab des Tutanchamun entdecken. Das Interesse an Ägyptens pharaonischer Kultur war durch die Entschlüsselung so groß, dass viele weitere wissenschaftliche Kampagnen folgten. Richard Lepsius, der Vater der deutschen Ägyptologie, bereiste von 1842 bis 1845 das Land am Nil mit einer preußischen Forschergruppe und nahm 25 Gräber im Tal der Könige in seine Publikation «Denkmäler aus Ägypten und Äthiopien» auf. Anfang des 19. Jahrhunderts waren nur 21 Gräber bekannt gewesen; die ständige Versandung und Geröllschübe verdeckten die Grabeingänge. Schatzgräber ließen sich jedoch nicht im Geringsten von der unwirtlichen Gegend abschrecken. Napoleons Kampagne hatte eine Begeisterungswelle für das Alte Ägypten in Europa ausgelöst, was zur Folge hatte, dass immer mehr Abenteurer das Land aufsuchten, sich an dem nicht versiegenden Strom unschätzbarer Reichtümer bedienten und diese außer Landes schafften – so auch der aus Padua stammende Hüne Giovanni Battista Belzoni. Er hatte Maschinenbau studiert und zeitweise sein Geld als Gewichtheber im Zirkus und auf Jahrmärkten verdient. 1815 versuchte er sein Glück in Ägypten: Im Garten des Khediven Mohamed Ali Pascha stellte er ein selbst entwickeltes Wasserrad auf, das er an ihn verkaufen wollte. Der Khedive war von der Leistung des Wasserrads nicht überzeugt, und Belzonis Pläne, als Ingenieur in Ägypten Fuß zu fassen, scheiterten kläglich. Da es ihm an Ideen nicht mangelte und er dringend Geld benötigte, fand er schnell eine Alternative und beschloss, Schatzgräber zu werden. Auf der Grundlage eines Vertrags mit dem britischen Generalkonsul Henry Salt hob er in fünf Jahren zahllose Schätze. 1816 legte er einige bedeutende Gräber im Tal der Könige frei. Das Grab Sethos' I. zählt zu den imposantesten Anlagen im Pharaonenfriedhof und ist heute auch als «Belzonis Grab» (KV17) bekannt. Darin fand der Italiener den einzigartigen Alabastersarkophag des Königs, der sich heute im Sir John Soane's Museum in London befindet. Der Italiener war ein Multitalent und Visionär: Auf beispielhafte Weise zeichnete er die Dekoration im Grab Sethos' I. ab und stellte ein Grabmodell und den Sarkophag des Königs in einer ersten großen Ägypten-Ausstellung am Piccadilly Circus in London aus. Nachdem Belzoni acht Königsgrüfte entdeckt hatte, behauptete er, alle letzten Pharaonengräber aufgespürt zu haben. Er irrte sich: In den kommenden 20 Jahren sollten noch viele weitere Grabmäler gefunden werden.

1903 erhielt dann der Amerikaner Theodore Davis vom ägyptischen Antikendienst die exklusiven Grabungsrechte für das Tal der Könige, wo er bis 1914 zwölf Winterkampagnen lang sechs Pharaonengräber, ein nichtkönigliches Grab und neun unbeschriftete Anlagen freilegte. In der Wintersaison 1905 kamen die ersten Spuren von Tutanchamun zutage: Zwischen den Gräbern Amenophis' II. (KV35) und Ramses' VI. (KV9) im Herzen des Königsfriedhofs fand

Davis Projektleiter Edward Ayrton unter einem Felsblock drei Meter unter der Erdoberfläche einen kleinen grün-bläulichen Fayencebecher mit dem Thronnamen des Königs; ein erster handfester Beweis, dass Tutanchamun irgendwo in diesem Areal beigesetzt worden sein könnte. Ayrton schenkte diesem bedeutenden Fund jedoch keine Aufmerksamkeit. Kurz darauf entdeckte er oberhalb des Grabes Ramses' X. (18) eine rechteckige und etwas über einen Meter tiefe Grube (KV54) mit mehreren Vorratskrügen. Ohne sich mit deren Inhalt näher zu befassen, wurde auch dieser Fund achtlos in einem Magazin deponiert. Davis schenkte die Krüge Herbert Winlock, dem Leiter der thebanischen Grabungen des Metropolitan Museum of Art, der sie nach New York schickte. In den Krügen befanden sich unterschiedliche Gegenstände, von denen ein Leinenkopftuch Aufmerksamkeit erregte, auf dem das sechste Regierungsjahr und der Thronname Tutanchamuns vermerkt waren. Erst 1923, als Carter das Grab des Königs bereits entdeckt hatte, beschäftigte sich Winlock näher mit dem Inhalt der Vorratskrüge und machte eine spektakuläre Entdeckung: Ayrton war auf ein Depot mit Einbalsamierungsmaterialien von Tutanchamuns Bestattung gestoßen. Unter den Gegenständen befanden sich Tonsiegel mit dem Namen des Königs und dem der Totenstadt, 50 Beutel Natron, an die 200 Mumienbinden, Dutzende Opferschalen, Reste von vertrockneten Blumenkränzen und eine vergoldete Totenmaske. Viele Jahre später fand Carter heraus, dass Letztere ursprünglich zu einem der beiden im Grab des Tutanchamun bestatteten Föten gehört hatte. Auch Knochen gebratener Opfertiere von einer Totenfeier fanden sich darunter. Die altägyptischen Priester hatten nach dem Verschluss von Tutanchamuns Grab offensichtlich Reste der Bestattungszeremonien in den Krügen deponiert und in der Grube abgelegt. 1907 hatte Ayrton bereits eine andere bemerkenswerte Entdeckung gemacht: Er war auf das Einkammergrab KV55 mit der Mumie Echnatons und den Siegeln Tutanchamuns gestoßen, der die Umbettung seines Vaters von Amarna ins Tal der Könige veranlasst hatte. Unweit des Grabes von Haremhab machte Davis' Grabungsleiter Harold Jones 1909 eine vierte beachtliche Entdeckung: In einem unfertigen Schachtgrab (KV58) lagen zerbrochene Möbel und in einem Holzkasten Reste von Goldfolien. Sie sind mit einer bildlichen Darstellung verziert, in der Eje als Wesir und Anchesenamun Tutanchamun begrüßen, der gerade dabei ist, einen Feind zu erschlagen. Davis war überzeugt, dass er das geplünderte Grab des Königs gefunden hatte. 1912 veröffentlichte er das Grab KV58 mit dieser Zuschreibung und fällte in seiner Publikation – wie Belzoni fast 100 Jahre zuvor – das berühmte Urteil: *Ich fürchte, das Tal der Könige ist jetzt ausgeschöpft.* Carter war alles andere als überzeugt: *Auf Grund dieser goldenen Bruchstücke behauptete er* [Davis], *tatsächlich die Grabstätte Tut-ench-Amuns gefunden zu haben. Die Schlussfolgerung war ganz unhaltbar, denn das fragliche Schachtgrab war klein und unbedeutend, von einer Form, wie sie sehr gut einem Angestellten des Königshofes aus der Ramessidenzeit hatte gehören können, aber für die Grabstätte eines Königs der 18. Dynastie einfach lächerlich war. Anscheinend waren die darin gefundenen Gegenstände aus königlichem Besitz in einer späteren Zeit hineingelegt worden und hatten mit dem Grab selbst nichts zu tun.* Carter hielt weiter daran fest, *daß das Grab Tut-ench-Amuns noch zu finden sei.*

Was machte ihn so sicher, dass im Tal der Könige das intakte Grab von Tutanchamun seiner Entdeckung harrte? Archäologen hatten in den freigelegten Königsgräbern ja meist nur noch die tonnenschweren Steinsarkophage und vereinzelte Grabbeigaben vorgefunden. Die Königsmumien aus geplünderten Gräbern waren in der Antike in zwei Sammelgräber – in die Gruft Amenophis' II. (KV35) und die Cachette von Deir el-Bahari (TT320) – umgebettet worden. Tutanchamuns Leichnam befand sich nicht darunter. Es bedurfte weiterer Forschungen, um zu verstehen, weshalb die Mumien aus ihren ursprünglichen Gräbern herausgeholt und andernorts beigesetzt worden waren. Nach der Bestattung eines Königs wurde sein Grab verschlossen und versiegelt und sollte nicht mehr geöffnet werden; und doch waren die Königsgrüfte der ständigen Gefahr vor Plünderei ausgesetzt. Grabräuberei existierte, seitdem die Alten Ägypter ihre Toten begruben. Ertappte man Diebe auf frischer Tat, erwarteten sie schlimme Strafen und eine Ächtung im Jenseits. Allerdings ließen sie sich dadurch nicht im Geringsten abhalten. Wie kein anderer Friedhof in der thebanischen Nekropole weckten gerade die reich ausgestatteten Pharaonengräber die Begehrlichkeiten der Grabräuber. Nirgendwo anders waren so viele Arbeiter, Künstler, Priester und Beamte bei der Durchführung eines Begräbnisses beteiligt gewesen. Sie alle kannten die reiche Grabausstattung in den Königsgräbern und konnten bei einem Einbruch äußerst gezielt vorgehen. In stabilen Zeiten sorgte die Regierung für eine strenge Überwachung des Tals der Könige, und es blieb bei kleineren Delikten. Allein schon dessen Lage hätte Diebe abschrecken müssen: Es ließ sich nur über beschwerliche Pfade erreichen und war durch ein steil abfallendes Felsmassiv geschützt. An strategischen Stellen standen Friedhofspolizisten Wache. Jeder Schritt auf dem Schotter machte verräterische Geräusche. Rudel von Wildhunden streunten durch das Tal und schlugen bei jedem kleinsten Geräusch an. Gelegentlich schafften es Gelegenheitsdiebe aber doch, einzelne Gräber heimzusuchen. Kleinere Diebesbanden zogen des Nachts aus, um handliche Gegenstände aus Edelmetall, Schmuckstücke, Stoffe oder Gefäße mit Ölen und Salben aus den Gräbern zu entwenden. Teilweise nahmen die Eindringlinge die Mumien regelrecht auseinander, um an goldene Amulette zu gelangen, und nicht selten entbrannte Streit über das Diebesgut. Im achten Regierungsjahr Haremhabs waren Plünderer im Grab Thutmosis' IV. (KV43) auf frischer Tat ertappt worden. Friedhofsbeamte setzten das Grab wieder instand und verewigten ihr Tun mit einem Graffito an einer der Grabwände. In der 20. Dynastie brachen Plünderer in das Grab Ramses' VI. (KV9) ein und entwendeten Bronze- und Kupfergeräte sowie Textilien. «Grabräuberpapyri» aus dem Ende des Neuen Reiches zur Zeit Ramses' IX. (KV6) um 1100 v. Chr. berichten von Plünderungen in der thebanischen Nekropole durch organisierte Banden sowie von staatlich durchgeführten Untersuchungen in den Gräbern. In einer Großaktion wurden viele Personen verhaftet, gefoltert und nach ihrem Geständnis angeklagt. Sie stammten meistens aus den Reihen der Grabbauer, die in der Arbeitersiedlung Deir el-Medina auf dem thebanischen Westufer lebten. Die Angeklagten wurden gefoltert, um ihnen ein Geständnis abzupressen. Einer von ihnen, ein Steinmetz, gab zu, dass er mit einer größeren Diebesbande in ein Königsgrab in Theben-West eingedrungen war. Sogar die Sarkophage des Königs und seiner Gemahlin hatten sie geöffnet, um zwischen den Mumienbinden nach kostbaren Schmuckstücken zu suchen. Das Diebesgut hatten sie untereinander aufgeteilt. Einmal meldeten zwei Schreiber aus Deir el-Medina den staatlichen Behörden einen Einbruch, um vorsorglich jeden Verdacht von sich zu weisen, in irgendeiner Weise an der Plünderung beteiligt gewesen zu sein. Während der Verhöre stellte sich heraus, dass sogar Wesire und Vorsteher in das Delikt verwickelt waren. Die für schuldig Befundenen landeten im Gefängnis. Gegen Ende des Neuen Reiches setzten zivile Unruhen Theben schwer zu, und die allgemeine Sicherheitslage verschlechterte sich. Keiner hielt sich mehr an Gesetze, und Diebe hatten ein leichtes Spiel. Einer der Bandenführer verschaffte sich rabiat Zugang zu einem Königsgrab und finanzierte mit der Beute seine Kriegszüge. Selbst als wieder Frieden im Land eingekehrt war, konnten die staatlichen Behörden nur wenig gegen aggressiv vorgehende Plünderer ausrichten. Um den Inhalt der noch unversehrten Gräber für sich selbst zu sichern, ließen die Herrscher der 21. Dynastie fast alle Königsgräber offiziell durch einen Schatzmeister und einen Priester öffnen und die ganze Aktion protokollieren; aus Edelmetall gefertigte Grabbeigaben und Halbedelsteine waren besonders begehrt. Die Goldminen in Nubien, über viele Jahrhunderte hinweg Ägyptens Hauptlieferant für Gold, waren in der Dritten Zwischenzeit fast ausgeschöpft, und Importe wertvoller Waren aus Vorderasien fielen ebenfalls aus. Die leeren Schatzhäuser wurden mit den Grabbeigaben der Königsgräber wieder aufgefüllt. So landeten infolge von Plünderungen und staatlich durchgeführten Räumungsaktionen viele Mumien von Königen und ihren Angehörigen in Sammelgräbern; einige von ihnen wurden sogar mehrfach umgebettet. Stark zerfledderte Leichname wickelten die Priester wieder neu ein und legten sie zum Teil in Särgen ab, in denen ursprünglich andere Verstorbene bestattet worden waren – zuvor hatte man das Blattgold auf den wiederverwendeten Särgen sorgfältig abgekratzt. Die Herrscher nahmen alles Gold an sich, was sie finden konnten. Die Wahrscheinlichkeit war groß, dass auch Tutanchamuns Grab von den staatlichen Behörden geleert und seine Mumie umverlegt worden war. In den altägyptischen Dokumenten tauchte aber weder sein Name auf, noch befand sich seine Mumie in einem der beiden Sammelgräber – was Carter weiter hoffen ließ. Der mysteriöse König gab viele Rätsel auf, und nur eine Handvoll Ägyptologen wusste damals überhaupt von seiner Existenz. Die erste seriöse Ausgrabung in Amarna hatte erst Ende des 19. Jahrhunderts unter Flinders Petrie stattgefunden, und dort waren so gut wie keine archäologischen Zeugnisse von Tutanchamun ans Licht gekommen. Er hatte zwar außerhalb von Echnatons einstiger Hauptstadt bedeutende Bau- und Restaurierungsprojekte in Auftrag gegeben, jedoch waren diese nach seinem Tod von anderen Königen angeeignet worden. Man musste schon sehr genau hinsehen, um verbliebene Spuren von ihm auszumachen, und es bedurfte eines hartnäckigen und geduldigen Wissenschaftlers wie Carter, aus den einzelnen Mosaiksteinen ein halbwegs schlüssiges Bild zu formen. Davis bedeutende Funde von Tutanchamun im Tal der Könige bestärkten Carter in seiner Überzeugung, dass der König irgendwo dort ruhen musste. Er schob seine letzten Zweifel beiseite und war mehr denn je entschlossen, dessen Grab ausfindig zu machen. Nun musste der Archäologe nur noch geduldig bleiben und den richtigen Augenblick abwarten, bis er seinen großen Vorstoß beginnen konnte. Alles, was Carter dazu brauchte, waren eine Grabungserlaubnis und die finanzielle Unterstützung eines Mäzens, der an ihn glaubte. Diesen Finanzier und Mitstreiter fand er schließlich in Lord Carnarvon.

6. KAPITEL

Erkundungen in Theben und das Delta-Intermezzo

Die unermesslichen Reichtümer unter dem Wüstensand Ägyptens lockten alljährlich viele Schatzgräber in das Ruinenfeld von Theben. Der betuchte Amerikaner Theodore Davis, ein pensionierter Rechtsanwalt und Kunstsammler, traf 1903 mit dem ägyptischen Antikendienst die offizielle Vereinbarung, im Tal der Könige Grabungen auf eigene Kosten durchzuführen; er hatte dort bereits zwei Grabungskampagnen von Carter unterstützt. 1907 stieß Davis' Team auf das Einkammergrab des Revoluzzerkönigs Echnaton (KV55). Nur einen Steinwurf davon entfernt ruhte Tutanchamun unter einer dicken Schicht von Geröll unbemerkt in seiner Gruft. Im selben Jahr nahm Lord Carnarvon seine zweite Grabungskampagne auf dem thebanischen Westufer auf. Seit fünf Jahren trat er nun schon jeden Winter die lange Reise von England nach Ägypten an. In Begleitung seines Arztes und manchmal auch seiner Gattin Almina nahm er in Southampton ein Boot nach Frankreich, wo er in einen Zug Richtung Süden an die Riviera umstieg. Manchmal überquerte er das Mittelmeer mit dem Schiff von Genua aus, sehr oft ging er aber auch schon in Marseille an Bord. Nach seiner Ankunft in Alexandria nahm er den Zug nach Kairo, wo er im Shepheard Hotel am Nil abstieg und einige Tage später mit dem Zug nach Luxor weiterreiste. Dort mietete er sich im gerade eröffneten Winter Palace Hotel ein. Die Hoteliers Charles Baehler und George Nungovich hatten zusammen mit der ägyptischen Zweigstelle von Thomas Cook & Sons – dem Begründer des modernen Tourismus – unweit des Luxortempels eine Fläche von 5000 Quadratmetern in Vorzugslage erworben. Auf diesem Grundstück direkt am Nil war das luxuriöse Winter Palace Hotel mit 86 Zimmern und sechs noblen Suiten für reiche Europäer und Amerikaner entstanden. Auch die ägyptische Königsfamilie bezog dort ihr Winterquartier. Von Kairo aus reisten die Touristen entweder mit einer «Dahabieh» – einem Nildampfer – von Thomas Cook oder mit dem Zug an. Während man bei der Fahrt zu Wasser mehrere Zwischenstopps für Tempelbesichtigungen einlegte und erst nach einer knappen Woche Luxor erreichte, dauerte die Reise mit der Bahn nur 14 Stunden. Cook organisierte bereits seit mehr als 30 Jahren Bildungsreisen nach Ägypten, in seinem Reisemagazin «Cook's Excursionist» und seinen Reiseführern pries er das Land als ideales Winterresort an. Das trockene Klima war auch für den kränkelnden Lord Carnarvon perfekt, und die pharaonischen Sehenswürdigkeiten boten dem Weltenbummler einen willkommenen Zeitvertreib. Auf dem Ostufer lagen Karnak- und Luxortempel ganz in der Nähe des Hotels. Mit einem Boot überquerte Carnarvon den Nil, um seine Tour in Theben-West fortzusetzen. Kleine Basare luden zu einer Verschnaufpause zum Schlendern und Stöbern ein. Die von Händlern feilgebotenen Artefakte ließen sein Herz höherschlagen; seit seiner Jugend war Carnarvon ein leidenschaftlicher Kunstsammler.

Die Gäste des Winter Palace Hotel bildeten einen Mikrokosmos aus Bildungsbürgern, Geschäftsleuten und Abenteurern. Sie trafen sich zum Nachmittagstee auf der Hotelterrasse – Briten machten einen Großteil der Gäste aus – und genossen den wunderbaren Blick auf den Nil, das Westufer und romantische Sonnenuntergänge. In den Abendstunden setzten sie ihre geselligen Runden in der Hotelbar fort und tauschten Neuigkeiten über Gott und die Welt aus. Die emsige Geschäftigkeit der Archäologen und ihre fiebrige Suche nach verborgenen Schätzen waren ganz nach Carnarvons Geschmack. Er brauchte eine Beschäftigung und fand Gefallen daran, die thebanische Nekropole auf eigene Faust zu erkunden. Eine Grabungserlaubnis zu bekommen, war für einen englischen Earl kein Problem: Ägypten unterstand seit 1882 britischer Militärherrschaft, und Carnarvon brauchte nur seine Kontakte vor Ort spielen zu lassen. Arthur Weigall, Chefinspektor von Oberägypten, wurde beauftragt, ein passendes Gelände zu finden. Er hatte sich ganz dem Schutz der Denkmäler verschrieben und hegte eine unverkennbare Abneigung gegenüber reichen Amateurarchäologen, wie es Carnarvon in seinen Augen war. Schon die unprofessionelle Art von Davis hatte er widerwillig hinnehmen müssen. Allerdings konnte Weigall ihm seine Erfolge nicht absprechen – der Amerikaner hatte schließlich ein Grab nach dem anderen freigelegt. Dennoch störte sich der Chefinspektor erheblich an den gesellschaftlichen Zusammenkünften auf dessen Ausgrabungen. Für Davis schien es die natürlichste Sache der Welt zu sein, seine abendlichen Privatveranstaltungen tagsüber im Tal der Könige fortzusetzen. Nun sollte also auch noch Lord Carnarvon auf das thebanische Grabungsterrain losgelassen werden. Dass Maspero offensichtlich reiche Möchtegern-Archäologen bevorzugte, missfiel Weigall. Dabei spiegelte seine entschiedene Haltung, für das Wohl der Denkmäler und die Interessen der Ägypter einzutreten, die politische Stimmung jener Tage wider. Die ägyptische Bevölkerung begann, sich zunehmend gegen die britischen Besatzer aufzulehnen und die Unabhängigkeit ihres Landes einzufordern. Durch den Ersten Weltkrieg sollte sich die angespannte Lage weiter zuspitzen, zwischen ausländischen Archäologen und den lokalen Behörden kam es zu tiefgreifenden Krisen. Davon bekam Carnarvon schon jetzt 1906 einen Vorgeschmack: Weigall wies ihm im thebanischen Friedhof ein wenig vielversprechendes Areal bei den Schutthalden von Scheich Abd el-Qurna zu.

In diesem Jahr begann «Lordy», wie Carnarvon von den Einheimischen genannt wurde, mit seiner ersten Versuchsgrabung, die jedoch nicht allein wegen seiner mangelnden Erfahrung ergebnislos blieb. Bewohner von Scheich Abd el-Qurna und ausländische Schatzsucher führten dort seit geraumer Zeit illegale Grabungen durch, um die lukrative Nachfrage nach altägyptischen Altertümern zu bedienen. Auf ihrer Suche nach antiken Kostbarkeiten hatten sie den Schotter mehrfach umgegraben; ein entsprechender Anblick bot sich dem Lord, als er dort seine Grabungen aufnahm. Ein derart unspektakuläres Areal musste unweigerlich zu enttäuschenden Ergebnissen führen. Alles, was seine Arbeiter in sechs Wochen fanden, war eine mumifizierte Katze in einem katzenförmigen Sarg. Carnarvon fühlte sich von Weigall auf den Arm genommen und beantragte auf Empfehlung lokaler Informanten – über den Kopf des Chefinspektors hinweg – kurzerhand eine erweiterte Grabungserlaubnis auf dem thebanischen Westufer für Gebiete im Asasif und in Dra Abu el-Naga. In der zweiten Winterkampagne 1907 konnte Carnarvon dann die ersten Erfolge verbuchen: Nur wenige Meter von der Moschee des alten Dorfes Dra Abu el-Naga entfernt stieß sein Team auf die mit Wandmalereien und Inschriften versehene Grabkapelle des Tetiky (TT15), eines Bürgermeisters von Theben in der frühen 18. Dynastie. Die meisten seiner Grabbeigaben waren gestohlen worden, und Carnarvon fand nurmehr Reste vor. Im selben Jahr entdeckte der Lord in einem Grab aus der späten 17. Dynastie in Birabi im Asasif eine Holztafel mit einer bemerkenswerten Inschrift: Sie schildert den Kampf des ägyptischen Königs Kamose gegen die fremdländischen Herrscher – die Hyksos – im Norden Ägyptens. Das bedeutende Schriftzeugnis ist heute als «Carnarvon Tablet I» bekannt und gilt als einer der wichtigsten Funde von Carnarvon vor seiner größten Entdeckung. In einem Korb ließ er das Stück in Weigalls Büro abgeben, der sich über dessen flapsige Grabungsmethoden erzürnte. Der Lord verfügte über keinerlei Grabungserfahrung und benötigte dringend professionelle Unterstützung. Zwischenzeitlich hatte dieser sein Problem selbst erkannt und wandte sich hilfesuchend an Maspero, der sofort reagierte: Er holte Howard Carter in die Archäologie zurück. In ihm sah der oberste Chef der Antikenbehörde den idealen Mann, Carnarvon kompetent unter die Arme zu greifen. Der Franzose schätzte das außergewöhnliche Können seines ehemaligen Mitarbeiters und hatte Carters Niederlegung seines Amtes als Chefinspektor nach der blamablen «Sakkara-Affäre» sehr bedauert; immerhin war er einer seiner fähigsten und zuverlässigsten Angestellten gewesen. Offensichtlich spielte Maspero schon eine Weile mit dem Gedanken, Carter wieder eine feste Stelle zu verschaffen, und sah nun eine einmalige Chance, ihn für Carnarvons Kampagnen einzusetzen und ihm eine würdevolle Rückkehr in die Archäologie zu ermöglichen. Warum sonst hätte er Carter das großzügige Angebot gemacht, in das Grabungshaus der Antikenbehörde, seine ehemalige Dienstwohnung («Castle Carter I»), nach Medinet Habu zurückzukehren? Dies geschah, etliche Monate bevor Maspero mit dem Vorschlag an ihn herantrat, für den Lord zu arbeiten. Carter konnte nichts Besseres passieren, als sich seinem Landsmann anzuschließen, und der reiche Adlige tat gut daran, den erfahrenen Archäologen einzustellen. Dieser kannte Theben wie seine Westentasche und war nicht nur ein erfahrener Archäologe, sondern auch ein hervorragender Zeichner und Maler. Er sprach Ägyptisch, die Einheimischen mochten ihn, und er war bestens vernetzt. Einen besseren Projektleiter hätte Carnarvon nicht finden können. Aus dem jungen, unerfahrenen Carter war ein selbstsicherer Mann geworden, der einem Lord Paroli bieten konnte und sich in dessen luxuriösem Lebensstil durchaus wohlfühlte. Die Zwangspause nach seinem Rücktritt vom Antikendienst war für ihn nicht nur misslich gewesen. In dieser Zeit war er seiner Leidenschaft, dem Zeichnen und Malen, nachgegangen und als erstklassiger Reiseführer in regelmäßigen Kontakt mit hohen Gesellschaftskreisen gekommen, was der Förderung seiner sozialen Fähigkeiten zuträglich war.

Sogleich beim gemeinsamen Debüt der beiden Männer in der Wintersaison 1909 führte Carter effiziente Grabungsmethoden ein: Das Team wurde einem Vorarbeiter unterstellt, der die Grabungen beaufsichtigte. Facharbeiter wurden mit verantwortungsvollen Aufgaben betraut, während einfache Arbeiter die grobe Geröllabtragung ausführten und junge Korbträger den Schutt beiseiteschafften. Carter setzte zunächst Carnarvons Ausgrabungen im Asasif fort, wo dieser bereits gute Ergebnisse erzielt und vereinzelte Gegenstände, wie die beschriftete Holztafel, entdeckt hatte. Dieses Grabungsareal galt damals unter Archäologen als ein unattraktives Terrain und kam einem durchlöcherten Schutthügel gleich. Plünderer mussten schnell arbeiten, um nicht erwischt zu werden, und ließen dabei aus Unachtsamkeit häufig wertvolle Stücke zurück. Es war also durchaus lohnenswert, nicht nur nach noch unentdeckten Gräbern zu suchen, sondern auch gestörte Gräber erneut zu inspizieren. Tatsächlich machten sie dort ein intaktes Grab aus der Dritten Zwischenzeit ausfindig, in dem acht Erwachsene und ein Kind bestattet worden waren. 1910 setzte Carter die Ausgrabungen in Birabi fort. Etliche Gräber waren hier seit dem Mittleren Reich bis in die Ptolemäische Zeit angelegt worden. Die bemerkenswertesten Funde kamen in Gräbern aus der Zeit um 2000 v. Chr. zutage, die noch in späteren Epochen für Mehrfachbestattungen genutzt wurden. Drei Begräbnisse waren voller erlesener Grabbeigaben, darunter 37 bemalte Särge, Schmuck, Möbel, Tonwaren, Schreibutensilien, ein aus Elfenbein gefertigtes Brettspiel und Kosmetikartikel. 1912 veröffentlichten Carter und Carnarvon die ansehnlichen Ergebnisse ihrer gemeinsamen Kampagnen sowie die Erfolge des Lords vor der Zusammenarbeit in «Five Years Exploration at Thebes: A Record of Work Done 1907–1911» mit Beiträgen von diversen Spezialisten. Die beiden Männer waren zutiefst engagiert, sie konzentrierten ihre ganze Energie auf die Grabungen. Carter konnte seine Techniken beträchtlich verbessern und baute zunehmend auf seine Stärken: seinen Instinkt, seine Ausdauer und seine archäologische Kompetenz. Sein wachsendes Selbstvertrauen und seine zunehmende Erfahrung sorgten dafür, dass er seinen Weg unbeirrt weiterging und sich nicht von der angeblichen Entdeckung des Grabes des Tutanchamun durch Theodore Davis verunsichern ließ. Er hatte großes Glück, in Carnarvon nicht nur einen Mäzen gefunden zu haben, der die Grabungen finanzierte, sondern auch einen begeisterungsfähigen Menschen, der ihn bei seinem Abenteuer zur Seite stand. Trotz ihrer unterschiedlichen Charaktere verstanden sie sich gut und bauten ein Vertrauensverhältnis auf. Nicht zuletzt teilten sie auch die Leidenschaft für antike Kunst. Durch Carters gute Kontakte zu den Einheimischen und seine Expertise als Kunsthändler konnte Carnarvon schöne Stücke erwerben, noch bevor sie der Allgemeinheit auf dem Kunstmarkt angeboten wurden. Vor dem Ersten Weltkrieg konnten ägyptische Altertümer ganz legal in den lokalen Händlergeschäften erworben werden, Ausgräbern war es erlaubt, ihren Anteil der Funde zu beanspruchen und offiziell zu veräußern. Carnarvons Grabungsfunde wurden nach ägyptischem Gesetz zu gleichen Teilen zwischen ihm als Finder und dem Antikendienst aufgeteilt; welche Stücke dabei an die Ausgräber gingen, entschied das Ägyptische Museum Kairo. Das Museum stellte auch Lizenzen für erworbene Stücke aus, die außer Landes gehen durften, doch nur wenige hielten sich an die vorgeschriebenen Gesetze. Um Einnahmen für den Antikendienst zu generieren, verkaufte das Ägyptische Museum selbst Stücke, die es als weniger bedeutend für seine Sammlung erachtete. Lizensierte Händler waren vom Antikendienst dazu angehalten, Listen ihrer Bestände zu führen, die aber nur unregelmäßig überprüft wurden. Dem Ägyptischen Museum entgingen so nicht selten kostbare Zufallsfunde und Stücke aus Raubgrabungen, oft aber auch aus offiziell genehmigten Grabungen. Carter war mit den lokalen Händlern und ihren Quellen gut vernetzt. Er war ein ausgewiesener Kenner altägyptischer Kunst und konnte Originale von Fälschungen unterscheiden. Im Laufe der Jahre erwarb er für Lord Carnarvon einige Artefakte, mit denen dieser sich eine feine Sammlung altägyptischer Kunst auf seinem englischen Landsitz in Highclere Castle aufbaute. Einige Exponate aus den von ihm finanzierten Grabungen und dem Kunsthandel wurden später teilweise an ausländische Institutionen verkauft oder gingen als Geschenke an bedeutende Museen. Mit den Verkäufen konnte der Lord zumindest einen kleinen Teil der Ausgaben für seine kostspieligen Grabungen abdecken.

Neben der zunehmend monotonen Grabungsarbeit im Asasif hielten sich Carnarvon und Carter mit gelegentlichen Besuchen in lokalen Händlergeschäften bei Laune. Die Ausgrabungen in Birabi brachten mittlerweile keine spektakulären Entdeckungen mehr, sondern immer wieder nur ähnliche Grabstrukturen hervor. Langsam verloren die beiden Männer das Interesse. Doch sie mussten durchhalten, denn sie wollten ihre Chance, eine Grabungserlaubnis für das nahe gelegene Tal der Könige zu bekommen, auf keinen Fall aufs Spiel setzen. Seit Jahren träumte Carter davon, dort in Eigenregie graben zu können, doch so lange Davis dort mit offizieller Genehmigung tätig war, waren ihm die Hände gebunden. Vorsorglich hatte er Maspero darüber informiert, dass Carnarvon und er an einer Grabungslizenz interessiert waren. Vorerst blieb ihnen jedoch nichts anderes übrig, als sich weiterhin in Geduld zu üben und die Hoffnung nicht aufzugeben. So begann Carter 1910 mit dem Bau eines schmucken, weithin sichtbaren Grabungshauses («Castle Carter II») auf dem Hügel «Elwat el-Diban» am Eingang zum Tal der Könige, Carnarvon zahlte das Baumaterial. Der Lord ließ eigens Ziegel von seinem englischen Landsitz Bretby nach Ägypten importieren, mit denen Carter einen soliden Bau im lokalen Stil errichtete. Sein neues Quartier war noch im selben Jahr bezugsfertig, und auch in seiner Ausstattung bewies Carter Geschmack: *Theo und ich verbrachten einen angenehmen Nachmittag mit Herrn Carter in seinem neuen Haus – so gut gebaut und arrangiert und hübsch –, es sah aus wie das Domizil eines Künstlers und Gelehrten*, bemerkte Emma Andrews, die enge Reisebegleiterin von Theodore Davis und Chronistin ihrer Aufenthalte in Ägypten. «Castle Carter II» ist heute als Museum der Öffentlichkeit zugänglich und enthält noch einige von Carters Originalmöbeln.

Nachdem er sich häuslich eingerichtet hatte, suchte Carter 1912 nach einer interessanten Grabungsalternative und überredete Carnarvon, eine zweite Konzession für die antike Stadt Xois, das heutige Sakha, im Nildelta zu beantragen. Der Archäologe wusste aus seiner Zeit als Chefinspektor von Unterägypten, dass dort niemand ein großes Interesse für die antiken Stätten zeigte. Im Gegensatz zum komfortablen Theben bot das Delta keinerlei Annehmlichkeiten, es gab weit und breit keine halbwegs passablen Hotels, und es wimmelte nur so von Kobras und Hornvipern. Dementsprechend aufwendig gestalteten sich die Vorkehrungen für den Umzug nach Sakha. Das Grabungsteam bestand aus Lord Carnarvon, seinem Diener und Leibarzt, Lady Carnarvon und ihrem Dienstmädchen, Carter und Percy Newberry, der in jenen Tagen intensive Studien über frühe Kulte im Nildelta betrieb und hoffte, in Sakha auf aufschlussreiche Funde zu stoßen. Sie benötigten eine lokale Dienerschaft und zahlreiche Zelte, die sie als Schlaf- und Wohnbereiche, Küche, Toiletten und Badezimmer nutzten. Doch schon nach zwei

Wochen wurden die Grabungen wieder eingestellt, was nicht nur den dürftigen Ergebnissen, sondern auch der unkomfortablen Situation geschuldet gewesen sein dürfte. Daraufhin zog Carter weiter nach Norden zum Ruinenhügel von Tell el-Balamun, wo er mehr Erfolge verbuchen konnte: Dort fand er Amulette, Münzen, ein Tongefäß mit Silberschmuck aus der griechisch-römischen Zeit und einige Skarabäen. Carnarvon stattete der Ausgrabung, wenn überhaupt, nur einen einzigen Besuch ab und kehrte bald darauf nach England zurück. Balamun war ganz und gar nicht nach seinem Geschmack. Nach nur zwei Grabungen verließ auch Carter das Delta. Neueste Entwicklungen in Theben ließen abermals seine Hoffnung aufflammen, schon bald ins Tal der Könige überwechseln zu können. Im Herbst 1913 kehrte er nach Luxor zurück und legte in einer letzten Saison im Asasif in Birabi ein weiteres Grab frei. Schließlich trat Carnarvon seine Grabungserlaubnis für diesen thebanischen Friedhof an die Expedition des Metropolitan Museum of Art ab.

7. KAPITEL

Der Erste Weltkrieg und weitere Verzögerungen

Das Tal der Könige ist nun ausgeschöpft, verkündete Theodore Davis 1912, der nun jegliche weitere Suche endgültig einstellen wollte. Die Ergebnisse seiner zwölf Kampagnen konnten sich durchaus sehen lassen: Sein Team hatte insgesamt sechs Königsgräber, neun Anlagen ohne Inschriften und ein nicht königliches Grab freigelegt. Unter den Funden waren so bedeutende Entdeckungen wie die nahezu unversehrte Gruft von Juja und Tuja (KV46) sowie ein Goldschatz von König Sethos II. und Königin Tausret aus dem Grab eines Unbekannten (KV56), das seitdem als «Goldgrab» bekannt ist. Nur die Auffindung der Anlage von Thutmosis IV. (KV43) konnte sich Carter auf die Fahne schreiben. Alle weiteren Kampagnen waren mit wechselnden Projektleitern erfolgt, und so hatte sich für ihn kein weiterer Einsatz an seiner bevorzugten Grabungsstätte ergeben. Als Davis seinen Rückzug aus dem Tal der Könige ankündigte, konnte der Brite nach all den Jahren des Hoffens und geduldigen Wartens endlich dorthin zurückkehren. Lord Carnarvon schien die Finanzierung zumindest bis zu diesem Zeitpunkt zu sichern. Jetzt musste die ägyptische Behörde nur noch den offiziellen Startschuss erteilen, dann konnte es mit der «königlichen» Grabung losgehen. Davis trat seine Konzession dann aber doch nicht ab, und so vergingen zwei weitere Jahre.

Im Frühjahr 1914 machte Carter dann einen Testlauf für seine geplante «große» Aktion: Schon zehn Jahre zuvor hatte er das Grab Amenophis' I. finden wollen, doch hatte er keine Geldgeber für gezielte Erkundungen auftreiben können. Ein Einheimischer hatte damals Fragmente von Alabastergefäßen mit den Kartuschen dieses Königs und seiner Mutter und Mitregentin Ahmose-Nefertari entdeckt und Carter zum Kauf angeboten. Und bereits gegen Ende des 19. Jahrhunderts waren Ägyptologen auf dem thebanischen Westufer auf ein dem König und seiner Mutter geweihtes Heiligtum gestoßen. 1904 hatte Carter Luxor wegen seines neuen Postens in Unterägypten verlassen und sein Vorhaben vorerst begraben müssen. Genau zehn Jahre später zeigte ihm dann ein anderer Einheimischer Scherben von ähnlichen Alabastergefäßen und führte ihn an den Fundort: ein verstecktes Felsgrab in den Klippen von Dra Abu el-Naga weit oberhalb des Tals von Deir el-Bahari. Es war in der Antike und in moderner Zeit ausgeraubt worden und enthielt nurmehr Reste von Grabbeigaben. Auch hatte Arthur Weigall einige Jahre zuvor behauptet, er habe die letzte Ruhestätte Amenophis' I. hoch in den Bergen am südlichsten Ende des Tals der Könige ausfindig gemacht. Bis heute ist sein ursprüngliches Grab jedoch nicht eindeutig lokalisiert; seine Mumie war während der 21. Dynastie in einem Ersatzgrab in Deir el-Bahari (TT320) notbestattet worden. Der «Abbott-Papyrus» im British Museum in London liefert den einzigen Hinweis auf die Lage des Grabes irgendwo in Theben-West. Einige Indizien deuten darauf hin, dass Amenophis I. und Ahmose-Nefertari in einem Doppelgrab in Dra Abu el-Naga bestattet wurden.

1914 war Carter also so weit, Vorkehrungen für seine Kampagne im Tal der Könige zu treffen. Davis machte jedoch immer noch keine Anstalten, das Feld zu räumen. Hatte er es sich etwa anders überlegt? Seine Unentschlossenheit irritierte Carter, doch hielt er – wie so oft in seinem Leben – stoisch an seinen Plänen fest und fand abermals eine Zwischenlösung: Er schlug Carnarvon vor, eine Konzession für Hawara in Unterägypten zu beantragen. Das Gebiet mit der Pyramide des bedeutenden Königs Amenemhet III. aus dem Mittleren Reich am Eingang zum Fayum galt als vielversprechendes Grabungsareal. Der griechische Geschichtsschreiber Strabon hatte im 1. Jahrhundert v. Chr. den der Pyramide vorgelagerten Totentempel als Weltwunder gepriesen. Diese gigantische Anlage soll über Hunderte Räume verfügt haben, was ihr den Namen «Labyrinth» einbrachte. Carters Grabung in Hawara wurde letztendlich nicht realisiert, da äußere Umstände einen erneuten Kurswechsel vorgaben: Als der Erste Weltkrieg ausbrach, trat Davis mit 77 Jahren endlich seine Grabungserlaubnis ab. Ein halbes Jahr später verstarb der schwer kranke Amerikaner dann in Florida, ohne je das wahre Grab des Tutanchamun gesehen zu haben.

Nun war der große Augenblick gekommen, auf den Carter viele Jahre mit großer Geduld hingearbeitet hatte: Im April 1915 erteilte der ägyptische Antikendienst dem Lord eine Grabungserlaubnis für das Tal der Könige. Gaston Maspero, der Carnarvon den Vertrag überreichte, war der Auffassung, dass weitere Grabungen dort der Mühe nicht wert seien. Schon Giovanni Belzoni hatte seine Arbeit im Tal 1819 mit der Behauptung eingestellt, alle noch unentdeckten Königsgräber gefunden zu haben. Carter ließ sich nicht von seinen Plänen abbringen und war davon überzeugt, dort noch auf Fundstellen zu stoßen, die Archäologen vor ihm übersehen hatten. Doch kaum hatte er mit der ersten offiziellen Kampagne begonnen, zwangen ihn die Kriegsereignisse, seine Grabungen sogleich wieder einzustellen. Der britische Nachrichtendienst machte sich seine Arabischkenntnisse und sein breites Netzwerk zunutze und spannte ihn für alle möglichen Tätigkeiten in Kairo ein. Die Menge an Aufträgen für ihn hielt sich jedoch in Grenzen. Und so stahl er sich häufig davon, um seiner Lieblingsbeschäftigung, der Malerei, nachzugehen oder nach England zu reisen, um der ägyptischen Sommerhitze zu entfliehen. Carter besuchte seine Familie und Freunde, traf Kollegen und hielt sich bei Carnarvon in Highclere Castle auf. Auch in England gab es für den Künstler und Archäologen stets viel zu tun: Er kuratierte die Sammlung des Lords, arbeitete als Kunsthändler und betreute den Druck von Publikationen. Doch selbst während des Krieges verbrachte Carter auch viele Monate im Jahr in Ägypten und hielt dort als einer von wenigen Europäern die Stellung. Insbesondere Kunstsammler profitierten von seiner Expertise vor Ort: Reiche Privatleute und Museen engagierten ihn als Agenten, um für sie über den Kunsthandel Altertümer zu erwerben, wobei er eine Kommission von 15 Prozent erhielt. Viele bedeutende Exponate, die sich heute in Sammlungen wie dem British Museum in London oder dem Metropolitan Museum of Art in New York befinden, wurden von seinem Kennerblick begutachtet. Für seine Auftraggeber wickelte er die Geschäfte mit den lokalen Händlern ab, gelegentlich kaufte er aber auch für sich selbst ein. Ansonsten plätscherte das Leben vor sich hin – Luxor bot wenig Abwechslung –, und nur selten sorgten kleinere Dramen für Dorfgespräche: 1915 zerstörten britische Soldaten das deutsche Grabungshaus in Theben-West. Irgendjemand hatte den Behörden zugetragen, dass es als Zentrale für den illegalen Kunsthandel genutzt werde. Der deutsche Ägyptologe Ludwig Borchardt hatte das Haus unter großem Aufwand im Stil einer Amarnavilla errichten lassen, was von den ausländischen Kollegen als protzig empfunden wurde und für Spott gesorgt hatte. Borchardt machte Carter für die Zerstörung seines Grabungshauses verantwortlich. Die beiden hegten eine gegenseitige Abneigung gegeneinander. Was genau sich damals zutrug und inwieweit die kursierenden Gerüchte der Wahrheit entsprechen, wird wohl für immer ein Geheimnis bleiben.

Um sich auch während des Krieges nutzbringend zu beschäftigen, unternahm Carter kleinere Ausgrabungen oder ging auf archäologische Erkundungstouren. Einmal hatten Einheimische nach einem besonders starken Regenfall das frei gespülte Grab von drei vorderasiatischen Gemahlinnen Thutmosis' III. mitsamt Grabbeigaben gefunden, und Carter hoffte auf weitere Entdeckungen dieser Art. Ihm war zu Ohren gekommen, dass sich einige Einheimische über einen Fund stritten, auf den sie an einem abgelegenen Ort im Wadi Sikket Taqet Zaid südlich des Tals der Königinnen gestoßen waren. Des Nachts schlich sich Carter mit seinen Arbeitern zu besagter Stelle, wo er Stimmen von Männern hörte, die sich mit einer Strickleiter in das Grab hinuntergelassen hatten. Er schnitt diese ab und stieg mit seiner eigenen hinunter. Unten angekommen, traf er auf acht Männer, denen er nahelegte, sich über seine Strickleiter zu entfernen. Und diese machten sich tatsächlich unverrichteter Dinge davon. Über Carnarvons Konzession arbeitete er drei Wochen lang in dem Grab; Königin Hatschepsut hatte es für sich in Auftrag gegeben, als sie mit Thutmosis II. verheiratet war. Mit ihrer eigenen Krönung zum Pharao hatte sie dann allerdings Anspruch auf eine neue Anlage (KV20) im offiziellen Pharaonenfriedhof und ließ ihre erste Gruft unvollendet zurück; nur ein Steinsarkophag befand sich noch darin. Carter bedauerte die Wahl der Königin: *Hätte sie sich an ihren ersten Plan gehalten, sie wäre besser daran gewesen. An dieser verborgenen Stätte hätte ihre Mumie eine leidliche Aussicht gehabt, der Ruhestörung zu entgehen; im «Tal» gab es keine. Ein König wollte sie sein, so wurde ihr das Schicksal eines Königs zuteil.* Nachdem er Hatschepsuts erste Grabstätte vollständig dokumentiert hatte, wandte er sich weiteren Aufgaben in der thebanischen Nekropole zu. Carter wusste seine Zeit sinnvoll zu nutzen und widmete sich seinem Lieblingsort, wann immer sich ihm die Gelegenheit dazu bot. Im Laufe der Jahre hatte er einiges an Informationen über das Tal der Könige zusammengetragen, und nun nutzte er insbesondere auch die Kriegszeit für intensive Studien. Jetzt war der richtige Augenblick gekommen, einen Bericht über das Tal zu publizieren. Dafür konsultierte er die Bibliotheken in Kairo und erhielt fachmännische Unterstützung von Hugh Evelyn-White, dem klassischen Archäologen und Ägyptologen der Expedition des Metropolitan Museum. Carter war ja selbst kein Akademiker und bedurfte des Rats fähiger Gelehrter, um seine Schreibarbeit konsequent durchzuführen. Einen ausgezeichneten Mentor fand er in seinem Landsmann Sir Alan Gardiner, einem der kundigsten Ägyptologen und Kenner der altägyptischen Sprache. Die Zusammenarbeit der beiden Männer begann 1916, als der Philologe die Inschriften der Holztafel aus Carnarvons erster Grabungskampagne in Birabi übersetzte. Gardiner war die treibende Kraft hinter vielen Publikationen und nutzte Carters Aufzeichnungen, um sie mit seinen eigenen Arbeiten zu ergänzen. Fortwährend ermutigte er die Archäologen dazu, ihre wertvollen Funde und Erkenntnisse auch zu veröffentlichen. Der wohlsituierte Ägyptologe vergab gelegentlich auch einzelne Aufträge an Carter: Einmal betraute er ihn damit, die aus der Zeit Tutanchamuns stammenden Reliefs des Opetfests in der Kolonnade des Luxortempels abzuzeichnen. Carter fertigte zwar einige Zeichnungen für Gardiner an, führte den Auftrag aber nicht zu Ende. Er wollte seine Zusammenarbeit mit Carnarvon nicht aufs Spiel setzen, schließlich war er immer noch bei ihm angestellt; und sie hatten Großes vor. Sein Entschluss tat jedoch ihrem guten Verhältnis keinen Abbruch. Gardiner wird bei der Entdeckung des Grabes des Tutanchamun einige Jahre später zu Carters Kernteam gehören und seine exzellenten Kenntnisse der altägyptischen Schrift einbringen.

Ende 1917 schien sich die Lage für ausländische Archäologen in Ägypten allmählich wieder zu entspannen, und doch blickten Carter und Carnarvon in vielerlei Hinsicht einer ungewissen Zukunft entgegen. Die Ausrufung eines britischen Protektorats in Ägypten zu Kriegsbeginn führte zu großen Unruhen im Land. In den darauffolgenden Jahren wirkte sich die politische Stimmung auch auf den ägyptischen Antikendienst aus, was zu radikalen Gesetzesänderungen führte, denen sich auch die Ausländer zu beugen hatten. Die Funde ägyptischer Altertümer sollten nicht länger willkürlich verteilt und die Praktiken ausländischer Archäologen einer strikteren Kontrolle unterzogen werden. Vor allem bei englischen und amerikanischen Archäologen sorgten die neuen Restriktionen für Unmut. Ihre Auftraggeber waren nur deshalb bereit, für die hohen Kosten der Ausgrabungen aufzukommen, weil sie sich eine entsprechende Kompensation durch beträchtliche Fundanteile versprachen. Mit dem Amtsantritt Pierre Lacaus, dem Nachfolger Gaston Masperos, wehte seit 1914 ein neuer Wind im Antikendienst. Einen ersten Eindruck davon bekam Carter, als er den Steinsarkophag der Hatschepsut im Auftrag von Lord Carnarvon an das Metropolitan Museum nach New York verkaufen wollte. Der Lord betrachtete das Exponat als seinen rechtmäßigen Anteil, zumal es das einzige Fundstück der Ausgrabung war. Lacau hielt sich strikt an die gesetzlichen Vereinbarungen, wonach Königsmumien und ihre Särge in Ägypten zu verbleiben hatten, und untersagte die Ausfuhr von Hatschepsuts Sarkophag. Der negative Ausgang dieser Verhandlungen mit den ägyptischen Behörden war jedoch nur der Auftakt für zahlreiche weitere Unstimmigkeiten, mit denen sich Carnarvon und Carter in den folgenden Jahren konfrontiert sehen würden. Bis auf wenige kleine Funde hatten sich ihre offiziellen Grabungen im Tal der Könige als Enttäuschung erwiesen. Wie lange konnte Carter noch auf seinen Mäzen zählen, und hatte dieser überhaupt noch Interesse an der Finanzierung weiterer Grabungen? Vielleicht war er mit seiner Geduld längst am Ende. Den Archäologen wird in Momenten der Mutlosigkeit der Gedanke beschlichen haben, ob Davis nicht doch recht damit gehabt hatte, dass *das Tal der Könige ausgeschöpft* sei.

Zwischen den Eingängen bereits freigelegter Königsgräber türmten sich Berge von ausgehobenem Geröll. Es gab kaum Aufzeichnungen darüber, an welchen Stellen bereits gegraben worden war, und man wusste nicht, wo man zuerst den Spaten ansetzen sollte. Der sonst so standhafte Archäologe war auf einmal von Zweifeln geplagt: *Wir hatten nun im Tal mehrere Kampagnen mit äußerst dürftigen Ergebnissen gegraben und es wurde viel darüber diskutiert, ob wir mit der Arbeit fortfahren sollen oder eine profitablere Stätte woanders versuchen sollten. War es nach all den unfruchtbaren Jahren gerechtfertigt weiterzumachen?* Sobald er wieder Mut gefasst hatte, wusste Carter genau, was zu tun war, um Davis zu widerlegen: Sollte irgendwo im Königsfriedhof noch ein Grab versteckt sein, blieb ihm nichts anderes übrig, als den gesamten Schotter bis zum Felsgrund abzutragen. Ein derart ambitioniertes Unternehmen erforderte enorme logistische Anstrengungen und war nur mit einer großen Mannschaft an Arbeitern zu bewerkstelligen. Unzählige Tonnen Gestein mussten mühsam in Körbe geladen und von vielen Dutzenden Arbeitern zu Schutthalden jenseits des Friedhofs geschafft werden.

Im Dezember 1917 begannen sie ihren «eigentlichen» Feldzug: Carter steckte ein durch die Gräber Ramses' II. (KV7), Merenptahs (KV8) und Ramses' VI. (KV9) geformtes Dreieck ab, in dem er Tutanchamuns Gruft vermutete. Die drei Gräber liegen in etwa je 60 Metern Luftlinie voneinander entfernt. Im Laufe der dreimonatigen Kampagne legte das Grabungsteam einen beträchtlichen Bereich frei und arbeitete sich bis zum Grab Ramses' VI. vor. Dort fanden sie einige antike Arbeiterhütten, die auf großen Feuersteinknollen errichtet worden waren, *wie sie im «Tal» immer ein Zeichen für die Nähe eines Grabes sind*, wusste Carter. Weitere Arbeiten an dieser Stelle mussten jedoch vorerst eingestellt werden, um den Besucherpfad zum Grab Ramses' VI. freizuhalten. Pierre Lacau stattete

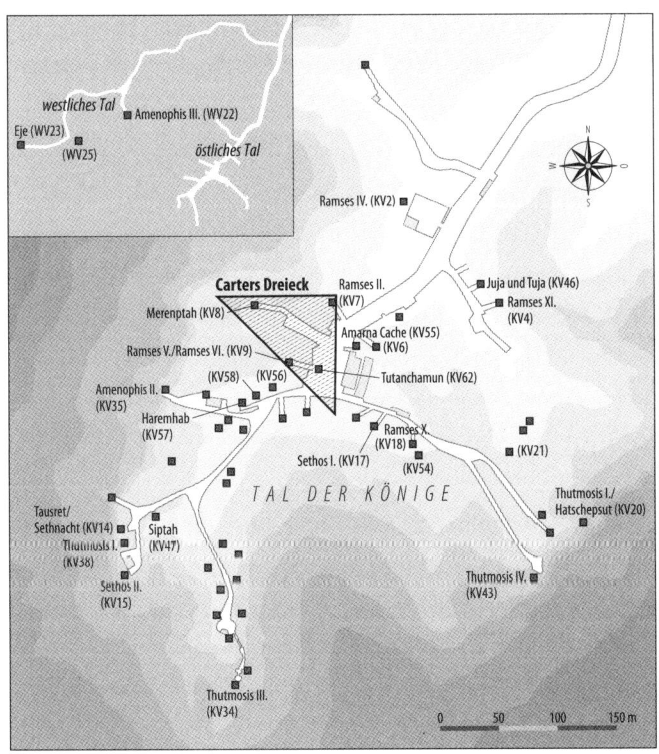

Carter steckte ein durch die Gräber Ramses' II. (KV7), Merenptahs (KV8) und Ramses' VI. (KV9) geformtes Dreieck ab, in dem er Tutanchamuns Gruft (KV62) vermutete. Bisher wurden 64 Anlagen im berühmtesten Königsfriedhof der Welt gefunden.

Osttal

KV62 Tutanchamun – KV57 Haremhab – KV55 Echnaton (Amarna Cache) – KV54 Depot – KV58 Unbekannt – KV47 Siptah – KV46 Juja und Tuja – KV43 Thutmosis IV. – KV38 Thutmosis I. – KV35 Amenophis II. – KV34 Thutmosis III. – KV21 Unbekannt – KV20 Thutmosis I. und Hatschepsut – KV18 Ramses X. – KV17 Sethos I. – KV15 Sethos II. – KV14 Tausret und Sethnacht – KV9 Ramses V. und VI. – KV8 Merenptah KV7 Ramses II. – KV4 Ramses XI. – KV2 Ramses IV.

Westtal

WV22 Amenophis III. – WV23 Eje – WV25 Unbekannt

Carter zu dieser Zeit erstmals seit seinem Amtsantritt einen Besuch ab und befand dessen Vorgehensweise einer systematischen Erschließung des Tals der Könige für Erfolg versprechend. Zwei Monate später teilte er ihm schriftlich mit, dass Ausgräber nicht länger die Hälfte der Funde als Anteil erwarten könnten und dass sich Ägypten das Recht auf hundertprozentigen Fundanspruch vorbehalte. Lacau meinte es tatsächlich ernst. Carter wird den richtigen Zeitpunkt abgepasst haben, um mit dem Lord über die neue Politik des Antikendienstes zu sprechen. Solange der Krieg wütete, war das Risiko für größere Aktionen im Tal zu groß und an langfristige Planungen nicht zu denken. Deshalb war es nur klug, sich derweil anderweitigen Unternehmungen von überschaubareren Ausmaßen außerhalb des thebanischen Friedhofs zu widmen. In jenen Tagen tauschten sich Carnarvon und Carter über die Beantragung einer zweiten Grabungskonzession aus. Zu seinem Leidwesen konnte der Lord England in den Kriegsjahren nicht verlassen, und die feuchtkalten Wintermonate dort setzten ihm arg zu. Er vermisste die Wärme Ägyptens, die seinen chronischen Schmerzen seit vielen Jahren Linderung verschaffte. Seine Gesundheit verschlechterte sich rapide, Anfang 1918 wäre er beinahe an einem Blinddarmdurchbruch gestorben. Im März desselben Jahres machte sich Carter zwischen Luxor und Kairo auf die Suche nach einem geeigneten Grabungsareal. Es sollte nicht nur vielversprechend hinsichtlich Funden sein, sondern auch dem gesundheitlich schwer angeschlagenen Lord ein zuträgliches Ambiente bieten. Auf seiner Reise entlang des Nils in Richtung Norden kam Carter an vielen vertrauten Orten vorbei. Schöne Erinnerungen stiegen in ihm auf: Vor mehr als 25 Jahren hatte er in Mittelägypten für Percy Newberry zu arbeiten begonnen und kurz darauf seine erste eigene Grabung im Auftrag der Familie Amherst in Amarna geleitet. Die Hauptstadt des Echnaton schien ihm nun perfekt für Carnarvon zu sein, und Carter schrieb ihm begeistert: *Es ist ein idealer Ort für Sie, in jeder Hinsicht passend, davon abgesehen ist er nicht weit von Kairo gelegen. Mit einer Dahabieh* [einem traditionellen Nilschiff] *wären Sie nicht mehr als eine Meile von dem Ort des Geschehens entfernt, schöne Wüste, schönes Licht und sauberes Graben. Ich muss wohl kaum erwähnen, dass es mit Glück Chancen auf schöne Dinge gibt. Wenn es sein muss, werde ich dafür kämpfen, und ich vertraue auf meinen Erfolg. Obwohl ich dort nur ein paar Stunden verweilte, hatte ich das Gefühl, dass mein Herz die ganze Zeit dort gewesen war.* Wie enttäuscht müssen die beiden Männer gewesen sein, als Lacau ihren Antrag entschieden ablehnte. Amarna war bis zum Ersten Weltkrieg in den Händen deutscher Archäologen gewesen, danach behielt sich der Antikendienst die einstige Hauptstadt Echnatons für eigene Ausgrabungen vor. Sollte die lokale Behörde sich umentscheiden, so Lacau, würden Grabungskonzessionen für diesen bedeutenden Ort ausschließlich an wissenschaftliche Institutionen vergeben werden. Carter und Carnarvon nahmen abermals mit Besorgnis zur Kenntnis, dass ihnen noch nicht abzusehende Herausforderungen mit der ägyptischen Antikenbehörde bevorstanden. Carter war gezwungen, sich auf die Suche nach einer Alternative zu begeben, und entschied sich schließlich für eine Bearbeitung von Felsgräbern aus dem Alten und Mittleren Reich in der mittelägyptischen Stadt Meir. Ein erneuter Antrag wurde eingereicht und letztlich genehmigt. Mitten in den Vorbereitungen für die nächste Grabungssaison endete der Erste Weltkrieg. Im November 1918 begannen Carter und Carnarvon ihre kurze Kampagne in Mittelägypten, die für den Lord die letzte Grabung außerhalb Thebens sein sollte. Als Assistenten stellten sie Arthur Callender ein, einen erfahrenen Ingenieur der staatlichen Eisenbahn und Kenner der ägyptischen Provinzen. Er wird bei der Bergung des Grabes des Tutanchamun für alle technischen Belange zuständig sein und Carter beim Abbau der großen Holzschreine in der Sargkammer unterstützen. Ihre Unternehmungen in Meir erwiesen sich als unergiebig, und schon nach sechs Wochen stellten sie ihre Grabungen dort wieder ein. Carter hatte zwischenzeitlich mit dem Lord die Finanzierungsfrage für das Tal der Könige geregelt, und sie waren beide übereingekommen, die nächste Kampagne wieder in Theben stattfinden zu lassen. Trotz einiger Enttäuschungen über die bisherigen Grabungsergebnisse im Tal setzte Carnarvon volles Vertrauen in Carter und war bereit, weiterhin ein finanzielles Risiko einzugehen. Ob sein Grabungsleiter jemals ein unversehrtes Grab entdecken würde und ob er selbst im Falle eines Fundes überhaupt auf einen eigenen Anteil hoffen konnte, war zu diesem Zeitpunkt alles andere als abzusehen.

8. KAPITEL

Der langersehnte Erfolg

Als Howard Carter mit seiner lang herbeigesehnten Kampagne im Tal der Könige begann, war er 43 Jahre alt und ein erfahrener Archäologe. Er war davon *überzeugt, daß das Grab Tut-ench-Amuns noch zu finden sei und daß es nicht weit von der Talmitte gelegen sein müsse.* Theodore Davis' Funde von Gegenständen des Pharao an verstreuten Stellen gaben Carter entscheidende Hinweise darauf, dass Tutanchamuns Grab mit großer Wahrscheinlichkeit im Zentrum des Friedhofs lag. Und genau in der Mitte des Tals sollte Carter die Gruft des Königs finden. Der Archäologe überließ sein Glück nicht dem Zufall: Die 1917 erprobte Methode, das Friedhofsareal bis zum Felsgrund freizuräumen, wandte er in den kommenden Jahren konsequent auch auf noch unerschlossene Bereiche an. Unzählige Tonnen Schutt mussten außerhalb des Tals entsorgt werden, und das war mit Körben allein nicht mehr zu bewerkstelligen. Er setzte zusätzlich eine Decauville-Feldbahn ein, auf deren Containern die Arbeiter große Mengen an Geröll schneller abtransportieren konnten. Sobald die grobe Arbeit geleistet und der Felsgrund freigelegt war, ging es an die Feinarbeit und das gezielte Ausfindigmachen von vielversprechenden Stellen. Um keine Fläche außer Acht zu lassen, teilte Carter das zu untersuchende Gebiet auf einem Grundrissplan des Tals in Quadrate ein. Jede noch so kleine Entdeckung markierte er an der entsprechenden Fundstelle und machte Notizen dazu in seinem Grabungsbuch. Zu Beginn der zweiten Winterkampagne im Februar 1919 musste Carter schon nach einer Woche die Arbeiten wieder einstellen, da Ägypten von politischen Unruhen erschüttert wurde. Im darauffolgenden Monat führten die Inhaftierung von Saad Zaghlul, Anführer der nationalistischen Wafd-Partei, und seine anschließende Exilierung nach Malta zu heftigen Streiks und blutigen Auseinandersetzungen zwischen ägyptischen Demonstranten und dem britischen Militär. Eine Revolution brach aus. Im April wurde Carter als politischer Offizier in das nördlich von Luxor gelegene Nag Hammadi abkommandiert. Nach ein paar Wochen schien sich die aufgeheizte Stimmung in Ägypten wieder zu beruhigen, und Carter nutzte die Gelegenheit, um nach drei Jahren erstmals wieder nach Hause zu reisen. Längst war er in internationalen Fachkreisen als Koryphäe auf dem Gebiet der altägyptischen Kunst bekannt, und in den folgenden Jahren arbeitete er als Berater für Sotheby's in London. In der dritten Wintersaison im Tal der Könige ließ Carter das Areal zwischen den Gräbern der Könige Ramses' II. (KV7) und Ramses' IV. (KV2) freilegen. Carnarvon war aus England angereist und bezog Unterkunft in Elwat el-Diban. Er wollte dem Tal möglichst nahe sein, um nach einem anstrengenden Tag nicht den Rückweg über den Nil nach Luxor zum Winter Palace Hotel antreten zu müssen. Die Abendstunden verbrachten die beiden Männer mit Gesprächen über das aktuelle Tagesgeschehen und ihre Sorgen darüber, wie sich die Zusammenarbeit mit dem Antikendienst in Zukunft gestalten würde.

Im Februar 1920 machte Carters Team dann einen ersten größeren Fund: Sie stießen auf ein Versteck mit 13 Alabastergefäßen am Eingang zum Grab des Königs Merenptah (KV8) aus der 19. Dynastie. Die Gefäße enthielten Einbalsamierungsmaterialien für die Mumifizierung seines Leichnams. Lady Carnarvon ließ es sich nicht nehmen, die Gefäße höchstpersönlich auszugraben. Lacau gestand ihrem Mann einen Anteil von sechs Gefäßen zu. Seine vermeintliche Großzügigkeit bedeutete aber noch lange nicht, dass sich der Antikendienst bei einem wirklich «großen» Fund ebenso freigebig zeigen würde. Der mit Carnarvon abgeschlossene Vertrag hielt die Bedingungen für solche Fälle fest: Mumien von Königen und Hohepriestern sowie ihre Sarkophage und Särge verblieben im Besitz des Antikendienstes. Der Inhalt eines jedes intakten Grabes ging vollständig an die ägyptische Seite. Bei gestörten Gräbern behielt sich der Antikendienst das Recht vor, alle Objekte von geschichtlicher und archäologischer Relevanz einzubehalten und den Rest dem Finder zu überlassen. Die letzte Vereinbarung ließ Spielraum für Interpretationen. In der vierten Saison im Herbst 1920 setzte Carter die Schuttabtragungen unterhalb des Eingangs des Grabes von Ramses VI. (KV9) fort. Dort waren seine Arbeiter schon drei Jahre zuvor auf antike Arbeiterhütten gestoßen. Carter wollte sie im weiteren Verlauf der Kampagne abtragen lassen, doch musste er sein Vorhaben erneut verschieben; das Grab Ramses' VI. (KV9) war eine der meistbesuchten Attraktionen während der touristischen Hochsaison. Erst im Winter 1922 sollten sie an diese Stelle zurückkehren. Derweil wichen sie auf das Grab Thutmosis' III. (KV34) in einem Seitental aus, wo sie zwei Kampagnen lang Geröll und Steine abtrugen. Dort machte Carter eine interessante Entdeckung: Unterhalb des Grabes von Thutmosis III. war eine erste Gruft für den König angelegt worden. Wegen der gelegentlich auftretenden Regenfälle hatte man sich vermutlich entschlossen, das zweite Grab in geschützterer Lage höher im Felsen zu bauen. Daraufhin dehnte Carter die Aktivitäten auf einen Bezirk unweit des Grabes von König Siptah (KV47) aus der 19. Dynastie aus. Unter Aufbietung all ihrer Kräfte hoben 40 Männer und 120 Jungen das komplette Areal innerhalb von zehn Tagen aus. Aber ihre Mühe war vergeblich: Sie fanden nichts. Die letzten drei Kampagnen hatten keinerlei Erfolge mehr hervorgebracht und zu häufigen Debatten zwischen Carter und Carnarvon geführt. Die Frage, ob es sich überhaupt noch lohnen würde, mit den Grabungsarbeiten fortzufahren, stand immer öfter im Raum. Schließlich war Carnarvon am Ende seiner Geduld. Im Sommer 1922 bestellte er Carter nach Highclere Castle und eröffnete ihm, dass er die Grabungen im Tal der Könige einstellen werde. Die inflationäre Weltwirtschaftslage nach dem Ersten Weltkrieg setzte auch dem Lord finanziell schwer zu. Ausgaben für eine Grabung mit geringen Chancen auf Erfolg ließen sich unter den gegebenen Umständen nicht mehr rechtfertigen. Carter ging jedoch nicht unvorbereitet in das Gespräch: Er zeigte Carnarvon auf einem Grundrissplan des Tals den letzten noch unerschlossenen Bereich unterhalb des Grabes von Ramses VI. und sprach sich entschieden für die Fortsetzung der Grabungen aus. Solange das Areal innerhalb des festgelegten Dreiecks, in dem Carter Tutanchamun vermutete, nicht vollständig freigelegt war, gab es noch Hoffnung. Carter war fest entschlossen, wenigstens eine weitere Kampagne durchzuführen. Er glaubte sich kurz vor dem Ziel und bot Carnarvon an, die letzte Grabung aus eigener Tasche zu finanzieren. Schließlich ließ sich der Mäzen überzeugen und setzte seine Zahlungen für eine letzte Kampagne fort.

Am 28. Oktober 1922 kehrte Carter nach Luxor zurück und brachte aus Kairo einen gelben Kanarienvogel mit. Sein Hauspersonal sah in dem Vogel ein Zeichen des Glücks, der ihnen *so Gott will* in der folgenden Saison *ein Grab voll von Gold* bescheren würde. Carnarvon versüßte dem Grabungsteam die anstehende Winterkampagne mit Importen von Feinkostwaren und erlesenen Weinen. Am 1. November nahm Carter die sechste und letzte Grabungssaison im Tal der Könige auf. Auf seinen Schultern lastete ein so immenser Druck, dass er nun auch keine Rücksicht mehr auf Touristen nahm.

Unversehens machten sich seine Arbeiter an die Abtragung der Arbeiterhütten vor dem Grab Ramses' VI. (KV9). Unzählige Tonnen Schutt hatten sie in den vergangenen fünf Jahren unter der sengenden Sonne weggeschafft, und mittlerweile lief jeder ihrer Handgriffe völlig routiniert ab. Zwei Tage später waren die meisten Arbeiterhütten entfernt und sämtliche Vorkehrungen für die Abtragung der Schotterschichten getroffen worden. Als Carter am nächsten Morgen an der Grabungsstätte ankam, war es ungewöhnlich still: Seine Grabungsleute hatten die Arbeit niedergelegt und konnten es kaum erwarten, ihm von einem besonderen Fund zu berichten. Hussein, ein zwölfjähriger Wasserträger, war auf eine in den Fels gehauene Stufe gestoßen. Erst zwanzig Tage später sollten sie die Siegel des Königs finden. Carters erster Tagebucheintrag an jenem historischen 4. November war noch ganz knapp: *Eingang zu einem Grab*. Dieser Entdeckung gab er die Fundnummer 433, mit welcher er seine Nummerierung fortsetzte, die er seit der offiziellen Aufnahme der Grabungen im Tal der Könige im Februar 1915 konsequent angewandt hatte. Fundstück Nummer 1 war das Bruchstück einer Dienerfigur von Königin Teje unweit des Grabes Amenophis' III. gewesen. In einem zweiten Eintrag am 4. November 1922 schrieb er in sein Grabungsprotokoll, dass *die Stufe der Anfang einer steilen und in den Felsen geschnittenen Ausschachtung ungefähr vier Meter unter dem Eingang Ramses' VI. war … von der Art eines in die Tiefe führenden Treppeneingangs zu einem Grab vom Bautyp der 18. Dynastie*. In Carter keimte die Hoffnung, endlich an seinem Ziel angelangt zu sein, und ließ fieberhaft weitergraben. Es dauerte einen weiteren Tag, bis er die Gewissheit hatte, tatsächlich den Eingang eines Grabes gefunden zu haben. Noch wagte Carter nicht, sich dem Glücksrausch hinzugeben – so oft war er voller Hoffnung gewesen, und so oft war er enttäuscht worden. Wieder einen Tag später waren ein zwei Meter hoher Gang und eine Treppe mit 16 Stufen freigelegt, an

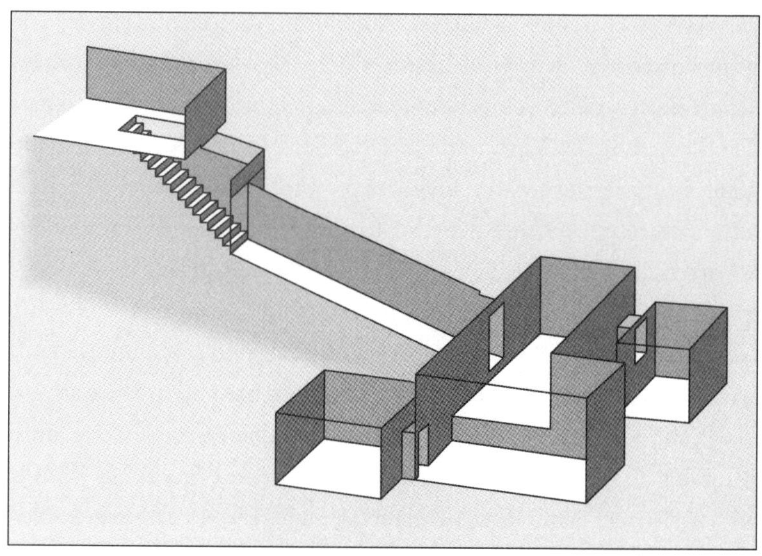

Die architektonische Gestaltung und kleinen Ausmaße von Tutanchamuns Grab weichen deutlich ab von den imposanteren Anlagen anderer Pharaonen des Neuen Reiches. Die Treppe und der schräge Korridor, der in eine quer verlaufende Grabkammer mündet, verweisen auf einen nicht königlichen Bautyp.

deren Ende sich eine zweite mit Mörtelschicht versehene Vermauerung befand. Im Verputz entdeckte Carter die Siegel der antiken Königsnekropole: ein Schakal auf neun Gefangenen. Carter stand vor dem Grab einer wichtigen Persönlichkeit, doch stimmte ihn der unscheinbare Eingang bedenklich: Für ein Königsgrab schien die Öffnung zu klein. Es deutete vielmehr auf ein Depot oder das Grab eines hohen Beamten hin, dem der König eine Bestattung im Königsfriedhof gewährt hatte. Juja und Tuja, die Urgroßeltern Tutanchamuns, waren in einem Grab (KV46) ähnlichen Bautyps bestattet worden: eine Treppe und ein schräger Korridor, die in eine quer verlaufende Grabkammer münden. Mit Besorgnis nahm Carter Spuren eines geöffneten und wieder verschlossenen Einbruchslochs in der Vermauerung wahr. Offensichtlich hatten sich Grabräuber an dem Grab zu schaffen gemacht. Was auch immer sich hinter der Mauer befand, der Inhalt des Grabes war jedenfalls nicht mehr unversehrt. Carter schlug ein kleines Loch in die Vermauerung, hielt eine elektrische Lampe hinein und erspähte dahinter einen komplett mit Geröll gefüllten Korridor. *Es war ein Augenblick, bei dem es einen Ausgräber durchschauern konnte! ... Alles, buchstäblich alles konnte hinter jenem Gang liegen, und es bedurfte meiner ganzen Selbstüberwindung, um nicht den Türeingang zu erbrechen und auf der Stelle weiterzusuchen*, schildert er diesen bewegenden Moment. Dann stoppte er weitere Erkundungen und ließ die Treppe wieder zuschütten. Am 6. November benachrichtigte er Carnarvon in einem Telegramm über eine *großartige Entdeckung im Tal*. Dieser antwortete prompt und kündigte seine Ankunft in Alexandria für den 20. November an. Hätte Carter den Schutt vor der Vermauerung bis auf den Grund abtragen lassen, wäre er auf die Siegel mit dem königlichen Namen gestoßen und hätte sich drei Wochen banger Ungewissheit erspart. Die Nachricht seines Fundes verbreitete sich innerhalb kürzester Zeit, und Carter ertrank in Beglückwünschungen und Hilfsangeboten. Er nutzte die Zeit bis zum Eintreffen Carnarvons, um wichtige Vorkehrungen zu treffen, nicht ahnend, was auf ihn zukommen sollte. Er benachrichtigte seinen ehemaligen Assistenten Arthur Callender in Armant, der sofort nach Luxor reiste. Zehn Tage später machte sich Carter nach Kairo auf, um wichtige Besorgungen zu machen und den von Alexandria eintreffenden Carnarvon und seine Tochter Evelyn in Empfang zu nehmen. Im Continental-Savoy Hotel in Kairo berichtete er ihnen in allen Einzelheiten von dem einzigartigen Fund und besprach mit ihnen das weitere Vorgehen. Dann reiste er einen Tag später allein nach Oberägypten zurück. Carnarvon und Evelyn trafen zwei Tage später am Bahnhof von Luxor ein. Callender hatte derweil mit der Abtragung der Schuttschichten in den Zugangspassagen zum Grab begonnen, damit die Arbeiter am nächsten Tag die Treppe zügig freilegen konnten. Am 24. November stattete der Chefinspektor des Antikendienstes Rex Engelbach den Ausgräbern einen Besuch ab, und Carter bat ihn um die Erlaubnis, eine elektrische Leitung verlegen zu dürfen. Am Nachmittag standen sie vor dem frei geräumten Zugang. Nun wussten sich Carter und Carnarvon endlich am Ziel: In der unteren Hälfte der Vermauerung sahen sie im Verputz ganz deutlich mehrere Siegel des Tutanchamun. Auch bemerkte Carter erst jetzt, dass der Zugang zweimal geöffnet, wieder verschlossen und mit den Siegeln der Totenstadt versehen worden war. Auf der Treppe lagen unter der Schotterschicht Scherben und Fragmente von Holztruhen mit den Namen von mehreren Königen der 18. Dynastie. Carter konnte sich des Verdachts nicht erwehren, auf ein Depot gestoßen zu sein. Die Einbrüche beunruhigten ihn zwar, zumindest ließ ihn aber die Wiederversiegelung des Grabes hoffen, dass es nicht komplett geplündert worden war. Die Arbeiterhütten aus der Zeit Ramses' VI. hatten die Gruft zusätzlich geschützt, und seitdem hatte keiner mehr einen Fuß in sie gesetzt, so viel war sicher. Aus Sorge um den Schutz seines einzigartigen Fundes verbrachte Carter die Nacht im Tal der Könige. Am Morgen des 25. November wurde die Vermauerung eingerissen und die Schotterfüllung eines zwei Meter hohen Gangs entfernt. In der linken oberen Ecke hatten die Plünderer in der Antike einen Tunnel durch das Geröll gegraben, der im Nachhinein von der Friedhofspolizei wieder aufgefüllt worden war. Wie im Treppeneingang lagen unterschiedliche Gegenstände auf dem Boden des Korridors verstreut. Erst der nächste Tag sollte Gewissheit bringen, was sich hinter der zweiten Vermauerung verbarg.

In all den Jahren ihrer Suche nach dem Grab des Tutanchamun war der 26. November sicherlich der schönste Tag für Carter und

Carnarvon. Die Arbeiter gruben sich weiter durch den absteigenden Korridor, bis sie vor einer zweiten versiegelten Tür standen. Genau an der Stelle, wo die Grabräuber einen Tunnel gegraben hatten, befand sich eine wiederverschlossene Öffnung in der Vermauerung. Hastig entfernten die Ausgräber den restlichen Schotter vor dem Eingang. Dann schlug Carter ein Guckloch in die linke obere Ecke, hielt eine Kerze durch die Öffnung und konnte im Dunkel allmählich goldschimmernde Gegenstände ausmachen. Carnarvon, Evelyn, Callender und die Vorarbeiter standen in aufgeregter Erwartung hinter dem aufgewühlten Archäologen. Carnarvon fragte Carter ungeduldig, ob er etwas sehen könne, und dieser war so ergriffen, dass er lediglich die Worte *Ja, wunderbare Dinge* herausbrachte. Sein Vogel mit dem goldenen Gefieder hatte ihnen tatsächlich Glück gebracht. Carter erweiterte das Loch und ließ eine elektrische Lampe herbeiholen, um Carnarvon und sich mehr Sicht ins Innere des Grabes zu verschaffen: *Da standen zuerst uns gegenüber vergoldete Bahren, deren Seiten in der Form von Tierungeheuern geschnitzt waren … von erstaunlicher Natürlichkeit, als unsere elektrischen Lampen gleich einem Blitzlicht ihre glänzenden goldenen Oberflächen aus der Dunkelheit hervorzauberten, wobei ihre Köpfe auf die Wand dahinter ungeheuerlich verzerrte Schatten warfen. Dann erweckten und fesselten rechts davon zwei Standbilder unsere Aufmerksamkeit; zwei lebensgroße Statuen eines Königs in schwarz, die sich wie Schildwachen gegenüberstanden mit goldenem Schurz, goldenen Sandalen mit Keule und Stab und mit der schimmernden heiligen Schlange an der Stirn … Zwischen ihnen, um sie herum, eben darauf gehäuft, waren zahllose andere: außergewöhnlich schöne und eingelegte Kisten; Alabastervasen, seltsame schwarze Schreine, aus deren einem eine große goldene Schlange zur geöffneten Tür herausschaute; Sträuße aus Blumen oder Blättern; Betten; schön geschnittene Sessel; ein goldeingelegter Thronsessel zur Linken ein wirrer Haufen umgestürzter Wagen, die von Gold und Einlagen glänzten.* Sechs Grabungskampagnen lang hatten sie auf diesen Moment hingearbeitet. Wie oft hatten sie direkt über dem Grab gestanden und unverrichteter Dinge auf andere Areale ausweichen müssen! Auch andere Ausgräber vor Carter waren nahe dran gewesen. Theodore Davis hatte mehrmals in unmittelbarer Nähe von Tutanchamuns Begräbnisstätte graben lassen und diese jedes Mal um nur wenige Meter verfehlt. In dessen letzter Saison war Harry Burton, der damals für Davis als Grabungsleiter arbeitete, sogar gerade einmal zwei Meter von dem Grab entfernt gewesen. Er hatte die Arbeit abgebrochen, um – wie später Carter – den Touristenpfad zum Grab Ramses' VI. freizuhalten. Vier Meter unterhalb seines Grabeingangs lag Tutanchamun unter einer meterdicken Schotterschicht. Diese stammte vom Aushub des Grabes Ramses' VI. und vermutlich auch von geröllhaltigen Sturzfluten. Die über der Gruft errichteten Hütten der Friedhofsarbeiter hatten ihr zusätzlichen Schutz geboten. So ruhte der König verborgen in seinem Grab und war rund 250 Jahre nach seinem Tod der staatlichen Verordnung entgangen, alle intakten Königsgräber im Tal der Könige leerzuräumen.

Als Carnarvon, Evelyn und Carter die erste Grabkammer betraten, standen sie auf engstem Raum zusammen und wagten kaum, sich zu bewegen; überall lagen umgeworfene Gegenstände und Scherben auf dem Boden, die von den Grabräubern zurückgelassen worden waren. Auf allen vieren kriechend, entdeckte Carter unterhalb eines der großen Ritualbetten die Öffnung zu einer weiteren Kammer, die einstmals vermauert und versiegelt gewesen war. Auch hier hatte sich jemand mit Gewalt Eintritt verschafft und einen Teil der Mauer eingerissen. Bruchstücke davon waren in die Kammer und auf Objekte gefallen. Obwohl dieser Raum wesentlich kleiner war als der Vorraum, enthielt er deutlich mehr Grabbeigaben: Er war komplett vollgestellt mit Möbeln, Stühlen, Holztruhen, Vasen, Gefäßen und vielem mehr an Hausrat. Carter konnte die Anlage immer noch nicht einem königlichen Grab zuordnen, so ungewöhnlich war ihre architektonische Gestaltung. Weder im ersten noch im zweiten Raum befand sich Tutanchamuns Mumie. Die drei Briten kundschafteten den Vorraum weiter aus und machten einen dritten versiegelten Zugang ausfindig, der von den zwei lebensgroßen schwarz bemalten und vergoldeten Königsstatuen bewacht wurde. Auch hier deutete ein kleines wieder verschlossenes Schlupfloch auf den Einbruch von Grabräubern hin. Langsam dämmerte es Carter, dass sie tatsächlich das Grab des Königs gefunden hatten und sich seine Mumie hinter dieser dritten Vermauerung befinden musste.

Seit Ende des 20. Jahrhunderts wird viel darüber spekuliert, was genau sich in den ersten Tagen nach der Öffnung des Grabes ereignete. Carter schrieb in sein Tagebuch, dass sie die Vorkammer am 27. November erstmals betreten und dabei die dritte Vermauerung wahrgenommen hatten; am selben Tag fand auch die offizielle Graböffnung statt. Der Chefinspektor Rex Engelbach war verhindert gewesen und ließ sich durch seinen Assistenten Abraham Efendi vertreten. Tatsächlich waren Carter, Carnarvon und Evelyn schon einen Tag zuvor in allen Grabräumen gewesen und am Abend heimlich zurückgekommen, um den vermauerten Raum hinter der Vorkammer zu untersuchen. Sie taten damit etwas Verbotenes, konnten aber nicht widerstehen, wie Evelyn später dem Halbbruder von Lord Carnarvon, Mervyn Herbert, anvertraute. Er hielt ihr Geheimnis in seinem Tagebuch fest. Carter, ihr Vater und sie hatten sich Zugang zur Grabkammer des Königs verschafft, öffneten den verschlossenen Durchbruch der Grabdiebe und kletterten nacheinander hinein. Dann entriegelten sie die Flügeltüren des Schreins und standen vor einem versiegelten zweiten Schrein. Ihnen stockte der Atem: Die Mumie Tutanchamuns lag tatsächlich noch darin. Sie kundschafteten die Grabkammer weiter aus und inspizierten auch die Schatzkammer, den vierten und letzten Grabraum. Danach krochen sie wieder einer nach dem anderen durch das Schlupfloch in die Vorkammer zurück. Viele Jahre nach der Entdeckung bestätigte sich der Verdacht, dass Carter und Carnarvon Gegenstände aus dem Grab entwendet hatten. Nach dem Tod Carters 1939 fand seine Erbin und Nichte Phyllis Walker in seinem Nachlass Stücke aus dem Grabschatz des Tutanchamun: drei Dienerfiguren aus Fayence, Glasgefäße, ein «Anch»-Amulett, eine Kopfstütze aus blauem Glas und andere kleinere Gegenstände. Sie wurden diskret an den ägyptischen König Faruk zurückgeschickt, der sie in seine eigene Privatsammlung integrierte. Als dieser 1952 abgesetzt und ins Exil geschickt wurde, gingen die Artefakte in den 1960er Jahren an das Ägyptische Museum nach Kairo. Auch die später an das Metropolitan Museum of Art verkauften Sammlungen Carnarvons und Carters enthielten Objekte, die möglicherweise einst Tutanchamun gehört hatten. Was auch immer in jener Nacht des 26. November 1922 und darüber hinaus genau geschah, fest steht, dass Carter das Einbruchsloch in der Grabkammerwand wieder auffüllte und mit einem Korb und Schilfrohr bedeckte. Auf Burtons Fotos sieht man deutlich Carters Tarnmanöver vor dem Einstiegsloch.

Längst waren die wildesten Geschichten um den Goldschatz des Tutanchamun im Umlauf. Angeblich seien *drei Flugzeuge im «Tal» gelandet* und mit dem Grabschatz an Bord wieder davongeflogen. Um den Gerüchten ein Ende zu setzen, wurden die ersten beiden Kammern am 29. November offiziell von Lady Allenby, der Ehefrau des britischen Hochkommissars in Ägypten, Abdel Aziz Bey Yehia, dem Gouverneur der Provinz Kena, Lord Carnarvon und Howard Carter im Beisein weiterer Würdenträger geöffnet. Bis auf die Eingeweihten bemerkte keiner der Anwesenden das zugemauerte Loch in der Grabkammerwand. Lacau, Generaldirektor des Antikendiens-

Dieses Foto zeigt deutlich Carters Tarnmanöver seines unbefugten Zutritts in Tutanchamuns Sargkammer. Am 26. November 1922, dem Tag der Graböffnung, waren er, Carnarvon und Evelyn heimlich durch einen Durchbruch antiker Grabdiebe hineingeklettert. Carter füllte das Einbruchsloch wieder auf und bedeckte es mit Schilf und einem Korb.

tes, war an diesem Tag verhindert und traf erst am 30. November ein. Arthur Merton, lokaler Berichterstatter der Londoner «Times», hatte einen Tag zuvor die erste große Schlagzeile über die Entdeckung des Grabes des Tutanchamun in die Welt hinaus geschickt. Wieder einen Tag später standen die ersten Besucher vor dem Grab, und Carter bekam eine Vorstellung davon, was in den folgenden Tagen, Wochen und Monaten auf ihn zukommen würde. Er sorgte sich um die höchst zerbrechlichen Objekte und verweigerte den Einlass, bis entsprechende Sicherheitsmaßnahmen für den Grabschatz gewährleistet waren. Jeder noch so kleine Fehltritt und jede noch so kleine Bewegung konnten wichtige archäologische Daten unwiederbringlich zerstören. Vor Carter lag eine gewaltige Aufgabe, die von ihm allein nicht zu bewältigen war. So viele Jahre hatte er systematisch auf ein Ziel hingearbeitet und nach dem Grab des Tutanchamun gesucht, zahlreiche Durststrecken und Enttäuschungen durchlebt. Binnen weniger Tage überschlugen sich nun die Ereignisse. Carter brauchte einen klaren Kopf, um alle nötigen Vorkehrungen für die Bergungsarbeit treffen zu können, und ahnte nicht, dass er die nächsten zehn Jahre seines Lebens mit der Dokumentation des Grabes des Tutanchamun beschäftigt sein würde. Weder er noch irgendeiner seiner Kollegen waren bis dahin auf ein derartig umfangreiches Grabinventar eines Königs gestoßen. Am 3. Dezember ließ Carter den Korridor und die Treppe wieder zuschütten und Wachpersonal vor den Grabeingang stellen. Tutanchamun war vorerst wieder dem Reich der Toten übergeben.

9. KAPITEL

Alle Hände voll zu tun

Howard Carters Besonnenheit und seine jahrzehntelange Erfahrung als Archäologe zahlten sich aus, als es an die Sicherung seines einzigartigen Fundes im Tal der Könige ging. Drei Tage nachdem das Grab wieder zugeschüttet worden war, machte er sich zu einer ausgiebigen Einkaufstour nach Kairo auf. Er bestellte eine Eisentür nach Maß für den Grabeingang und besorgte allerlei Dinge für die Dokumentation, Konservierung und Verpackung des Grabschatzes. *Chemikalien, zweiunddreißig Ballen Leinwand, zwei Kilometer lange Watterollen und Binden …* und viele weitere Materialien standen auf seiner Liste. *Es gab keinen früheren Fall, der uns zeigte, wie wir ihn handhaben sollten.* Deshalb kaufte Carter einfach all das ein, was er glaubte, für die Bergung des Grabinventars zu benötigen, und zwar reichlich, um auch einen Vorrat anzulegen. Die fachgerechte Behandlung aller Gegenstände würde eine beträchtliche Zeit in Anspruch nehmen und Unmengen an Paraffin, einem wachsähnlichen Konservierungsmittel, verschlingen. Ein Großteil der Objekte aus Leder, Textilien und Holz war in einem desolaten Zustand; der Zahn der Zeit hatte beträchtlich an ihnen genagt. Es bestand die große Gefahr, dass bei der Öffnung des Grabes besonders fragile Gegenstände beim kleinsten Luftzug zu Staub zerfielen. Der Archäologe wollte auf alle Fälle vorbereitet sein. Er kaufte außerdem eine

Fotoausrüstung mit dem notwendigen Zubehör und ein luxuriöses Grabungsauto. Der Perfektionist Carter spielte den gesamten Ablauf der bevorstehenden Bergungsarbeiten bis ins kleinste Detail durch. Noch während seines Aufenthaltes in Kairo boten sich ihm helfende Hände an: Albert Lythgoe, Kurator der ägyptischen Abteilung am Metropolitan Museum of Art in New York, schickte ihm ein Glückwunschtelegramm zu seiner spektakulären Entdeckung ins Hotel. Das Metropolitan Museum führte im thebanischen Friedhof eine eigene Grabung in der Nähe von Carters Ausgrabung durch. In seinem Antwortschreiben fragte Carter vorsichtig an, ob Lythgoe ihm seinen Fotografen Harry Burton zur Verfügung stellen könne, und erhielt prompt eine Zusage. Und der Amerikaner war nur allzu gern bereit, Carter mit noch weiteren von seinen Mitarbeitern auszuhelfen. Die Gelegenheit, an der Hebung eines beispiellosen Grabschatzes unmittelbar beteiligt zu sein, bot sich schließlich nicht alle Tage. Ganz uneigennützig war Lythgoes Hilfsbereitschaft natürlich nicht, versprach er sich doch als Gegenleistung einen angemessenen Fundanteil für die Sammlung seines Museums. Auch Alfred Lucas, der als Chemiker für den ägyptischen Staat arbeitete und kurz vor seiner Pensionierung stand, sagte zu. Binnen weniger Tage war Carters Kernteam aus britischen und amerikanischen Spitzenexperten aufgestellt. Neben dem Fotografen Burton borgte ihm das Metropolitan Museum seinen Mitarbeiter Arthur Mace, einen Archäologen mit konservatorischen Kenntnissen und langjähriger Ägyptenerfahrung. Zusammen mit Lucas wird er für die heikle Aufgabe der Konservierung des Grabschatzes zuständig sein. Maces Kollegen, die Architekten Walter Hauser und Lindsley Hall, wurden für die Erstellung von maßstabsgetreuen Zeichnungen an Bord geholt. Der Philologe Alan Gardiner wollte sich um die Inschriften kümmern. James Henry Breasted, Direktor des Oriental Institute der Universität von Chicago, hatte bereits kurz nach der Graböffnung mit einer

Das Kernteam der zehnjährigen Bergungsarbeit und Dokumentation des Grabs des Tutanchamun (von links nach rechts): Arthur Callender, Arthur Mace, Harry Burton, Howard Carter, Alan Gardiner und Alfred Lucas.

Untersuchung der Siegelabdrücke begonnen. Percy Newberry, für den Carter 30 Jahre zuvor in Beni Hassan und el-Berscheh gearbeitet hatte, stellte seine Kenntnisse der pflanzlichen Materialien und Textilien zur Verfügung. Der Ingenieur Arthur Callender wurde mit allen technischen Belangen betraut und war für den Abbau der großen Schreine in der Sargkammer zuständig. Für die Autopsie an Tutanchamuns Mumie standen die Anatomen Douglas Derry und Saleh Bey Hamdi bereit. Insbesondere Burton, Lucas und Mace würden Carter treu bei der schwierigen Bergungsarbeit begleiten, ihm selbst in den größten Krisen loyal zur Seite stehen und gemeinsam mit ihm für eine umfassende Dokumentation und Konservierung des Grabschatzes sorgen. Letztendlich sollten aber permanente Anwesenheit und professionelle Aufsicht des Entdeckers der Schlüssel zum Erfolg des gesamten Unternehmens sein. Flinders Petrie, der

30 Jahre zuvor noch der Meinung gewesen war, dass sich Carter als Archäologe nicht eignen würde, äußerte sich zwei Monate nach der Entdeckung anerkennend darüber, dass man von Glück sprechen könne, die Bergungsarbeit in der Verantwortung von Carter und Lucas zu wissen.

Am 16. Dezember 1922 wurde Tutanchamuns Gruft wieder ausgegraben, und die Männer machten sich ans Werk. Mit einer Größe von knapp vier mal acht Metern bot die stickige Vorkammer nicht annähernd genug Platz, um dort funktionsfähige Arbeitsplätze einzurichten. Die Männer bewiesen Improvisationstalent und wichen auf benachbarte Gräber aus: Burton richtete sich eine Dunkelkammer in der gegenüberliegenden «Amarna Cache» (KV55) ein, während Lucas und Mace das abseits gelegene Grab Sethos' II. (KV15) als Laboratorium für die Konservierung und Verpackung von Artefakten umfunktionierten. Der freie Platz vor dem Grabeingang Sethos' II. wurde von Burton für Freilichtaufnahmen genutzt und lokale Arbeitskräfte zimmerten dort Holzkisten. Am Eingang des Grabes Ramses' XI. (KV4) ließ Carter einen Esstisch für die täglichen Mittagspausen aufstellen, während der hintere Bereich des Grabes als Abstellraum für Vorräte und kleinere Objekte genutzt wurde, die unter dem Geröll der Treppe und des Korridors gefunden worden waren. Um das Grab herum wurde eine Schutzmauer gezogen und neben dem Eingang ein Zelt und Holzunterstand als Schattenspender für Soldaten und Wächter des Antikendienstes aufgestellt; der Sensationsfund sollte rund um die Uhr bewacht werden. Im Oktober 1922 war Richard Adamson als Wächter für Carnarvons Expedition eingestellt worden, der unzählige Nächte am Grab verbrachte. Carter stellte ihm ein Grammophon und Schallplatten zur Verfügung, um sich die einsamen Nächte mit Musik zu vertreiben. In einem Interview meinte Adamson einmal, dass die schmetternden Töne aus dem Tal der Könige mit Sicherheit so manchen Einbrecher

Vorkammer des Grabs von Tutanchamun mit Streitwagen, Ritualbetten, Truhen, Thronsesseln, Behältern mit Fleisch und vielen anderen wertvollen Gegenständen für die Versorgung des Königs im Jenseits.

abgeschreckt hätten. Angst vor Diebstahl seiner «wunderbaren Dinge» war Carter während der Bergungsarbeiten ein ständiger Begleiter. Jeden Abend wurden die Eisentür am Grabeingang und ein Holzgitter vor dem Gang mit schweren Ketten verschlossen. Zusätzlich standen drei voneinander unabhängige Wächtergruppen rund um die Uhr Patrouille. Auch das Laboratorium versah man mit einem Gitter und stellte es unter ständige Bewachung. Nachdem sich die Männer in den umliegenden Gräbern eingerichtet hatten, verschafften sie sich einen Überblick über das geordnete Durcheinander in der Vorkammer. In der Antike waren mindestens zweimal Plünderer in das Grab eingedrungen, wie Carter anhand von Spuren nachvollziehen konnte. Unmittelbar nach der Bestattung des Königs war der erste Einbruch erfolgt. Die Schlupflöcher waren gerade einmal so groß, dass genau ein Mann hindurchpasste, weshalb die Diebe nur kleine Wertgegenstände entwendeten. In ihrer hastigen Suche öffneten sie alle Truhen, zogen Gegenstände heraus und ließen alles, was ihnen unbrauchbar erschien, achtlos auf den Boden fallen. Die Friedhofspolizei brachte wieder ein wenig Ordnung in das hinterlassene Chaos und verstaute herumliegende Objekte hastig in irgendwelchen Kisten. Danach versiegelten sie das Grab erneut. Auf ihrer Flucht nach draußen ließen die Eindringlinge Wertgegenstände fallen. Carter fand sie auf dem Boden im Gang und Korridor zusammen mit anderen Dingen, die Priester in den Zugangspassagen hinterlassen hatten. Diese waren also erst nach dem ersten Einbruch mit Schotter aufgefüllt worden. Bei der zweiten Plünderung gruben die Diebe einen Tunnel durch das Geröll. Carter schätzte, dass mehrere Männer dafür an die acht Stunden benötigten. Dieses Mal brachen die Diebe in alle vier Räume ein und machten sich auch an der Schatzkammer zu schaffen. Offensichtlich wurden die Plünderer auf frischer Tat ertappt oder in die Flucht geschlagen. Die Friedhofspolizei bemächtigte sich eines Leinentuches, in welches die Diebe acht massive Goldringe eingewickelt hatten, und warfen es eilig in eine Holztruhe, die auf dem großen Ritualbett mit Löwenköpfen stand. Dann versiegelten die Beamten das Grab erneut. So rekonstruierte Carter die vorgefundene Situation. Man sagt ihm und Carnarvon nach, sie hätten den Einbruch nur vorgetäuscht, um sich einen Fundanteil zu sichern. Der vertraglichen Vereinbarung mit dem Antikendienst zufolge stand ihnen ja nur bei der Auffindung eines gestörten Grabes ein Anteil zu. Inzwischen hält man Carters Beschreibung der Plünderungen allerdings für glaubwürdig. Nur ihre nächtliche Aktion in der Sargkammer am Tag der ersten Graböffnung hatte er tatsächlich vertuscht.

Carter und sein Team standen vor einem Haufen von Gegenständen, die über- und nebeneinandergestapelt und teilweise ineinander verkeilt waren. Jedes einzelne Objekt des Grabschatzes musste fotografiert, dokumentarisch erfasst, aus dem Grab zum Labor getragen, gereinigt und konserviert, wenn nötig restauriert, für den Transport verpackt und zum Ägyptischen Museum nach Kairo verschickt werden. Carter hatte 1915 zu Beginn der offiziellen Grabung im Tal der Könige eine fortlaufende Nummerierung für jedes Fundstück eingeführt, die er in den kommenden zehn Jahren systematisch auch auf jedes Objekt in Tutanchamuns Grab anwandte. Bevor ein Gegenstand angetastet wurde, machte der Grabungsfotograf Harry Burton dokumentarische Aufnahmen von seiner exakten Fundstelle mit und ohne Referenznummer. Einzelne Stücke von Objektgruppen wurden zusätzlich mit Buchstaben versehen. Künstlerische Fotos mit einer ausgefeilten Licht- und Schattentechnik behielt sich Burton für besondere Stücke vor. Neben zwei elektrischen Lampen setzte er auch Spiegel und reflektiertes Sonnenlicht für optische Finessen ein. Das Freilichtstudio vor dem Laboratorium nutzte er für weiche Schatten, den die Felsen des thebanischen Gebirges auf die Objekte warfen. Mit jedem weiteren aufgenommenen Stück verbesserte sich seine Technik zunehmend. Zur Aufnahme von größeren Objekten verwendete er zwei große Bogen aus dicker Pappe; ein Bogen diente ihm als Untergrundfläche, der andere als konkaver Hintergrund. Die Kunstfotografie hatte Burton in Florenz erlernt, wo er auch ein Gespür für Licht und Bildaufbau entwickelt hatte. Dort war er Theodore Davis, einem begeisterten Sammler von Renaissancekunst, begegnet und von ihm 1909 als Fotograf und Projektleiter für seine Grabungen im Tal der Könige eingestellt worden. Als Davis zu Beginn des Ersten Weltkriegs Ägypten verließ, heuerte die Expedition des Metropolitan Museum Burton als Fotografen und Ausgräber an. Seine Ausrüstung bestand aus einer Kamera – einer Holzbox mit Linse –, einem Stativ und großformatigen Glasplattennegativen. In seiner benachbarten Dunkelkammer fixierte er

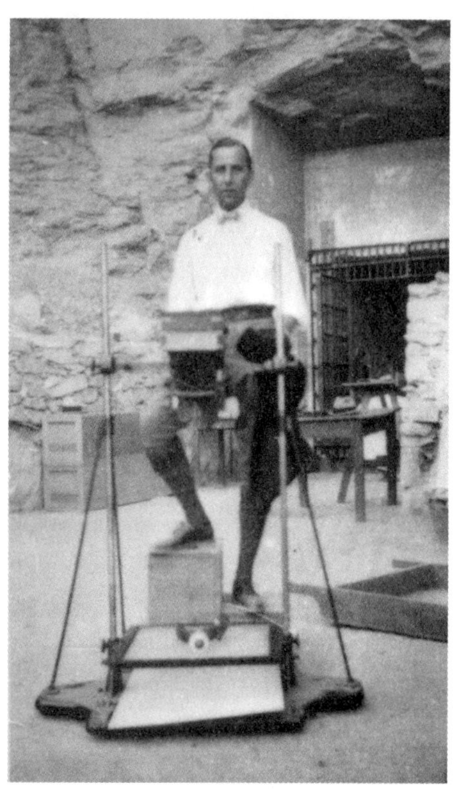

Harry Burton auf dem Vorplatz des Grabes Sethos' II. (KV15), das dem Fotografen als Freilicht-studio diente. Seine Dunkelkammer befand sich in der «Amarna Cache» (KV55), in dem Echnaton notbestattet worden war. Burtons Aufnahmen von Tutanchamun, seinem Grab und den Schätzen gingen um die Welt.

das belichtete Negativ in einer chemischen Lösung und nutzte das Sonnenlicht zur Entwicklung von Fotoabzügen. Carter suchte sich die besten davon aus und überließ Burton den Rest als Dank für seine unentgeltliche Tätigkeit. Mit einer Handkurbel-Filmkamera drehte der Grabungsfotograf auch kurze Filme über einige Etappen der Bergungsarbeiten vor Tutanchamuns Gruft. Einige Schwarz-Weiß-Aufnahmen zeigen den Fotografen, wie er, umgeben von neugierigen Touristen, die Kamera auf den Grabeingang hält. Die Zweitnegative und Filme befinden sich heute im «Harry Burton Archive» des Metropolitan Museum. Einer der dortigen

Treuhänder wünschte sich einen längeren Film über die Entdeckung im Kinoformat und schickte Burton und seine Frau nach Hollywood. Die Lichttechniken in den Studios von Los Angeles stellten sich für Innenaufnahmen im Grab allerdings als untauglich heraus.

Burtons künstlerisches Talent zeigt sich in den insgesamt 2800 Glasplattennegativen, die er unter den schwierigsten Bedingungen von Tutanchamuns Grab und seinen Schätzen anfertigte. Der Fotograf vollbrachte eine Meisterleistung, unter den gegebenen Umständen immer die richtige Belichtungszeit zu finden. Zudem musste er sich mit den schweren und unhandlichen Glasplattennegativen ständig zwischen Grab, Fotostudio und Dunkelkammer hin und her bewegen. An manchen Tagen wurde kein einziges Objekt aus dem Grab herausgetragen und Burton zur einzigen Attraktion für die Schaulustigen, wenn er das Grab in Richtung Dunkelkammer verließ. Carter erinnerte sich an eine absurde Episode: *Einmal brauchten wir im Laboratorium zu Versuchszwecken ein Stück alter Mumienleinwand. Es wurde uns auf einer Bahre zugeschickt, und bis es zu uns gelangte, war es achtmal photographiert worden!* Die schönsten Momente erlebten die Zuschauer an jenen Tagen, an denen gleich mehrere Grabgegenstände auf Tragbahren an ihnen vorbeitransportiert wurden und der Entdecker Carter – häufig in einem schicken Anzug und mit Hut – den prozessionsartigen Zug höchstpersönlich eskortierte. Dann zückten sie ihre Kameras und machten den Fotoschuss des Tages. Es war das erste Mal in der Geschichte der Archäologie, dass die Öffentlichkeit eine Ausgrabung mit einem derart regen Interesse in den Zeitungen oder direkt an Ort und Stelle mitverfolgte. Die Fotografie spielte eine nicht zu unterschatzende Rolle dabei, dass die Begeisterung für Carters Entdeckung über viele Jahre hinweg nicht abriss. Burtons Aufnahmen aus dem Grab gingen um die Welt und prägen bis heute das Bild,

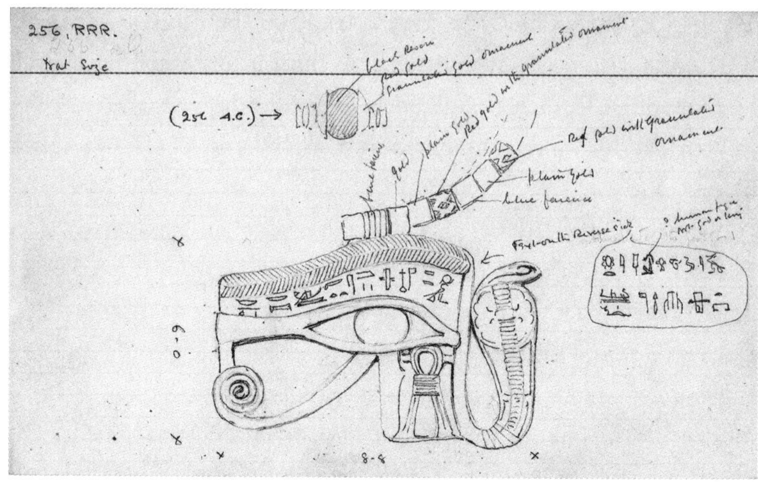

Howard Carters Zeichnung eines Kettenanhängers in Form eines Udjat-Auges und einer Kobra. Mace und er machten sorgfältige Notizen von jedem einzelnen Objekt auf separaten Karteikarten, die zusammen mit Burtons Aufnahmen den archäologischen Kontext und viele Details der Grabgegenstände für die Nachwelt bewahrten.

das Millionen Menschen vom spektakulärsten Archäologiefund des 20. Jahrhunderts haben. Seine Dokumentarfotos wurden durch detailgetreue Zeichnungen, die Carter und Mace von vielen Objekten machten, ergänzt und mit detaillierten Beschreibungen versehen. Hier kamen vor allem Carters Kompetenz als professioneller Zeichner und sein Vermögen, mit jeder Linie gekonnt die Besonderheiten der altägyptischen Kunst zu erfassen, zum Tragen. Er und Mace fertigten an die 3000 Karteikarten mit Notizen, Skizzen und Illustrationen von Einzel- und Gruppenobjekten an. Hauser und Hall erstellten einen Grundrissplan nach Maß von der Vorkammer und zeichneten darin jedes Objekt an seiner Fundstelle ein. Bald danach stiegen sie wegen Unstimmigkeiten mit Carter aus dem Projekt aus. Sie kamen mit seinen Launen und seinen ständigen Einmischungen in ihre Arbeit nicht zurecht. Der Grabungsleiter stellte hohe Anforderungen an sein Team. Zahlreiche Tagebucheinträge und Briefe von einzelnen Teammitgliedern schildern Episoden aus dem Alltag und geben so manches Geheimnis darüber preis, was der eine vom anderen dachte. Arthur Mace brachte besonders viele Erlebnisse zu Papier.

Nicht weit von Tutanchamuns Grab entfernt machten sich Lucas und Mace im Grab Sethos' II. an die Konservierung der Gegenstände. Als am 27. Dezember 1922 das erste Objekt, eine bemalte Holztruhe, die Gruft verließ und zum Laboratorium getragen wurde, standen die beiden Konservatoren am Anfang einer kaum zu bewältigenden Aufgabe: Die Truhe enthielt Kleidungsstücke des Königs, Binsen- und Papyrussandalen und andere Gegenstände. Ganz obenauf lag eine mit Perlen und Rauten verzierte Robe, die beim Anfassen auseinanderfiel, und darunter ein mit mehreren Tausend goldenen Rosetten geschmücktes Priestergewand. Einige Kleidungsstücke hatten sich in eine klebrige Masse verwandelt. Erst nach drei Wochen war die Truhe geleert. Auch sie selbst stellte Mace und Lucas vor eine große Herausforderung: Die auf einer Stuckschicht angebrachten Malereien waren im Begriff, sich vom Holz zu lösen. Durch den Wechsel von der feuchten Wärme des Grabes ins trockene Klima des Laboratoriums hatte sich der Stuck zusammengezogen und war kurz davor, sich aufzuwerfen und abzuplatzen. Die Konservatoren erwärmten die Oberfläche der Truhe und trugen heißes Paraffinwachs auf die Malereien auf. Dabei verband sich die Stuckschicht fest mit dem Holz, und die Truhe war gerettet. Auch in zahlreichen anderen Truhen befand sich ein Sammelsurium von unterschiedlichsten Dingen, denen die Spuren der Zeit deutlich anzusehen waren. Bei jeder noch so behutsamen Berührung eines Objekts liefen die Männer Gefahr, einen daneben befindlichen Gegenstand zu beschädigen. In einer Kiste war Harz ausgelau-

Holztruhe mit unterschiedlichen Gegenständen aus Tutanchamuns Grab. Nach den Einbrüchen durch Grabplünderer hatte die Friedhofspolizei viele herumliegende Stücke einfach in die erstbesten Kisten hineingeworfen. Die beiden Konservatoren Arthur Mace und Alfred Lucas mussten die Objekte mit viel Fingerspitzengefühl und Geduld voneinander lösen.

fen und hatte Schuhe verklebt. Viele Hunderte Perlen, die altägyptische Schmuckhersteller einstmals mit großer Geduld aufgefädelt hatten und deren Fäden nun zerfallen waren, lagen lose in einer anderen Kiste. Mehrere Teile eines einzigartigen Prunkmieders mit unzähligen Gold-, Karneol- und anderen farbigen Einlegearbeiten lagen zerstreut in der Vorkammer. Prunkmieder gehörten zur regulären Kleiderausstattung eines jeden Königs, bisher hatte man sie aber nur von Wanddarstellungen gekannt. Tutanchamuns Exemplar war in jeder Hinsicht einzigartig. Unter erheblichem Zeitaufwand und mit viel Geduld wurde dieses außergewöhnliche Kleidungsstück wieder zusammengesetzt. In besonders delikaten Fällen rückten die Konservatoren mit ihrer Ausrüstung im Grab an, um verkeilte Objekte mit großem Fingerspitzengefühl zu lösen oder fragile Exemplare mit Paraffin zu stabilisieren. Viele Gegenstände stellten sie immer wieder vor neue Herausforderungen, und passende Behandlungsmethoden fanden sie häufig nur durch entsprechende Versuche. Mace schildert einen von vielen heiklen Momenten seiner Arbeit in einer Notiz an seine Frau: *Ich brachte fast den ganzen Morgen im Grab damit zu, Wachs zu schmelzen und eine schlecht erhaltene Fußbank, die mit Perlen bedeckt war, und einen aus Perlen gearbeiteten Schuh zu behandeln. Ich denke, ich werde sie wieder hinbekommen, aber der Umfang an Restaurierungsarbeit, die vor uns liegt, ist entsetzlich.* Auch mit der Bergung großer Objekte brachten sie viele Stunden zu. Nicht weniger als fünf Männer bauten die großen Ritualbetten auseinander. Die einzelnen Teile der Streitwagen waren komplett ineinander verkeilt und mussten mit äußerster Vorsicht voneinander gelöst werden. Anschließend verbrachte man die Einzelteile nacheinander ins Laboratorium zur weiteren Bearbeitung. Dort wurden alle Gegenstände vor und nach der Behandlung fotografiert, protokolliert, in Watte und Leinen verpackt, mit Binden umwickelt und in Holzkisten gelegt. Nach sieben Wochen war die Vorkammer bis auf die beiden Königsstatuen vor der Sargkammer leergeräumt. Der erste Grabraum enthielt fast 700 Gegenstände. Drei Monate später wurden die ersten 89 Holzkisten nach Kairo verschickt. Ägyptische Arbeiter transportierten die schweren Kisten auf ihren Schultern aus dem Laboratorium und schoben sie in Rollcontainern auf einer handbetriebenen Decauville-Feldbahn durch die Wüste zum Nil. Da nicht genug Schienen zur Verfügung standen, mussten diese kontinuierlich von hinten aufgehoben und vorne angesetzt werden, um die Container weiterschieben zu können, was aufgrund des schweren Gewichts der Schienen kein leichtes Unter-

Arthur Mace (l.) und Alfred Lucas (r.) vollbrachten Höchstleistungen bei der Konservierung vieler fragiler Gegenstände von Tutanchamuns Grabschatz. Dreitausend Jahre Lagerung im Grab hatte vielen Objekten schwer zugesetzt. Die beiden Männer richteten sich ein Laboratorium im Grab Sethos' II. (KV15) im Tal der Könige ein. Hier sieht man sie vor dem Grab bei der Behandlung eines Teils von einem Streitwagen.

fangen war. Für jeden Transport vom Grab zum Nil benötigten 50 Arbeiter mehr als einen halben Tag. Der rund neun Kilometer lange Weg hatte viele Windungen und war beschwerlich. Am Nilufer angekommen, hievten sie die Kisten auf einen Dampfer des Antikendienstes, der mit seiner wertvollen Fracht an Bord die Reise zum Ägyptischen Museum nach Kairo antrat. Lediglich der goldene Sarg und die Totenmaske Tutanchamuns werden wenige Jahre später ihren Weg im Zug unter Geleit bewaffneter Wachmänner der ägyptischen Armee zurücklegen. Am Ende der ersten Saison im Frühjahr 1923 waren so weit alle Arbeiten in der Vorkammer abgeschlossen,

Transport der in Kisten verpackten Grabbeigaben des Tutanchamun über eine handbetriebene Decauville-Bahn vom Tal der Könige zum Nilufer, von wo aus die kostbaren Gegenstände über einen Frachtdampfer zum Ägyptischen Museum nach Kairo verbracht wurden.

und der Grabeingang wurde aus Sicherheitsgründen wieder mit Geröll zugeschüttet.

Seit der Entdeckung des Grabes standen Carter und sein Team im Fokus der weltweiten Öffentlichkeit, und schon am 29. November hatte die Londoner «Times» die erste Schlagzeile über den Sensationsfund gebracht. Für eine aus der Hölle des Krieges entkommene und von der Inflation gebeutelte Menschheit war die Auffindung des Grabes des Tutanchamun eine willkommene Abwechslung, eine fantastische Geschichte voller Abenteuer, Romantik und einem unermesslich wertvollen Grabschatz. Über Nacht waren die ersten Presseleute und Touristen im Tal der Könige eingetroffen, um bei der Hebung des Grabschatzes mit dabei zu sein. Schaulustige harrten in den kommenden Wochen und Monaten stundenlang am Grabeingang aus, um einen Blick auf die Entdecker und ihren sensationellen Fund zu erhaschen. Für die Archäologen waren die ersten beiden Kampagnen eine Zeit des absoluten Wahnsinns. Die ständigen Belagerungen durch Pressevertreter und Touristen und die nahezu täglichen Besuche von hohen Würdenträgern hinderten sie an der Erledigung ihres straffen Arbeitspensums. Um den sensationellen Fund brach weltweit eine regelrechte Hysterie aus. Carter und Carnarvon waren ratlos, wie sie mit der prekären Gesamtlage umgehen sollten, und gerieten darüber in Streit. Ihre Auseinandersetzungen gingen sogar so weit, dass Carter vom Lord verlangte, nie wieder sein Haus zu betreten. Die Nerven aller Beteiligten lagen blank. Für Carter war es alles andere als leicht, die ihm anvertraute Aufgabe in einer derart aufgeheizten Atmosphäre durchzuführen. Er war um den Schutz des Grabschatzes höchst besorgt und redlich darum bemüht, eine seriöse wissenschaftliche Dokumentation des Fundes zu gewährleisten. Gleichzeitig verlangte die Öffentlichkeit von dem Archäologen, dass er auch seinen sozialen Pflichten nachkam. Jeder meinte, er sei willkommen im Grab und habe Anspruch auf eine Exklusivtour. Am 14. Februar 1923 teilte Mace sichtlich genervt seiner Frau mit: *Heute Nachmittag haben mir ein Earl, eine Lady, ein Sir und zwei Würdenträger bei der Arbeit zugesehen. Sie sind eine schreckliche Plage und ich wünschte, sie würden sich fernhalten.* Die Behandlung von zerbrechlichen Objekten konnte schließlich nur in einer ungestörten Umgebung erfolgen. Carnarvon stand hilflos daneben und war den nicht enden wollenden Anfragen von Presseleuten, Freunden und Bekannten ausgesetzt, die alle mit Sonderwünschen an ihn herantraten. Der Lord handelte seinem adligen Stand gemäß und fühlte sich verpflichtet, wichtige Besucher höchstpersönlich durch das Grab zu führen. Zu allem Überfluss hatte er mit der Londoner «Times» einen Exklusivvertrag über die Berichterstattung aus dem Grab abgeschlossen und damit ungewollt eine Welle der Empörung bei der ägyptischen und ausländischen Presse ausgelöst. Durch die Exklusivregelung wurden sämtliche Presseangelegenheiten über die «Times» geregelt, sodass Konkurrenzblätter keinerlei Zugang zu Informationen aus erster Hand hatten. Eine Nachricht aus zweiter Hand war keine Schlagzeile wert. Der Vertrag mit Englands erster Zeitung schien zunächst eine praktikable Lösung zu sein, um die Berichterstattung zu kanalisieren und dem Team, insbesondere Carter, zeitintensive Gespräche mit Journalisten zu ersparen. Natürlich steckte hinter der Exklusivvereinbarung mit der «Times» auch die Absicht, die Kontrolle über die Presseinhalte zu bewahren. Zusätzlich war eine Vereinbarung mit der «Illustrated London News» getroffen worden, die in regelmäßigen Abständen Neuigkeiten aus dem Grab mit von Burton angefertigten Glanzfotos publizierte und Spezialinterviews mit dem Entdecker und seinem Mäzen veröffentlichte. So erfuhr die Öffentlichkeit beinahe täglich von Neuigkeiten aus dem Grab und welche Persönlichkeiten aus welchen Ländern das Grab besichtigt hatten. Politisch gesehen, war das Arrangement mit der «Times» ein Fiasko. Die Ägypter waren empört darüber, dass ihr nationales Kulturerbe auf den Frontseiten einer ausländischen Zeitung wie englischer Besitz präsentiert wurde. Rex Engelbach, der Chefinspektor von Oberägypten, machte Carter das Leben zusätzlich schwer: Einmal beklagte er sich bei ihm in einem Brief, dass er keinerlei Informationen erhalten würde und nicht wisse, wie er auf Journalistenanfragen reagieren solle. Dann tauchte auch noch Arthur Weigall, Carters früherer Kollege, im Tal der Könige auf. Er hatte seine Karriere als Archäologe an den Nagel gehängt und war nun als Korrespondent für die «Daily Mail» tätig. Weigall hatte schon damals keinen Hehl aus seiner Abneigung gegenüber Carter gemacht und trieb mit seinen Schikanen einen derartigen Keil zwischen den Archäologen und die Pressevertreter, dass sich das ohnehin schon angeschlagene Verhältnis zwischen den beiden Parteien weiter verschlechterte. Journalisten beschwerten sich über Carters allzu gemächliches Tempo, ihre Leser warteten jeden Tag auf neue Sensationsnachrichten und neue Fotos aus dem Grab. *Die Arbeit war langsam, peinlich langsam und dabei nervenaufreibend!*, bemerkte Carter selbst, doch sah er nicht ein, sie auf Kosten des Grabschatzes zu beschleunigen. Carnarvon ließ seinen Grabungsleiter gewähren. In einem Brief an Carter drückte er sein aufrichtiges Bedauern darüber aus, dass die angespannte Situation einen Schatten auf ihre an sich gute Beziehung werfen würde. Er finanzierte weiterhin Carters Kampagnen ohne jegliche Zusage der ägyptischen Seite, ihm einen Anteil des Grabschatzes zuzugestehen. Trotz der klaren Hinweise auf Plünderungen, die sich kurz nach Tutanchamuns Bestattung ereignet hatten, hatte der Antikendienst noch keinen Beschluss darüber gefasst, ob der Fund als unversehrt oder gestört zu betrachten sei. Seit 1914 wehte für ausländische Archäologen in Ägypten ein neuer Wind: Carter und Carnarvon standen unter ständiger Beobachtung des Ministeriums für Öffentliche Arbeiten, dem der Antikendienst unterstand. Im Februar 1922 hatten die Ägypter ihre Unabhängigkeit von den Briten deklariert, und einen Monat später ließ sich Fu'ad I. zum ersten König von Ägypten und Herrscher des Sudan krönen. Trotz Ägyptens offizieller Souveränität mischten sich die Briten jedoch weiterhin in dessen Staatsangelegenheiten ein, was für ständige Unruhen im Land sorgte. In den folgenden Jahren sollten mehrfache Regierungs- und Ministerwechsel und das erwachte Nationalbewusstsein im Land nach 40-jähriger Militärherrschaft der Engländer Carters längerfristigen Planungen noch gewaltig in die Quere kommen. Die enormen Belastungen von allen Seiten zehrten an seinen Nerven und denen aller Beteiligten. Mace machte sich ernsthaft Sorgen um Carters Gesundheit und fürchtete, dieser würde einen Nervenzusammenbruch erleiden. Der Grabungschef verlangte seinen Mitarbeitern viel ab, und diese hatten Mühe, mit seinen Gemütsschwankungen zurechtzukommen. Einmal platzte es im Grabungshaus des Metropolitan Museum aus Burton heraus: *Dieser Mann Carter ist ziemlich unmöglich, aber ich muß zugeben, er zeigte mir, wie ich ein Foto machen sollte, das ich so nie gemacht hätte.* Trotz Carters schwieriger Art wusste das gesamte Team seine Professionalität und sein großes Verantwortungsbewusstsein durchaus zu schätzen.

Im Januar 1923 herrschte eine aufgeregte Stimmung im Winter Palace Hotel in Luxor. Die Ankunft des Nachtzugs aus Kairo war angekündigt worden, und eine Schar von Presseleuten stürmte in die Lobby. Kurz darauf hielt ein Ford mit Carnarvon, Carter und Evelyn auf dem Rücksitz vor dem Hoteleingang. Der Schweizer Generaldirektor Anton Badrutt nahm die hohen Gäste in Empfang. Ein Reporter fragte die angekommenen Gäste mit lauter Stimme: *Lord Carnarvon! Herr Carter! Sind Sie hier, um die Gruft zu öffnen?* Am 16. Februar war der große Tag dann schließlich gekommen: Knapp drei Monate nach der Entdeckung des Grabes wurde die Sargkammer geöffnet und das Tal der Könige zur Bühne der Welt. Zu diesem besonderen Anlass waren 20 auserwählte Gäste geladen. Carter schildert diesen für die Anwesenden einzigartigen Augenblick mit allen Einzelheiten in seinem Entdeckerbericht. Nur einer der Gäste, der Halbbruder Carnarvons, war eingeweiht worden, dass Carter, Carnarvon und Evelyn schon am Tag der ersten Grabbegehung unbefugt in die Sargkammer eingestiegen waren. Die drei ließen sich nun am Tag der offiziellen Öffnung nichts anmerken und inszenierten das Ganze für die «Times» als verkaufsförderndes Ereignis. Für die Abtragung der Vermauerung hatte man mehrere Stunden angesetzt, die Teilnehmer ließ man auf Stühlen in der Vorkammer Platz nehmen, um dem historischen Geschehen bequem beiwohnen zu können. Schweinwerfer boten ihnen eine gute Sicht auf das, was sich bald vor ihren Augen auftun sollte. Mit Hilfe von Mace und Callender trug Carter die Wand vorsichtig Stein um

Stein ab. Nach einer Weile kam direkt dahinter eine «Wand aus Gold» mit schimmernden Fayenceeinlagen zum Vorschein (Tafelteil, Abb. 3). Es war der goldene Schrein, der die Mumie des Königs enthielt. Als Erste stiegen Carter, Carnarvon und Lacau in die Sargkammer hinab. Sie entfernten die Grabbeigaben, die um den Schrein herum platziert waren, damit die Gäste die enge Sargkammer paarweise betreten konnten. Die Wände des Schreins waren gerade einmal 65 Zentimeter von den Kammerwänden entfernt. Nach einer Weile sah Carter die Gäste – einen nach dem anderen – mit Gesten der Fassungslosigkeit wieder aus der Sargkammer emporsteigen; sie waren außerstande, das Gesehene in Worte zu fassen. Nach drei Stunden fanden sie sich alle sichtlich erschöpft, aber glücklich im Tageslicht wieder. Nach diesem ereignisreichen Tag kündigte sich im Tal der Könige ein Besuch nach dem anderen an. Carter und Carnarvon wurden mit Anfragen bombardiert, jeder wollte Tutanchamuns Schrein sehen. *Wir sind zu dem Schluß gekommen, daß uns nur die Möglichkeit bleibt, das Grab aufzufüllen, das Laboratorium abzuschließen und uns für drei oder vier Tage aus dem Staub zu machen. Das verschafft uns eine Pause und danach können wir vielleicht wieder frisch durchstarten. Es war für Carter an der Zeit, sich davonzumachen. Er ist mit den Nerven am Ende*, schrieb Mace am 22. Februar 1923 an seine Frau. Drei Tage später verschloss man das Grab, und der Gang und die Treppe wurden wieder mit Steinen gefüllt. Das Grabungsteam gönnte sich eine kurze Verschnaufpause von der nicht enden wollenden Begeisterung über den einzigartigen Fund im Tal der Könige.

Einen Monat nach der Öffnung der Sargkammer ereilte das Team die nächste Aufregung: Lord Carnarvon lag im Continental-Savoy Hotel in Kairo mit hohem Fieber im Bett. Er hatte sich beim Rasieren mit dem Messer einen Moskitostich auf seiner Wange aufgekratzt. Der Stich entzündete sich lebensbedrohlich, und Carnarvon zog sich eine Infektion zu. Am 18. März erhielt Carter eine Nachricht von Evelyn, dass ihr Vater ans Bett gefesselt und außerstande sei, sich zu bewegen. Die Entzündung hatte eine Blutvergiftung ausgelöst. Sein Immunsystem war so geschwächt, dass er sich innerhalb weniger Tage eine Lungenentzündung zuzog. Carnarvon rang noch drei Wochen mit dem Tod und verstarb schließlich am 5. April 1923 im Alter von 57 Jahren. Die Journalisten bekamen ihre nächste Schlagzeile: Der «Fluch des Pharao» war geboren und den wildesten Gerüchten über den mysteriösen Tod des Lords Tür und Tor geöffnet. Der König sei durch die Öffnung der Grabkammer in seiner ewigen Ruhe gestört worden und habe sich gerächt. Dem Grafen war es nicht vergönnt, die Früchte seiner langen Suche nach dem Grab des Tutanchamun zu genießen. Den innersten Sargschrein, die ineinander verschachtelten Särge, die atemberaubende Goldmaske und die Mumie des Pharao bekam er nicht mehr zu sehen. Lord Carnarvon wurde in Beacon Hill Hillfort auf seinem Landsitz Highclere bestattet. Gräfin Almina übernahm die Konzession ihres Mannes und führte die Zahlungen für alle weiteren Arbeiten fort. Ihre Tochter Evelyn reiste nach dem Tod ihres Vaters nicht mehr nach Ägypten, stand aber weiterhin mit Carter in Kontakt. Der Tod ihres Vaters hinterließ eine große Lücke und warf einen Schatten auf die gerade erst begonnene Kampagne. Für Carter war Carnarvons Tod ein schmerzlicher Verlust. Nach den vielen Jahren ihrer gemeinsamen Zusammenarbeit hatten sie einander schätzen gelernt und waren freundschaftlich miteinander verbunden. Nicht nur hatte Carter einen wertvollen Freund und seinen Gönner verloren, er musste jetzt auch alle Angelegenheiten mit der Presse und der ägyptischen Regierung im Alleingang regeln; er verfügte jedoch nicht über Carnarvons diplomatisches Geschick. Zu Beginn der zweiten Grabungssaison ließ Carter vor Journalisten verlauten, er würde noch zwei bis drei Jahre für die Bearbeitung des Grabes benötigen.

Wahrscheinlich war das nur Wunschdenken, und er wusste insgeheim, dass auf Prognosen in dem politisch brisanten Klima Ägyptens ohnehin kein Verlass war. Im Februar 1924 kam die nationalistische Wafd-Partei an die Macht, und Saad Zaghlul wurde zum Premierminister gewählt. Carter sah sich zunehmend der Kontrolle des Ministeriums für Öffentliche Arbeiten ausgesetzt. Die nationalen Ansprüche an den Fund im Tal der Könige wurden immer größer: Die ägyptische Regierung und Intellektuelle verklärten Tutanchamun und seinen Grabschatz zu einem Symbol ihres erwachten Nationalstolzes. Jede Empörung der Ägypter lieferte der Weltpresse eine Vorlage dazu, sensationslüsterne Berichte zu schreiben und den ausländischen Entdeckern blanke Zerstörungswut vorzuwerfen. Seit Anfang 1924 taten die Journalisten und die ägyptische Regierung ihren Unmut über den mit der Londoner «Times» abgeschlossenen Exklusivvertrag immer lauter kund. Inmitten des Tumults machte sich Carter mit Callender, Mace und ägyptischen Arbeitern an die körperlich fordernde Aufgabe, die vergoldeten Holzschreine einen nach dem anderen abzubauen. Zwischen dem ersten und zweiten Außenschrein befand sich ein vergoldeter Holzrahmen, der mit einem mit Rosetten verzierten Leinentuch verhängt war. Vor den Flügeltüren des zweiten Schreins hatten Priester Stäbe, Stöcke, Bogen, Kalzitvasen und andere kostbare Gegenstände deponiert. Vier ineinander verschachtelte Schreine waren als Schutzhüllen um den bestatteten Leichnam des Tutanchamun herum errichtet worden; über drei Jahrtausende hatten ihnen schwer zugesetzt. Durch die Schrumpfung des Holzes war an der Oberfläche die vergoldete Gipsschicht stellenweise gerissen und abgeplatzt. In der bedrückenden Enge und unerträglichen Hitze des Raumes zerlegten sie die Schreine in 51 Einzelteile, von denen das schwerste fast eine halbe Tonne wog. *Wir stießen unsere Köpfe an, klemmten unsere Finger ein, mussten uns wie die Wiesel rein- und rausquetschen und in je-*

Abb. 1: Howard Carter war ein ausgebildeter Zeichner und Maler, der die künstlerische Begabung von seinem Vater geerbt hatte. Das Handwerkszeug zur Archäologie erlernte der Brite erst in Ägypten. Seit seiner Kindheit beschäftigte er sich mit der Vogelkunde. Die ägyptische Fauna gehörte zu seinen bevorzugten Motiven. Diesen Wiedehopf malte Carter nach einem Wandbild in einem der Fürstengräber von Beni Hassan.

Abb. 2: Von Carter 1899 angefertigtes Tempera-Porträt der Seniseneb, der Großmutter der Königin Hatschepsut. Wie auch für andere seiner berühmten Porträts von Mitgliedern der Thutmosidenfamilie verwendete er hierfür Reliefs in Hatschepsuts Totentempel als Vorlage.

Abb. 3: Diese Zeichnung von Douglas MacPherson aus dem Jahr 1923 zeigt die beiden Wächterstatuen in Gestalt des Tutanchamun in der Vorkammer seines Grabes, die den Eingang zu seiner Sargkammer flankierten, sowie einen Teil des vergoldeten Außenschreins mit blauen Fayenceeinlagen, in dem die Mumie des Königs lag.

Abb. 4: Szene auf einer der Sargkammerwände, dem einzig bemalten Raum im Grab KV62: Am Tag von Tutanchamuns Bestattung zogen zwölf hohe Würdenträger den Leichnam des verstorbenen Herrschers auf einem geschmückten Schlitten ins Tal der Könige. Die Figur direkt vor dem Schrein stellt vermutlich Tutanchamuns Oberbefehlshaber Haremhab dar.

Abb. 5: Eine Wandszene in der Sargkammer des Königs zeigt den Gottesvater Eje beim Mundöffnungsritual vor Tutanchamuns Mumie, der hier in Gestalt des Totengottes Osiris erscheint. Mit einem Dechsel wiederbelebt Eje die Sinne des Herrschers für sein Leben im Jenseits. Der Nachfolger auf dem Thron trägt ein Leopardenfell, ein Symbol für die Wiedergeburt.

Abb. 6: Die Goldmaske des Tutanchamun, das bekannteste Stück aus seinem Grabschatz. Als Symbol für ewige Jugend, Glanz und Schönheit wurde sie zu einer weltberühmten Werbeikone. Dieses Meisterwerk altägyptischer Goldschmiedekunst wiegt zehn Kilogramm, besteht aus getriebenem Gold und ist mit Einlagen aus Glas und Halbedelsteinen verziert.

Abb. 7: Tutanchamuns innerster Sarg aus 110 Kilogramm Gold, verziert mit Einlagen aus Glas und Schmucksteinen. Der Tote nimmt die Gestalt des Toten- und Unterweltsgottes Osiris an: Seine Arme sind unterhalb der Brust gekreuzt, in seinen Händen hält er die Herrschaftsinsignien Krummstab und Geißel, im Beinbereich befinden sich geflügelte Göttinnen, welche die Mumie des Königs beschützen.

Abb. 8: Brustplakette mit dem Herzskarabäus des Königs, gefunden in der Schatzkammer: Ein aus Feldspat gefertigter Skarabäus wird von den knienden Schutzgöttinnen Isis und Nephthys flankiert, die das Herz des Verstorbenen beschwören, vor dem Totengericht nicht gegen ihn auszusagen. Dieses bedeutende Stück hätte normalerweise Tutanchamuns Mumie beigegeben werden sollen, wurde aber aus unerklärlichen Gründen in der Schatzkammer deponiert.

Abb. 9 (links): Vergoldete Statuette des Gottes Ptah aus der Schatzkammer. Ptah war der Hauptgott von Memphis und Schutzpatron der Handwerker. Er trägt eine aus Fayence gefertigte Kappe und ist in ein eng anliegendes Federkleid gehüllt. Der Sockel stellt die Hieroglyphe «Maat» dar, das Emblem der namensgleichen Göttin für Wahrheit und Ordnung.

Abb. 10 (rechts): Vergoldete Holzstatuette des Pharao aus der Schatzkammer. Sie weist weibliche Brüste auf und wurde ursprünglich für die vor Tutanchamun regierende Königin gefertigt. Der Pharao schreitet auf einem Panther, ein Symbol für die himmlische Muttergottheit und die Wiedergeburt. Gold ist die Farbe der Unvergänglichkeit, Schwarz die des Lebens und Wachstums.

Abb. 11: Tutanchamuns Thronsessel aus vergoldetem Holz. Auf der Rückenlehne zeigt sich der König mit seiner Gemahlin unter der Strahlensonne des Aton in festlicher Kleidung. Anchesenamun reibt ihren Gemahl mit einer Salbe ein. Die Wiedergabe dieser Szene ist noch ganz dem Stil von Echnatons Amarnazeit verhaftet.

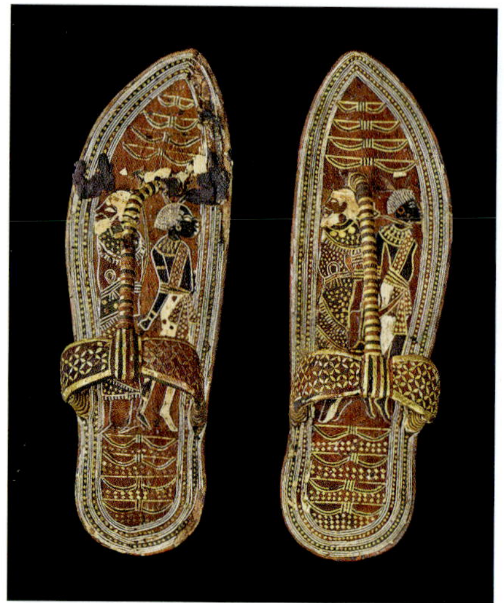

Abb. 12: Holzsandalen mit Einlegearbeiten aus Leder, Gold und Rinde. Die Innensohlen sind mit dem Motiv der «Neunbogenvölker» verziert, eine Sammelbezeichnung für die Feinde Ägyptens, die der König mit jedem Schritt zertrampelte. Carter entdeckte im Grab des Tutanchamun insgesamt zweiunddreißig Paar Sandalen und drei Paar offene Schuhe.

Abb. 13: Prunkohrring aus dem Grabschatz des Tutanchamun aus Gold, Halbedelsteinen und Glas. Im Zentrum befindet sich ein von Falkenschwingen umrahmter Entenkopf aus blauem Glas.

Abb. 14: Ein farbenfrohes Goldpektoral. Von unten nach oben gelesen ergeben die drei Hieroglyphen Brotkorb (Neb), Skarabäus mit drei Pluralstrichen (Kheperu) und die Sonnenscheibe (Re) Tutanchamuns Thronnamen Neb-Kheperu-Re, «Herr der Erscheinungen ist Re».

Abb. 15: Goldener Armreif mit einem Skarabäus aus Lapislazuli. Die Seiten sind mit Mohnkapseln und Alraunen aus Karneol und Quarz verziert. Die kleine Größe des Schmuckstücks lässt darauf schließen, dass es von Tutanchamun in seiner Kindheit getragen wurde.

Abb. 16: Wie andere Stücke aus dem Grabschatz zeigt dieses reich dekorierte Collier Abnutzungsspuren und wurde von Tutanchamun schon zu Lebzeiten getragen. Das zentrale Element ist der Mond in seiner Nachtbarke auf seiner nächtlichen Reise. Sie sitzt auf einem Hain von Lotusblumen, die der Hieroglyphe für Himmel entwachsen.

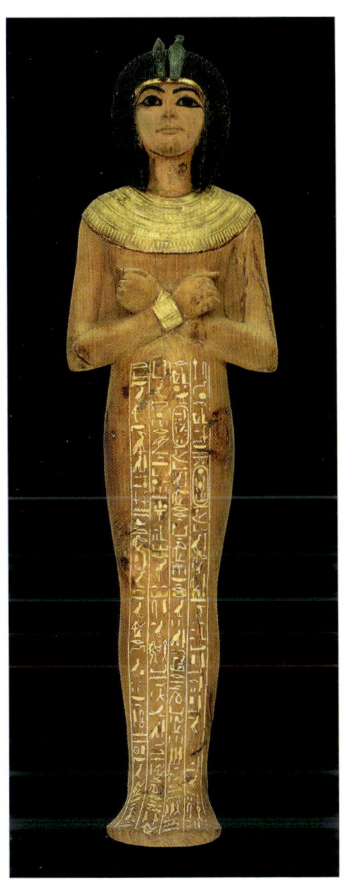

Abb. 17 (links): Eine der 413 «Uschebti»-Figuren des Tutanchamun, an die er im Jenseits jederzeit Arbeit delegieren konnte, um mit Nahrung versorgt zu sein. Dieses Exemplar aus Holz mit vergoldeten Partien strahlt Würde aus. Entlang der Vorderseite läuft ein Totenbuchspruch.

Abb. 18 (rechts): Salbgefäß aus Alabaster und Elfenbein in Gestalt eines Löwenjungen auf einem dekorierten Hocker. Seine linke Hand ruht auf der Hieroglyphe für Schutz, der Aufsatz auf seinem Kopf diente zur Aufnahme der Salbe.

Abb. 19: Hölzerner Kopf des jungen Tutanchamun in Gestalt des Gottes Nefertem, der aus einer Lotosblüte entwächst. In diesem Stück verdichtet sich der komplexe Vorgang des Schöpfungsmythos des emporsteigenden Sonnengottes aus dem Urgewässer, hier durch den blauen Sockel symbolisiert.

Abb. 20: Howard Carter fand in dieser reich bemalten Holztruhe aus der Vorkammer Tutanchamuns Kinderkleidung. Die Bildmotive auf dem Möbelstück zeigen den König als siegreichen Feldherrn im Streitwagen gegen seine Feinde vorpreschend und als erfolgreichen Jäger in der Wüste. Carter war von der Malerei fasziniert und würdigte ihre vielen ikonographischen Einzelheiten.

Abb. 21: Brustplakette: die Hieroglyphen wie der geflügelte Skarabäus im Zentrum, das Udjat-Auge und Lotusblumen zu einer gelungenen Komposition vereint.

Abb. 22: Die Schönen und Reichen veranstalteten Tutanchamun-Partys, auf denen sie im Pharaonenlook erschienen und das Tanzbein zum Tutanchamun-Foxtrott oder Tutanchamun-Shimmy schwangen. Ein beliebter Song war der Schlager «Old King Tut» von Harry von Tilzer aus dem Jahr 1923. Da wussten Carter und die Welt noch nicht, dass der König schon in jungen Jahren verstorben war.

Howard Carter fertigte einen detaillierten Skizzenplan von Tutanchamuns Sargkammer: Zu sehen sind seine ineinander verschachtelten Schreine, sein Steinsarkophag und der äußerste Sarg. Entlang der Wände, vor den Flügeltüren des dritten Schreins sowie zwischen den Schreinen waren diverse Grabbeigaben platziert. Diese sorgten in der Vorstellungswelt der Zeitgenossen für das Wohlergehen und den Schutz des königlichen Leichnams.

der erdenklichen peinlichen Position arbeiten, erinnerte sich Carter. Die Einzelteile der Schreine blieben über viele Jahre an die Grabwände gelehnt und wurden erst gegen Ende der Kampagne aus dem Grab geschafft. Für ihre Konservierung verbrauchte Lucas über eine halbe Tonne Paraffin. Nach dem Abbau der Schreine wurde die Spannung immer größer, als es an die Öffnung des Quarzitsarkophages ging. Mit Lacau war die Vereinbarung getroffen worden, den Sarkophagdeckel am 12. Februar 1924 zu entfernen. Zu diesem besonderen Ereignis durfte Carter zwölf Gäste einladen. Burton nahm den gesamten Ablauf mit einer Filmkamera auf, während seine Kollegen den eine Tonne schweren Deckel mit Hilfe eines Seilsystems anhoben. *Als die Platte höher emporgewunden worden war und wir die verhüllenden Leinentücher eines nach dem anderen weg-*

gezogen hatten und das letzte entfernt war, da brachen wir alle in einen Ruf erstaunten Entzückens aus! Ein goldenes Antlitz des jungen Königs von der großartigsten Kunstfertigkeit füllte das ganze Innere des Sarkophages aus, schrieb Carter sichtlich bewegt. Vor ihnen lag ein vergoldeter mumienförmiger Sarg – in Gestalt des Totengottes Osiris – mit dem Antlitz des Königs. Ein Kranz aus Olivenblättern und Kornblumen schmückte die geier- und kobraköpfigen Schutzgottgeiten über der Stirn des Königs. In diesem ergreifenden Moment hätte Carter es bestimmt nicht für möglich gehalten, dass er den Sarg tatsächlich erst 20 Monate später öffnen würde. Am nächsten Tag sollten die Familien und Ehefrauen der Archäologen das Grab besichtigen dürfen, jedoch untersagte der Arbeitsminister Morcos Bey Hanna ihnen den Zugang, obwohl ihr Besuch weit im Voraus angekündigt worden war. Rasend vor Empörung, hängte Carter am nächsten Tag eine Mitteilung im Winter Palace Hotel aus: *Wegen unmöglicher Einschränkungen und Unhöflichkeiten von Seiten der Abteilung für öffentliche Arbeiten und seines Antikendienstes verweigern alle meine Mitarbeiter aus Protest, mit den wissenschaftlichen Untersuchungen im Grab des Tutanchamun fortzufahren.* Dieser Streik brach einen regelrechten Krieg vom Zaun. Prompt beschlagnahmte das Ministerium Tutanchamuns Grab und entzog Lady Carnarvon die Konzession. Dann wurde Carter darüber informiert, dass alle weiteren Arbeiten im Grab vom ägyptischen Antikendienst fortgeführt werden würden. Vergeblich versuchte er, über rechtliche Schritte einen Zugang zum Grab zu erwirken. Er war in eine Sackgasse geraten. Schließlich entzog er sich dem Kleinkrieg mit den ägyptischen Behörden durch eine längere Vortragsreihe in Amerika und Kanada. Die Geschichte seiner einzigartigen Entdeckung füllte die Vortragssäle bis auf den letzten Platz. Während Carters Abwesenheit führte sein Kollege Herbert Winlock die Verhandlungen in Ägypten in seinem Namen fort. Einige Monate später kam es unerwartet zu einem politischen Kurswechsel: Die Ermordung Lee Stacks, des sudanesischen Gouverneurs, führte zu einer Sudankrise, und der ägyptische Premierminister Zaghlul musste auf Druck der Briten im November 1924 abdanken. Sein Nachfolger Ahmed Zeiwar Pascha nahm gegenüber ausländischen Interessen eine versöhnliche Haltung ein und gab grünes Licht für Carters Rückkehr. Kein anderer hätte die begonnene Bergungsarbeit besser als er zu einem erfolgreichen Abschluss bringen können und wäre bereit gewesen, eine so große Verantwortung in einem so schwierigen Umfeld auf sich zu nehmen. Als Zeichen der Versöhnung verzichtete Carter auf jegliche Ansprüche an den Fund und akzeptierte die Aufsicht durch den neuen Chefinspektor Tewfik Boulos Efendi. Gräfin Almina erklärte sich einverstanden, den Vertrag mit der «Times» nicht zu erneuern, und entzog ihr damit das Monopol.

Im Januar 1925 fand sich das Team wieder im Tal der Könige ein und machte da weiter, wo es ein Jahr zuvor gezwungenermaßen aufgehört hatte. Arthur Mace war aus gesundheitlichen Gründen zurückgetreten. Einen Monat später stattete ihnen Zeiwar Pascha einen Besuch im Grab ab. Am 10. Oktober waren sie schließlich so weit, den Deckel des ersten Sarges zu lüften. Dafür setzten sie die Hubvorrichtung ein, mit der sie bereits den Sarkophagdeckel angehoben hatten. Sie erblickten einen Körper, der von einem hauchdünnen Leinentuch und Blumengirlanden bedeckt und auf Höhe der Stirn mit einem Kranz geschmückt war. Als Carter das Leinentuch entfernte, kam ein zweiter menschenförmiger Sarg aus vergoldetem Holz zum Vorschein. Eine von Burtons Momentaufnahmen zeigt den hemdsärmeligen Carter, wie er mit einem Pinsel vorsichtig den Staub vom Gesicht des zweiten Sarges entfernt. Zehn Tage später lüfteten sie den Deckel des zweiten Sarges, und vor ihnen lag ein dritter Sarg aus massivem Gold. Zum Zeitpunkt seiner Enthüllung konnte Carter noch in die aus Steineinlagen geformten Augen im

Detailansicht des innersten Goldsarges mit dem Kopf des mumienförmigen Sarges, wie ihn Carter bei der Anhebung des Deckels des zweiten Sarges vorfand. Um das königliche Kopftuch war ein Leinentuch drapiert und um den Hals ein breiter Kragen aus Blumen und Perlen gelegt. Hier sieht man noch die verkrusteten Augeneinlagen, die später durch die hohe Luftfeuchtigkeit komplett zerstört wurden.

Kopf des Goldsarges blicken, allerdings wiesen sie seinerzeit bereits starke Korrosionskrusten auf und fielen schließlich gänzlich der Luftfeuchtigkeit zum Opfer. Seitdem zeigt sich das Antlitz des innersten Sarges mit leeren Augenhöhlen. Nach einer Woche nahmen sie schließlich den Deckel des dritten und letzten Sarges ab. Nun waren sie endlich bis zu Tutanchamuns Mumie vorgedrungen; der erste Leichnam eines ägyptischen Pharao, der unversehrt in seinem Grab zusammen mit all seinen Schutz bietenden Gegenständen im Tal der Könige entdeckt wurde. Über sein Haupt und seine Schultern war eine atemberaubende Maske aus Gold gestülpt. Auf seiner Brust lag ein breiter aus Blumen und Perlen gefertigter Halskragen. Der Körper des Königs war mit einer ungewöhnlich dicken schwärzlichen Salbflüssigkeit bedeckt. An die zwei Eimer voll hatten die Einbalsamierer über die Mumie geschüttet. Das üppig eingesetzte Pech ver-

Die altägyptischen Einbalsamierer hatten ungewöhnlich viel Harz in den innersten Sarg geschüttet. Tutanchamuns Mumie war so fest mit der Unterseite des Sarges verklebt, dass Howard Carter nur mit Lösungsmitteln, Hitze und Hämmern den Körper von der zu Stein gewordenen Salbflüssigkeit befreien konnte. Das Entfernen des Harzes erforderte viel Geduld.

klebte die Mumie mit der Unterseite des Sargs und den innersten mit dem zweiten Sarg und war nur durch Hämmern, Lösungsmittel und Hitze zu entfernen. Auch der Kopf des Königs klebte an der Goldmaske und ließ sich erst durch die Verflüssigung der verhärteten Harze mit Hilfe von erhitzten Messern lösen. Bis Dezember 1925 arbeiteten die Männer an der Reinigung und Konservierung der Särge und der Goldmaske. Von der Zerlegung des äußersten Sargschreins bis zur Öffnung des innersten Sarges und der Bestandsaufnahme von 300 in der Sargkammer deponierten Grabbeigaben hatte das Team nicht weniger als acht Monate benötigt. Insgesamt acht

Umhüllungen – vier ineinander verschachtelte Schreine, ein Steinsarkophag und drei ineinander verschachtelte Särge – schützten die Mumie. Als Carter und Lucas an Silvester 1925 mit dem Zug nach Kairo reisten, hatten sie schwer bewachtes Gepäck mit an Bord: den innersten Goldsarg und die Goldmaske des Tutanchamun. Erst neun Monate später traten die beiden Männer die Rückreise nach Luxor an. Tutanchamuns Mumie blieb im Tal der Könige, wo Douglas Derry und Saleh Bey Hamdi bereits am 11. November 1925 mit der Autopsie begonnen hatten.

Wieder ein Jahr später machte sich das Team an die Freiräumung der Schatzkammer, in der mehr als 500 Kostbarkeiten aufbewahrt waren, darunter viele Kästen mit Schmuckstücken, schwarze Schreine, die Königs- und Götterstatuetten beinhalteten, Schiffsmodelle, auseinandergebaute Wagen, die einbalsamierten Eingeweide des Königs in einem vergoldeten Kanopenschrein, zwei mumifizierte weibliche Föten und die Haarlocke Tejes. Am Kammereingang thronte der schakalgestaltige Anubis, der Gott der Einbalsamierung, majestätisch auf einem Schrein, der erlesene Schmuckstücke des Königs enthielt. Carter benötigte zwei Kampagnen, um den hintersten Grabraum komplett leerzuräumen. Er hatte die Grenzen seiner physischen Belastbarkeit erreicht und musste 1926 für geraume Zeit zur Genesung nach England reisen. Mit Beginn der fünften Saison gegen Ende des Jahres wurde die Mumie in den äußersten Sarg und Sarkophag in der Grabkammer umgebettet. An Neujahr besuchte König Fu'ad das Tal der Könige. Fünf Jahre nachdem Carter das Grab entdeckt hatte, begann sein Team dann Ende November 1927 mit der Ausräumung des letzten Raums. Die Seitenkammer, der Annex, lag einen Meter unterhalb des Bodenniveaus der Vorkammer. Obgleich sie der kleinste Raum war, befanden sich in ihr 2000 Gegenstände, fast die Hälfte des gesamten Grabschatzes. Carter und seinem Team bot sich ein fast eineinhalb Meter hohes Chaos:

Am Eingang der Schatzkammer bewachte der schakalgestaltige Totengott Anubis Tutanchamuns Eingeweide, die in einem vergoldeten Kanopenschrein an der Rückwand des Raumes platziert waren. In dieser hintersten Kammer fand Howard Carter die kostbarsten Schmuckstücke des Königs. Dort waren auch die beiden weiblichen Föten und die Haarlocke Tejes deponiert.

Möbel, ein Thronsessel, Stühle, Waffen, Brettspiele, Kisten, Krüge, Holzbehälter mit Essen und viele weitere Dinge waren auf zehn Quadratmetern zusammengepfercht und übereinandergestapelt – und auch hier waren die Grabräuber eingedrungen. In der Vorkammer hatten die Friedhofsbeamten wenigstens noch versucht, wieder ein wenig Ordnung zu schaffen, im Annex hingegen beließen sie das Chaos so, wie es die Grabräuber hinterlassen hatten. Allerdings ging das große Durcheinander nicht allein auf das Konto der Plünderer. Anfänglich mögen die Grabausstatter noch bemüht gewesen sein, die einzelnen Gegenstände nach einem gewissen System zu deponieren. Schnell werden sie aber festgestellt haben, dass der Platz im Grab bei Weitem nicht ausreichte, um über 5000 Objekte ritualgerecht unterzubringen; am Ende wurden die noch zu verstauenden Totengaben einfach irgendwo abgestellt. Im Annex ließ Carter zunächst die ganz oben auf dem Stapel liegenden Gegenstände über Seilwinden abtragen, bis es genug Platz gab, dass die Männer darin stehen und ein Stück nach dem anderen entfernen konnten.

Carter und Mace arbeiteten bis 1929 im Laboratorium und verschickten 90 Kisten an das Ägyptische Museum nach Kairo. Seine gewonnenen Erkenntnisse über die Konservierungsmethoden altägyptischer Artefakte veröffentlichte Lucas in seinem heute noch gültigen Standardwerk «Ancient Egyptian Materials & Industries». Burton, der wie Lucas bis zum Schluss die Stellung hielt, sehnte das Ende der Kampagne herbei, die Stimmung unter den Männern hatte ihren Tiefpunkt erreicht. In einem Brief an Lythgoe ließ er ihn wissen, dass sich Carter nach Kairo zu Lacau aufgemacht hatte, um abermals Verhandlungen über eine Fundteilung anzustoßen. Er hoffe für ihn, dass sich der Antikendienst umstimmen ließe und Carter einen fairen Anteil zubilligen würde. Gräfin Almina drohte damit, weitere Zahlungen für die kommende Saison einzustellen, und Carter stand unter Druck. Am Ende fand keine Fundteilung statt, womit sich die Frage, ob das Grab als unversehrt oder gestört einzustufen sei, erübrigte. Carter verbrachte die achte Grabungssaison damit, mit der ägyptischen Regierung eine Kompensation für die jahrelangen Ausgaben der Carnarvons auszuhandeln. Premierminister Zeiwar Pascha hatte sich noch mit einem Fundanteil einverstanden erklärt. Sein Nachfolger Mostafa el-Nahas wiederum war nicht einmal annähernd bereit, auch nur ein Objekt an die Ausgräber abzutreten. Die ägyptische Regierung statuierte mit Tutanchamuns Grabschatz ein Exempel: Zum ersten Mal verblieb ein kompletter Grabfund im Land. Gräfin Almina erhielt 36 000 Pfund als Entschädigung, von denen sie ein Viertel an Carter abtrat.

8000 Pfund gingen an das Metropolitan Museum für seine Mitarbeiter, die Carter viele Jahre wertvolle Dienste geleistet hatten. Die verbleibenden Kampagnen finanzierten dann er und die ägyptische Regierung. Am 10. November 1931 schafften sie die letzten Objekte – die Einzelteile der Sargschreine – aus dem Grab. Der Durchgang der Sargkammer war dafür jedoch zu eng, und so blieb Carter nichts anderes übrig, als einen Teil der Südwand und Wandmalereien zu opfern. Im Februar 1932 veröffentlichte die «Times», dass seine Arbeit im Grab nach zehn Jahren beendet sei, und im darauffolgenden Herbst wurden die vier Schreine im Ägyptischen Museum in Kairo wieder zusammengebaut. Rund ein Viertel des Grabschatzes – die Meisterwerke – wurden dort in elf Galerieräumen ausgestellt, der Rest wanderte in die Depots. Burton machte im Januar 1933 noch zehn Fotos vom Quarzitsarkophag im Grab, dann war auch für ihn die Arbeit endgültig abgeschlossen. Carters Gesundheitszustand hatte sich rapide verschlechtert, seine Ärzte hatten Lymphdrüsenkrebs diagnostiziert. Er nahm seinen Abschied von der Archäologie, wohnte aber weiterhin in seinem Haus in Theben-West. Man traf ihn häufig in der Lobby des Winter Palace Hotel an, höchst elegant gekleidet in einen dreiteiligen Anzug mit Fliege, Homburg-Hut und Gehstock. 1933 spielte er in der Lobby Bridge mit Agatha Christie, der berühmten britischen Krimischriftstellerin, die mit ihrem Roman «Tod auf dem Nil» Weltruhm erlangte. Carter war ebenso zu einer Attraktion geworden wie das von ihm entdeckte Grab. Zeitweise führte er ranghohe Persönlichkeiten an den Ort seines größten Erfolgs, zuletzt 1936 den künftigen ägyptischen König Faruk. Kurz darauf verließ Carter schwer krank Ägypten und hielt kurz vor seinem Tod seine Erfolgsstory auf einem Tonträger fest – die einzige Aufnahme seiner Stimme.

Howard Carter verstarb am 2. März 1939 im Alter von 65 Jahren nach langem Leiden in seiner Heimat in 48 Albert Court in Kensington und wurde auf dem Friedhof von Putney Vale im Westen Londons bestattet. Er vermachte sein Land und sein Haus in Elwat el-Diban dem Metropolitan Museum of Art in New York. Der Rest seines Vermögens und all seine Unterlagen und Aufzeichnungen über die Bergung des Grabes des Tutanchamun gingen an seine Nichte Phyllis Walker. 1946 schenkte sie den Nachlass ihres Onkels dem Griffith Institute in Oxford, in dem sich heute das Carter-Archiv befindet. Ein Großteil der von ihm und seinem Team angefertigten Dokumente sowie Harry Burtons Glasplattennegative und Fotos werden dort aufbewahrt und stehen der Öffentlichkeit, Fachleuten, der Presse und Medien zur Einsicht und weiteren Bearbeitung zur Verfügung. Seit einigen Jahren ist das Carter-Archiv auch über die Website des Griffith Institute einsehbar. Weiteres Material der Bergungsarbeiten befindet sich im Metropolitan Museum. Die nach der Tochter von Arthur Mace benannte Margaret Orr Collection im schottischen Lochwinnoch und das Carnarvon-Archiv in Highclere Castle bewahren weitere aufschlussreiche Unterlagen auf, darunter Briefe, Tagebücher und andere Schriftzeugnisse von Mitgliedern des Bergungsteams. Von den sechs geplanten Publikationen über sein Lebenswerk veröffentlichte Carter nur die drei Bände «Tut-ench-Amun: Ein ägyptisches Königsgrab» für ein breites Publikum, den ersten Band davon mit Arthur Mace. Die drei Bände decken den Zeitraum der Bergungsarbeiten von 1923 bis 1933 ab. Carter hatte ursprünglich vor, weitere Publikationen über Tutanchamuns Grab und seine Schätze mit akademischen Beiträgen folgen zu lassen. Er setzte noch zu einem Bericht an, verfolgte seine Pläne aber nicht weiter – seine schlechte gesundheitliche Verfassung ließ es nicht mehr zu. Erst viele Jahre später begann das Griffith Institute mit der Herausgabe der Buchreihe «Tutanchamun's Tomb Series». Bis heute harren immer noch 70 Prozent der Grabungsdokumente der weiteren Bearbeitung. Das größte Verdienst von Carter und seinem Team besteht in ihren umfassenden Aufzeichnungen direkt an Ort und Stelle. Ihre gewissenhafte Dokumentation von Tutanchamuns Grabschatz ist für damalige archäologische Standards beispielhaft. Kein anderer Ausgräber seiner Zeit hätte wohl die Beharrlichkeit und Ausdauer besessen, die Bergungsarbeiten an dem aufsehenerregendsten, aber auch nervenaufreibendsten Archäologiefund des 20. Jahrhunderts eine Dekade lang am Laufen zu halten.

10. KAPITEL

Das Grab und die Schätze

Das Tal der Könige barg im Inneren seines Felsmassivs einstmals unvorstellbare Goldschätze der bedeutendsten Pharaonen des Alten Ägypten. Schon seit der ersten Belegung des Friedhofs durch die Bestattung Thutmosis' I. hatten die kostbaren Totengaben Begehrlichkeiten geweckt. Dass sich ausgerechnet das Bestattungsinventar als Grund für die vielen Plünderungen erweisen sollte, erscheint wie eine bittere Ironie, war es doch eigentlich dafür gedacht, die Mumie des verstorbenen Herrschers zu schützen, ihm zu seiner Wiedergeburt zu verhelfen und ein unbeschwertes Dasein im Jenseits zu bescheren. Fast alle Grabanlagen im Tal wurden bereits in der Antike ausgeraubt, nur Tutanchamuns Begräbnisstätte überdauerte durch einen glücklichen Zufall als einzige königliche Gruft die Zeit nahezu unversehrt. Erst durch Carters Jahrhundertfund bekam man eine vage Vorstellung davon, wie prächtig die Goldschätze von so mächtigen Königen wie Amenophis III., Sethos I. oder Ramses II. gewesen sein müssen, wenn schon der früh verstorbene Tutanchamun eine derart üppige Ausstattung erhalten hatte. Nun begriff man auch den herben Verlust all der schönen Dinge, die altägyptische Künstler hervorzubringen vermocht hatten und die mittlerweile unwiederbringlich verloren sind. Umso mehr erweisen sich Tutanchamuns Grab und seine Schätze als einzigartiges Erbe der Pharaonen, das ein plastisches Bild von den religiösen Totenpraktiken des Neuen Reiches zu vermitteln vermag. Kurioserweise eröffnet ausgerechnet der Grabschatz des Kindkönigs einen Einblick in sein einstiges Leben auf Erden: mit welchen Kostbarkeiten er sich umgab, welche Kleidung er trug, welchen Schmuck er für feierliche Anlässe anlegte, auf welchen Thronsesseln er saß und welche Speisen und Getränke er zu sich nahm. Alle ihm lieb gewordenen Annehmlichkeiten sollten ihm auch nach seinem Tod für immer zur Verfügung stehen. Die Alten Ägypter liebten das Diesseits so sehr, dass sie ihre jenseitige Existenz als Verlängerung ihres irdischen Daseins betrachteten, und trafen entsprechende Vorkehrungen, um auch im Jenseits gut versorgt zu sein. Das irdische Leben spiegelte für sie nur einen kurzen Abschnitt in einem ewigen Kreislauf von Entstehen, Vergehen und Wiedergeburt wider, an dessen beständigem Verlauf jeder ägyptische Herrscher selbst nach seinem Tod einen wesentlichen Anteil hatte. Infolge seiner menschlichen und göttlichen Eigenschaften war dieser der Garant für das Wohlergehen der ägyptischen Bevölkerung und des kontinuierlichen Schöpfungsprozesses. Sein Grab bildete den Kontaktpunkt diesseitiger und jenseitiger Sphären, zwischen denen sich seine Seele frei hin- und herbewegte. Sie konnte nach Belieben in der Gruft verweilen und sich mit dem mumifizierten Körper des Verstorbenen vereinen. Jederzeit konnte die Seele das Grab aber auch verlassen, um ein unbeschwertes Dasein auf gut bestellten Feldern zu genießen, in den Himmel zum Sonnengott Re emporzusteigen, sich den königlichen Vorfahren anzuschließen oder sich zum Unterweltsgott Osiris ins Totenreich zu gesellen. Somit bot das Grab nicht nur einen geschützten Ruheplatz für die Mumie des Königs, sondern auch eine Bühne für wichtige Kulthandlungen. Drei ineinander verschachtelte Särge dienten Tutanchamuns Mumie als Ersatzkörper, falls ihr etwas zustoßen sollte. Magische Zauberformeln aktivierten die Grabobjekte und Darstellungen an den

Grabwänden, um dem Toten alle erdenkliche Fürsorge angedeihen zu lassen, seine Seele darin zu unterstützen, alle möglichen Gestalten anzunehmen und sie vor Gefahren in der jenseitigen Welt zu bewahren. So überrascht es nicht, dass jeder ägyptische König direkt nach seiner Thronbesteigung oder zumindest noch während seiner Regierungszeit die Anfertigung seines Sarges und den Bau seines Grabes in Auftrag gab. Bisweilen kam es vor, dass ein verstorbener König in einer unvollendet gebliebenen Gruft beigesetzt wurde, selbst wenn er auf eine jahrzehntelange Regierung zurückblicken konnte. Sobald ein neuer König den Thron bestieg, beanspruchte er für sich die volle Aufmerksamkeit. Der frühe Tod Tutanchamuns traf die Hinterbliebenen ganz plötzlich. Scheinbar waren zu seinen Lebzeiten keinerlei Vorkehrungen für sein Begräbnis getroffen worden. Steinmetze, Maler und Goldschmiede arbeiteten in Rekordzeit an der Herrichtung seines Grabes und seiner Totengaben. Dafür hatten sie genau 70 Tage Zeit, denn so lange dauerte die Mumifizierung seines Leichnams.

Bevor Carter überhaupt wusste, was sich hinter dem zweiten versiegelten Türeingang verbarg, ließ ihn die architektonische Gestaltung daran zweifeln, dass er auf ein Königsgrab gestoßen war. Für eine königliche Anlage war der Eingang viel zu klein. Das Grab der Urgroßeltern des Königs (KV46) wie auch das Ersatzgrab seines Vaters (KV55) wiesen ähnliche Zugänge auf. Die vielen auf dem Boden verstreuten Objekte von verschiedenen Königen der 18. Dynastie vor dem Grabeingang deuteten auf ein Depot hin. Kurz darauf stellte Carter mit Erleichterung fest, dass er tatsächlich die Begräbnisstätte des lang gesuchten Herrschers entdeckt hatte. Dennoch passten einige Merkmale der Anlage so gar nicht zum einstmals königlichen Rang des Verstorbenen. Die Sargkammern königlicher Anlagen des Neuen Reiches lagen 100 bis 200 Meter tief im Felsinneren und waren über eine Folge von großzügig angelegten Treppen und Kammern zu erreichen. Carters Vermutungen bestätigten sich: Bei der Wahl des Grabes hatte man sich für eine praktische Lösung entschieden und auf ein bereits vorhandenes Einkammergrab (KV62) zurückgegriffen; ursprünglich war es für eine nicht königliche Person angelegt und umgerüstet worden. Maya, Tutanchamuns «Aufseher des Schatzhauses und aller Arbeiten im königlichen Friedhof», ließ das Grab in aller Eile zu einer einfachen Königsgruft umfunktionieren. Entweder war es leer oder bereits besetzt und für die Aufnahme der Mumie des Königs geräumt worden. Der Oberbaumeister stand dem König persönlich sehr nahe und stiftete ihm anlässlich seines Todes ein «Uschebti» (Dienerfigur) und eine Mumienminiatur. Um seinem König eine auch nur annähernd gebührende Bestattung auszurichten, erweiterte Maya das einfache Grab um drei weitere Räume und nahm dabei königliche Grabelemente auf, soweit es ihm zeitlich und technisch möglich war. Tutanchamun wurde in einem äußerst bescheidenen Grab von rund 80 Quadratmetern beigesetzt: Eine Treppe mit 16 Stufen führt zu einer ersten Tür, dann folgt ein knapp acht Meter langer schräger Korridor zu einer zweiten Tür hinab. Gleich danach steht man bereits im Vorraum. Vis-à-vis des Grabeingangs befindet sich in der linken Ecke der Zugang zu einer kleinen, einen Meter tiefer liegenden Seitenkammer, dem Annex, während sich rechts vom Eingang die Sargkammer anschließt. Sie ist einer Krypta gleich um einen Meter abgesenkt. Von der Sargkammer aus gelangt man in einen zweiten Seitenraum, die Schatzkammer. Mehr als 5300 Grabbeigaben kamen in dieser bescheidenen und schnell fertiggestellten Anlage unter. Mit äußerster Mühe deponierten die Arbeiter das üppige Grabinventar in den engen und kleinen Räumen. Ein Loch musste auf Bodenhöhe in die Wand gegenüber dem Eingang geschlagen werden, um Platz für einen Balken zu schaffen, mit dem der gelbliche Quarzitsarkophag in die Sargkammer gehievt wurde. Mühevoll senkte

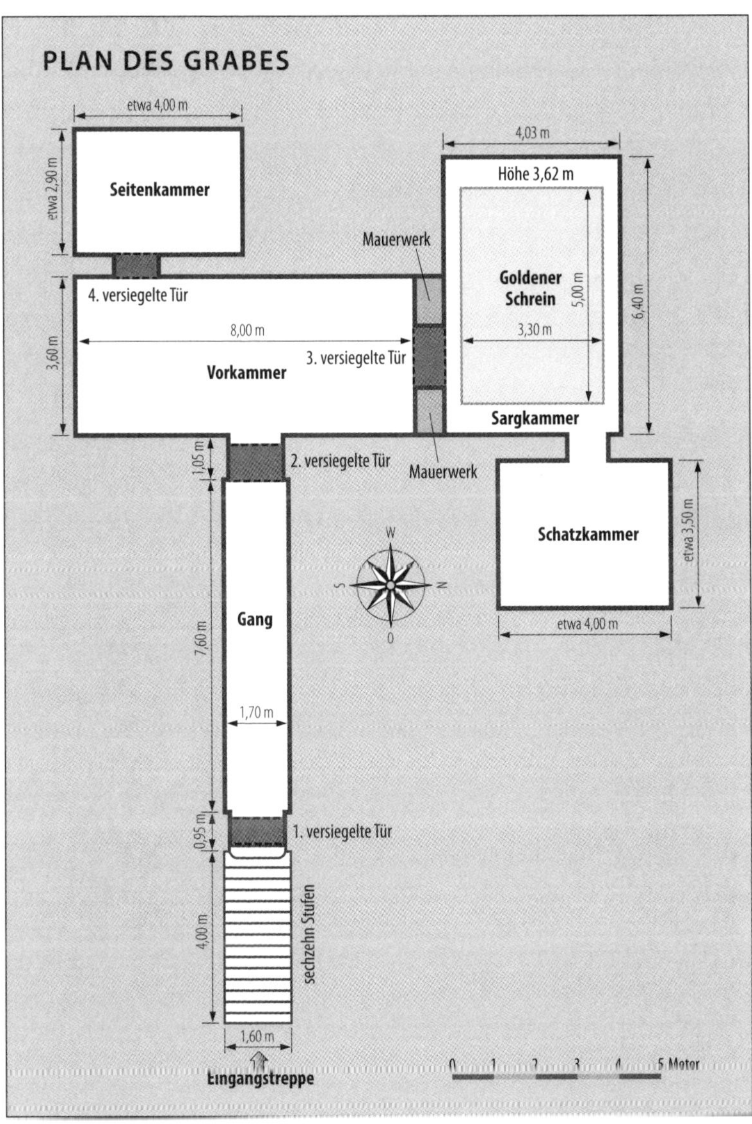

In dieser bescheidenen Grabanlage von rund 80 m² kam Tutanchamuns aus mehr als 5000 Einzelobjekten bestehender Grabschatz unter. Sein Baumeister Maya funktionierte ein nicht königliches Grab um und erweiterte das bereits vorhandene Einkammergrab um drei weitere Räume.

man die Sargwannen in den Steinsarkophag hinab und stellte sie auf einer Bahre mit Löwenköpfen ab. Unvorhergesehene Probleme wurden auf die Schnelle gelöst: Der äußerste Holzsarg passte nicht in den Steinsarkophag, und so sägte man kurzerhand ein Stück seines Fußteils ab und legte ihn der Mumie bei, was Carter später entdeckte. Man begnügte sich damit, die Bruchstelle mit Harz zu übertünchen. Für den Sarkophag, der ursprünglich für einen der unmittelbaren Vorgängerpharaonen Tutanchamuns angefertigt worden war, hatte man einen neuen Deckel aus Granit hergestellt und eine gelbliche Farbe aufgetragen, um ihn an den gelblichen Stein der Sargwanne anzupassen. Beim Anheben des Deckels zerbrach er in zwei Teile, die Bruchstelle wurde kurzerhand mit Gips gekittet. Dann ging es an die Montierung der Holzschreine: Diese konnten wegen des engen Grabzugangs erst an Ort und Stelle aufgebaut werden und passten gerade so in die Sargkammer. Die sperrigen Einzelteile wurden eines nach dem anderen ins Grabinnere getragen und blieben an den Türschwellen hängen. Um sie durch die Öffnung hindurchzubekommen, mussten die letzten sechs Stufen der Treppe, der Türsturz und die Türpfosten des Grabeingangs entfernt werden, welche im Nachhinein mit Stein, Holz und Gips nachgeformt wurden. Äußerst nachlässig ging auch der Aufbau der Schreine vonstatten: Einige Einzelteile wurden hastig zusammengezimmert und mit Schlägeln in Position gehämmert; dabei erfuhr das dekorierte Goldblech an vereinzelten Stellen Beschädigungen. Erst als der Sarkophag, die Särge und Schreine aufgestellt und die größten Grabobjekte in der Schatzkammer deponiert waren, zog man eine Trennwand zwischen Sarg- und Vorkammer und sparte einen Zugang für die Fertigstellung der beiden hinteren Räume aus. Einige andere Objekte von großem Format, wie etwa die Ritualbetten, konnten ebenso erst in der Vorkammer zusammengebaut werden, während man die Streitwagen des Königs gleich in ihren Einzelteilen beließ.

Für die montierten Wagen hätte der zur Verfügung stehende Platz bei Weitem nicht ausgereicht. Unterdessen war man im Königspalast damit beschäftigt, Tutanchamuns persönliche Habseligkeiten in Holztruhen zu verpacken und ins Tal der Könige zu transportieren. In den Werkstätten lief die Fertigung weiterer Grabbeigaben auf Hochtouren. Auch bei der Zusammenstellung des Grabschatzes ging man äußerst pragmatisch vor und arbeitete zusätzlich bereits vorhandene Gegenstände um. Ein Großteil der Totengaben stammte von der Vorgängerkönigin Nofretete oder Meritaton. Wie jeder neue Pharao hatte sie die Anfertigung ihrer Grabausstattung nach ihrer Thronbesteigung in Auftrag gegeben, jedoch wurde ihr vermutlich nach dem Tod kein königliches Begräbnis zuteil, sodass ihre Grabbeigaben für Tutanchamuns Bestattung genutzt werden konnten. Dazu gehören etwa die Sarkophagwanne aus Quarzit, für die lediglich eine neue Sargplatte aus Granit gefertigt wurde, der zweite Sarg, vereinzelte Schmuckstücke, die wie Binden um die Mumie des Königs gelegten Goldbänder, der vergoldete Kanopenschrein und die Miniaturgoldsärge, in denen seine Eingeweide bestattet wurden. Sogar die berühmte Goldmaske könnte ursprünglich für die Vorgängerkönigin hergestellt worden und für Tutanchamun umgearbeitet worden sein. Was auch immer an Grabbeigaben vorhanden war und als tauglich befunden wurde, verwendete man für seine Bestattung.

Als das Grab und die Ausstattung fertig waren, wurde der mumifizierte König in einer feierlichen Prozession bestattet. Im Totentempel des Königs führten Hohepriester Kulthandlungen für das Weiterleben des verstorbenen Königs im Jenseits aus. Seine Reise begann mit dem Transport seiner Mumie und einbalsamierten Eingeweide auf einem Boot über den Nil bis nach Theben. Vom Westufer aus begleitete eine Prozession von Gefolgsleuten und Gabenträgern seinen Leichnam bis hinauf zum Tal der Könige. Dort wurde der verstorbene König im Land der Toten willkommen geheißen. Klageweiber stimmten die Totenklage an. Die Wanddekoration in der Sargkammer gibt eine vage Vorstellung davon, was sich am Tag der Bestattung zutrug (Tafelteil, Abb. 4): Zwölf in Weiß gekleidete hohe Beamte des königlichen Palastes tragen weiße Trauerbänder um ihre Köpfe und ziehen an Seilen einen Sargschlitten, auf dem Tutanchamuns Leichnam in einem geschmückten Schrein aufgebahrt ist. Die erste Figur unmittelbar vor dem Schlitten stellt höchstwahrscheinlich den Militärführer Haremhab dar. Direkt vor ihm schreiten Pentu und Usermont, die beiden Wesire von Ober- und Unterägypten, mit kahl geschorenen Köpfen und bis zu den Achseln hochreichenden Schurzen. Vor ihnen gehen die sogenannten *Neun Freunde*. Am Grabeingang nimmt der königliche Nachfolger Eje den Trauerzug in Empfang. Er schlüpft am Tag der Bestattung in die Rolle des Sem-Priesters, um an Tutanchamuns Mumie – hier in Gestalt des Totengottes Osiris – das Mundöffnungsritual mit einem Dechsel zu vollziehen (Tafelteil, Abb. 5). Der verstorbene König sollte befähigt werden, im Jenseits zu atmen, zu essen, zu trinken und zu hören. Für diesen besonderen Anlass hatte sich Eje eigens in ein Leopardenfell – ein Symbol der Wiedergeburt – gehüllt. Er nahm die mythische Funktion des Sohnes und Himmelsgottes Horus ein, der seinen Vater Osiris-Tutanchamun bestattet. Die Begegnungen des verstorbenen Königs mit verschiedenen Göttern im Jenseits repräsentieren eine verkürzte Version seiner nächtlichen Verjüngung und seine Aufnahme in die jenseitige Götterwelt: Die Himmelsgöttin Nut begrüßt den König als *den, den sie geboren hat*, mit ausgebreiteten Armen und vollzieht ein Wasserspendenopfer. Dann führt ihn sein personifizierter «Ka» – seine physische Lebenskraft – zum Totengott Osiris, den Tutanchamun umarmt, um sich mit ihm zu vereinen. Daraufhin geleitet der schakalköpfige Anubis – der Gott der Einbalsamierung – ihn ins Reich der Hathor, der Schutzgöttin des thebanischen Friedhofs, die dem verstorbenen Herrscher eine Lebenshieroglyphe an die Nase hält. Zu guter Letzt schließt er sich der ersten Stunde der Nachtfahrt der Sonne durch die Unterwelt an. Zwölf Paviane verkörpern die zwölf Nachtstunden, welche die Sonne und der König passieren müssen, um am nächsten Tag wiedergeboren zu werden. Hinter der Figur des Gottes Anubis gab es ursprünglich eine weitere Szene mit der Mutter- und Himmelsgöttin Isis und drei hockenden Gottheiten in Mumiengestalt. Diese Darstellungen wurden mit der Abtragung eines Teils der Trennwand während der Bergungsarbeit entfernt, um die Einzelteile der Holzschreine aus dem Grab abbauen und abtransportieren zu können. Burton nahm die Wandmalereien vor ihrer Abtragung auf. Sie wurden in den 1980er Jahren im Grab der Pharaonin Tausret (KV14) aus der 19. Dynastie wiedergefunden und wenig später von eindringendem Regenwasser endgültig zerstört.

Die Sargkammer ist der einzig dekorierte Raum im Grab, während die Wände aller anderen Räume lediglich mit einer Mischung aus Gips, Sand und Lehm verputzt wurden. Noch ganz dem Stil der Spät-Amarnazeit verhaftet, bestimmten die Maler die Figurenproportionen über ein Gitternetz von zwanzig Quadraten. Typisch stilistische Merkmale sind ein großer Kopf, eine breite Hüfte und ein leicht vorgewölbter Bauch. Nur auf einer Wand liegt den Figuren das traditionelle Gitternetz von 18 Quadraten zugrunde, was für eine andere Künstlerhandschrift spricht. Die Bildmotive wurden in Temperatechnik ausgeführt und die Farben aus in Wasser gelösten Pigmenten hergestellt. Als Bindemittel verwendete man Gummi arabicum oder Tierleim. Der außergewöhnliche ockerfarbene Hintergrund symbolisiert «das Haus des Goldes», den altägyptischen Namen für die Sargkammer. In den anderen, mit Abstand imposanteren Königsgräbern des Neuen Reiches sind die Wände fast aller Grabkammern mit einem reichen Bildprogramm dekoriert. Mit Sicherheit war auch für Tutanchamun eine größere Anlage vorgesehen gewesen. Wahrscheinlich ließ der direkte Nachfolger Eje das winzige Grab KV62 für ihn auf die Schnelle herrichten und sich selbst in dessen eigentlicher Gruft im Westtal des Tals der Könige (WV23) bestatten. Offensichtlich hatten die Maler noch am Tag der Grablegung ihre letzten Pinselstriche in der Sargkammer angebracht. Ihre Wände sind übersät mit kleinen braunen Flecken, der Verputz und die Malfarben waren also noch feucht, als das Grab verschlossen wurde, was ein guter Nährboden für Mikroben war; Tutanchamuns Felsgrab war eine in jeder Hinsicht hastig eingerichtete Gruft. Nach der Bestattung seines Leichnams brachte man noch weitere Totengaben unter und verschloss dann die Särge, den Sarkophag und die Schreine einen nach dem anderen. In jeder Wand der Sargkammer hatte man in einer ausgesparten Nische einen magischen Ziegel mit einem dazugehörigen Amulett und Spruch zum weiteren Schutz des Verstorbenen abgelegt und die Öffnungen zugemauert. Priester begleiteten das Begräbnis mit sakralen Ritualen und aktivierten die Gegenstände durch das Rezitieren entsprechender Totenbuchsprüche. In einer Holzkiste der Vorkammer fanden sich für rituelle Zwecke verwendete Gegenstände: Näpfchen, kleine Gefäße aus Stein, Glas und Fayence, Steinmesser sowie Weihrauch- und Harzklumpen. Im Anschluss an die Kultzeremonien reichten Gabenträger die letzten Gegenstände einen nach dem anderen über die Treppe und den Korridor in den ersten Grabraum hinunter und verteilten sie über die vier Grabräume. Anschließend vermauerte man den Zugang zur Sargkammer, trug eine Verputzschicht auf und stanzte darin die Siegel des Königs und der Friedhofsverwaltung ein. Zuletzt verschloss und versiegelte man die beiden Grabeingänge, und der König war seinem weiteren Schicksal überlassen. Doch schon bald sollte er in seiner Ruhe gestört werden, als Plünderer mindestens zweimal in sein Grab einbrachen. Die Friedhofspolizei brachte das

Grab danach wieder notdürftig in Ordnung und verschloss und versiegelte es erneut. Tutanchamun wurde vergessen und ruhte über 30 Jahrhunderte bis zum 4. November 1922 ungestört in seinem Sarg.

Als Howard Carter über 3000 Jahre später einen ersten Blick in die Vorkammer warf, nahm er im Schein seiner Lampe zuerst die großen Ritualbetten und die vor der Sargkammer stehenden Königsstatuen mit dem jugendlichen Antlitz des Grabinhabers wahr. Das viele Blattgold auf der Kopfbedeckung, dem Halskragen, dem Schurz und den Sandalen der beiden einander anblickenden Figuren reflektierte sich im Licht und bot einen beeindruckenden Kontrast zu den ansonsten mit schimmerndem Schwarz bemalten Figuren. Im Alten Ägypten stand Schwarz für Leben und Wachstum, während Gold ein Symbol für Unvergänglichkeit und Unsterblichkeit war. Dem edelsten aller Metalle kam seines Glanzes wegen noch eine besondere Bedeutung als «Fleisch der Götter» und Symbol der Strahlen der Sonne zu. Deshalb war es nur natürlich, dass dieses einzigartige Material zum bevorzugten Metall in der Herstellung des königlichen Grabinventars auserkoren wurde. Zahlreiche weitere Objekte waren mit Blattgold überzogen und funkelten aus der Dunkelheit heraus. Die üppige Verwendung von Gold entsprach ganz dem Rang des vergöttlichten Herrschers. Carter konnte damals noch nicht ahnen, dass sich in den hinteren Grabräumen die wertvollsten Schätze verbargen. Erst drei Jahre nach der Auffindung des Grabes sah er erstmals die Goldmaske (Tafelteil, Abb. 6), das wohl bekannteste Stück aus seinem Grabschatz, das über den Kopf und die Schultern seiner Mumie gestülpt war. Sie verlieh ihm ein Gesicht für die Ewigkeit und stellt ein idealisiertes Porträt des Königs dar. Wie kein anderes Stück prägte sie die Vorstellung der Welt von dem Aussehen Tutanchamuns. Das 54 Zentimeter hohe Meisterwerk altägyptischer Goldschmiedekunst ist aus Gold getrieben, mit Einlagen aus Schmucksteinen und Glas verziert und wiegt zehn Kilogramm. Umrahmt wird das Gesicht von dem Königskopftuch mit Querstreifen aus Gold und blauen Glasflusseinlagen. In den aus hellem Quarz gefertigten Augen blicken die Pupillen aus schwarzem Obsidian die Betrachter wachsam an. Auf der Stirn des Königs erheben sich die beiden geier- und schlangengestaltigen Schutzgöttinnen von Ober- und Unterägypten. Sie sind jederzeit bereit, den König zu verteidigen und jegliche Gefahr abzuwehren. Auf der Brust liegt ein breiter Halskragen, der auf den Schultern in Falkenköpfen endet. Der geflochtene und eingerollte Bart weist Tutanchamun als vergöttlichten König aus. Auf der Rückseite und den Schultern der Goldmaske ist ein Textauszug eines Totenbuchspruchs angebracht. Priester rezitierten ihn während des Überstülpens der Maske über den Kopf des Königs, um sein Gesicht und seine Sinne für alle Ewigkeit wiederzubeleben. Nicht minder beeindruckend ist sein knapp zwei Meter langer innerster Sarg aus 110 Kilogramm Gold (Tafelteil, Abb. 7). Die Archäologen hatten sich beim Herausheben der drei ineinander verschachtelten Särge aus dem Sarkophag über ihr unglaubliches Gewicht gewundert und waren dem Rätsel erst beim Lüften des mittleren Sargdeckels auf die Spur gekommen. Wie die beiden anderen Särge nimmt der innerste Sarg die mumienförmige Gestalt des Totengottes Osiris an, die Hände sind unterhalb der Brust überkreuzt und halten die königlichen Machtinsignien Geißel und Krummstab. Einlagen aus farbigem Glas und Schmucksteinen auf der Oberfläche imitieren ein Federkleid, ein Symbol für die Wiedergeburt. Im Beinbereich breiten die beiden Göttinnen Isis und Nephthys ihre geflügelten Arme schützend über die Mumie des Königs aus. Der mittlere Sarg hingegen zeichnet sich durch sein bunt geschmücktes Federkleid aus, wobei rotes Glas Karneol, hellblaues Glas Türkis und dunkelblaues Glas Lapislazuli nachahmt. Ein Glanzstück altägyptischer Steinhauerkunst bildet der äußere Sarkophag.

Er wurde aus einem einzigen Quarzitblock herausgehauen, an dessen Ecken im Hochrelief Göttinnen ihre Schwingen um die Mumie des Königs ausbreiten. An einer der Längsseiten des äußersten Holzschreins und Steinsarkophags ermöglichte die Wiedergabe von «magischen Augen» dem verstorbenen König, aus seinem Sarg heraus Blickkontakt zur Außenwelt aufzunehmen. Religiöse Texte auf den Außenwänden behüten den Leichnam des Königs. Die vier vergoldeten Holzschreine sind mit weiteren Schutzgottheiten, der nächtlichen Reise des Sonnengottes in seiner Barke und Jenseitstexten verziert. Der zweite Schrein war ursprünglich für jemand anderen vorgesehen gewesen: Die Namen des ersten Besitzers wurden durch die des Tutanchamun ersetzt, indem man an den betreffenden Stellen Blattgold anbrachte und die Namen des neuen Besitzers eingravierte. Das Gold der überarbeiteten Bereiche setzt sich durch seine Helligkeit deutlich von dem rötlicheren Gold ab, das bei der ersten Fassung verwendet worden war.

Viele weitere Kostbarkeiten waren im hintersten Raum des Grabes, der Schatzkammer, deponiert. Gleich am Eingang bewachte der schakalgestaltige Einbalsamierungsgott Anubis – auf einem kapellenförmigen Schrein liegend – die Mumie des Königs und dessen Eingeweide. Zwischen seinen Pfoten fand Carter eine Schreibpalette aus Elfenbein mit einer Inschrift von Meritaton. Im Inneren des Schreinsockels waren in fünf Fächern Amulette und acht farbenfrohe Brustplaketten aufbewahrt. Eines dieser Schmuckstücke ist von großer Bedeutung (Tafelteil, Abb. 8): ein Pektoral mit dem geflügelten Herzskarabäus des Königs aus Feldspat, flankiert von den knienden Figuren der Schutzgöttinnen Isis und Nephthys, die im Auftrag von Re Tutanchamuns Herz beschwören. Die Rückseite trägt einen Totenbuchspruch mit einer Warnung an das Herz des verstorbenen Königs, im jenseitigen Gericht vor dem Totengott Osiris nicht als Zeuge gegen ihn auszusagen; normalerweise wurde dieses wichtige Stück zwischen die Mumienbinden nahe dem Herzen des Verstorbenen gelegt. Hatten die Grabausstatter etwa in aller Eile vergessen, der Mumie den lebenserhaltenden Herzskarabäus mitzugeben? Den wichtigsten Fund der Sargkammer machte Carter an der Rückwand aus: den mit einem Uräenfries bekrönten Kanopenschrein, in dem die mumifizierten Eingeweide des Königs aufbewahrt wurden – Lunge, Leber, Magen und Gedärme. Vor den Außenwänden des dekorierten Schreins stehen die vergoldeten Rundplastiken der Göttinnen Isis, Nephthys, Selket und Neith. Sie sind über die plastischen Hieroglyphen auf ihrem Kopf identifizierbar und umfangen mit ihren ausgebreiteten Armen schützend den Kanopenschrein. Wachsam haben die vier Göttinnen ihren Kopf leicht zur Seite geneigt und durchbrechen die sonst übliche Frontalität altägyptischer Rundplastiken. Sie tragen eng anliegende plissierte Gewänder, die ihren grazilen Körper durchscheinen lassen, und stehen beispielhaft für die ästhetisierten Körperdarstellungen des Amarnastils. Auch die Eingeweide des Königs wurden mehrfach verpackt: Innerhalb des Kanopenschreins stand ein vergoldeter Holzschrein, in dem wiederum ein Kalzitkasten platziert war, an dessen vier Ecken vier in Hochrelief gefertigte Wächtergöttinnen ihre Arme um den darin befindlichen Inhalt ausbreiten. Der Kalzitkasten ist in vier zylindrische Hohlräume eingeteilt, von denen jeder mit einem Deckel in Gestalt des Königskopfes verschlossen ist. In den vier Fächern lagen Tutanchamuns Eingeweide in goldenen Miniatursärgen. Seine einbalsamierten Organe waren für seine jenseitige Existenz lebensnotwendig und bedurften – wie sein Leichnam – vieler Schutzumhüllungen. Der Verstorbene wurde in die Obhut vieler weiterer Gottheiten gestellt: In der Schatzkammer waren in 22 mit Harz bestrichenen kapellenförmigen Holzschreinen einzeln oder paarweise 27 vergoldete Holzstatuetten von Jenseitsgöttern des ägyptischen Pantheons untergebracht. Das Rundbildnis des Ptah,

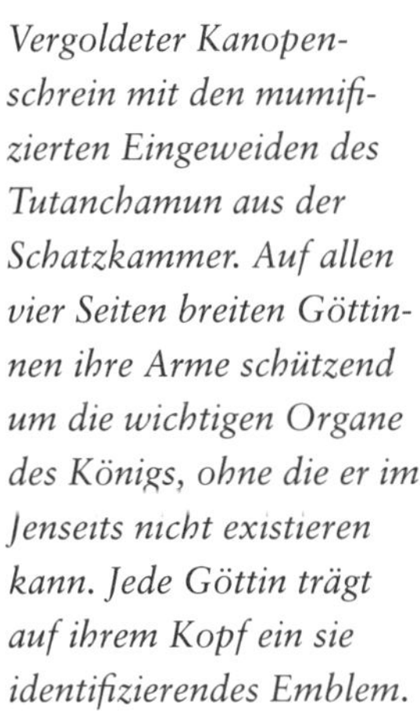

Vergoldeter Kanopenschrein mit den mumifizierten Eingeweiden des Tutanchamun aus der Schatzkammer. Auf allen vier Seiten breiten Göttinnen ihre Arme schützend um die wichtigen Organe des Königs, ohne die er im Jenseits nicht existieren kann. Jede Göttin trägt auf ihrem Kopf ein sie identifizierendes Emblem.

des Hauptgottes von Memphis, aus vergoldetem Holz, Fayence, Bronze und Glas ragt als besonders gelungenes Stück hervor (Tafelteil, Abb. 9). Der Schöpfergott und Schutzgott der Handwerker zeigt sich in schlanker mumienförmiger Gestalt in einem Federkleid und mit blauer eng anliegender Kappe auf dem Kopf. Die blaue Fayence seiner Kopfbedeckung bietet einen wunderbaren Kontrast zur vergoldeten Götterfigur. Blau und Gold stehen sowohl für Wasser und Wüste als auch für Himmel und Erde. Der vorne abgeschrägte Statuettensockel gibt die Form der Hieroglyphe «Maat», das Emblem der namensgleichen Göttin, wieder. Sie ist die Gebieterin über Gerechtigkeit und Ordnung. In seinen Händen hält Ptah ein Bronzezepter, das sich aus den Hieroglyphen für Leben, Dauer und Un-

Kalzitkasten mit den einbalsamierten Organen des Pharao. An den Ecken umfangen vier Göttinnen den Miniatursarkophag schützend mit ihren Armen.

versehrtheit zusammensetzt. In den schwarzen Holzschreinen befanden sich sieben weitere vergoldete Holzstatuetten, die den König mit der ober- und unterägyptischen Krone darstellen. Sie waren in Leinentüchern unter anderem aus der Zeit des Echnaton gewickelt und unterscheiden sich in ihrer Physiognomie von den Porträts des Tutanchamun. Möglicherweise stammen die Stücke aus der Zeit vor dem großen Umsturz seines Vaters, als dieser noch als Amenophis IV. Totengaben für sein Grab im Tal der Könige herstellen ließ, oder von den Nachfolgekönigen. Die sieben Königsstatuetten tragen weibliche Züge, so weist etwa die vergoldete Statuette des schreitenden Pharao auf dem Rücken eines schwarzen Panthers Brüste auf (Tafelteil, Abb. 10). Weitere verblüffende Geheimnisse kamen mit dem Auspacken jedes einzelnen Stücks aus seinen Schutzverpackungen nach und nach zutage. Carter war äußerst überrascht, als er in einer der Holztruhen die Särge zweier weiblicher Föten entdeckte. In einem vierteiligen Ensemble von Miniatursärgen fanden sich ein Anhänger in Form eines hockenden Königs aus massivem Gold und eine Haarlocke von Teje. Ihr Name steht auf einem Stoffband, das um den untersten Teil des innersten Sarges gewickelt war.

Tutanchamuns Grab war ein Abbild seiner diesseitigen Welt: Er konnte sich weiterhin an persönlichen Gegenständen von Familienangehörigen und vielen weiteren Dingen, die ihn zu Lebzeiten in seinem Palast umgaben, erfreuen und gewohnten Aktivitäten nachgehen. Seinem gesellschaftlichen Rang entsprechend nahm er auch im Jenseits je nach Anlass auf einem seiner vielen Hocker, Stühle und Thronsessel Platz und stellte seine Füße bequem auf diversen Fußschemeln ab – insgesamt 31 Einzelstücke standen ihm zur Auswahl. Sein berühmter goldener Thronsessel ist eines der imposantesten Objekte aus seinem Grabschatz und entspricht noch ganz dem Kunststil der Spät-Amarnazeit (Tafelteil, Abb. 11). Der Thron ist aus Holz gefertigt und mit Blattgold sowie Intarsien aus mehrfarbiger Glaspaste und Halbedelsteinen verziert. Seine Armlehnen sind in Form von geflügelten Schlangen gestaltet, die vorderen Stuhlbeine wiederum weisen die Gestalt von Löwenköpfen und -beinen auf; der Pharao sollte sich beim Sitzen wie im Schoß der löwengestaltigen Himmelsgöttin fühlen, in deren Leib er sich verjüngt. Das berühmte Reliefmotiv auf der Rückenlehne des Throns mutet wie eine idyllische Familienszene an: Zu sehen ist eine Laube, durch deren offenes Dach der Sonnengott Aton mit seinen Strahlen dem Königspaar Leben herabsendet. Vor dem König, der in entspannter Haltung auf seinem Thron sitzt, steht seine Gemahlin, die ihn mit einer Salbe aus einem Schälchen einreibt, das sie in ihrer Hand hält. Anchesenamun begleitete ihren Gemahl zu vielen unterschiedlichen Anlässen. Auf der Außenseite eines einzigartigen Schreins aus vergoldetem Holz erscheinen die beiden in 16 Bildszenen in vertrauter Zweisamkeit. So sieht man sie etwa in einem Papyrusnachen auf der Jagd oder beim Fischen. Sie steht hinter ihm, während er Enten mit einem Wurfholz erlegt, oder versorgt ihn mit Pfeilen zum Bogenschießen. In anderen Szenen wiederum reicht Anchesenamun ihrem Gemahl einen Schmuckkragen, oder er gießt eine Flüssigkeit in ihre Hand. Die erotischen Anspielungen spiegeln nicht nur eine glückliche Ehe wider, vielmehr noch wird das Königspaar damit in den höheren Dienst der Menschheit gestellt. Anchesenamun ist die Repräsentantin alles Irdischen, während Tutanchamun in die Rolle des Schöpfergottes schlüpft und gemeinsam mit seiner Gemahlin für die Aufrechterhaltung der kosmischen Ordnung sorgt. Ein weiterer Thron aus vergoldetem Ebenholz mit Elfenbeineinlagen ist an die Größe eines Kindes angepasst und stammt aus den frühen Regierungsjahren des Königs. Auch waren in seinem Grab nicht weniger als 71 Truhen, Kästen und Schränkchen mit kostbarem Inhalt deponiert – ein Großteil davon ist mit aufwendigen Einlegearbeiten aus edlen Materialien verziert. Für die Nacht standen Tutanchamun sechs Holzbetten zur Auswahl, deren Größe für ihren alltäglichen Gebrauch im Diesseits sprechen. Sogar ein Klappbett befand sich darunter: Seine drei Teile sind über Bronzescharniere miteinander befestigt und stehen auf insgesamt acht kurzen Füßen in Gestalt von Löwenpranken. Dieses Faltbett nutzte er wahrscheinlich für die nächtliche Ruhe außerhalb seines Palastes, wenn er etwa an Bord seiner königlichen Barke war oder in der Wüste beim Jagen. Drei große Ritualbetten standen in der Vorkammer für Kultzwecke bereit und dienten dem König für seine himmlische Reise und Wiedergeburt. Sein Nacken ruhte nachts auf einer gepolsterten Kopfstütze, von denen insgesamt acht im Grab deponiert waren. Sie übten nicht nur eine praktische, sondern auch eine magische Funktion aus: Das Anheben des Kopfes sollte den Schlafenden vor bösen Dämonen schützen.

Tutanchamuns Grabschatz gibt auch wunderbare Einblicke in seinen Kleiderschrank: Carter fand eine beachtliche Menge an feinsten Leinenstoffen über alle vier Grabräume verteilt. Sie lagen sorgfältig übereinandergelegt oder achtlos zusammengeknüllt in unterschiedlichen Truhen, über Gegenständen oder auf dem Boden. Die Garderobe des Pharao bestand aus einer Unmenge an Roben, Kilts, Tuniken, Hemden und dreieckigen Lendenschurzen – von Letzteren allein 145 Exemplare. Einige Kleiderstücke waren für den Alltag bestimmt, andere für zeremonielle Anlässe. Seine Ausstattung reichte von handgewebten monochromen Leinenstücken mit einfachen Fransen bis hin zu rot oder blau gefärbten Webmustern, die mit bestickten Bildmotiven der ägyptischen Flora und Fauna, Perlen, Pailletten oder Goldrosetten dekoriert waren. Ein mit fünfzackigen Goldsternen verziertes Kleidungsstück in Kindergröße erinnert an einen nächtlichen Sternenhimmel und ahmt zugleich das gefleckte Leopardenfell eines Sem-Priesters nach. Es wurde zusammen mit einer als Leopardenkopf gestalteten Applikation in einer Truhe gefunden. Vermutlich trug Tutanchamun diese zeremonielle Robe in seiner Funktion als oberster Priester bei der Bestattung des Vorgängerpharao, an dessen Mumie er das Mundöffnungsritual vollzog. Eines der beeindruckendsten Stücke aus seinem Kleiderschrank stellt das aus Leder, Gold und Halbedelsteinen gearbeitete Prunkmieder dar, das der König bei der Jagd oder zu besonderen Zeremonien anlegte. Seine diversen Garderoben kombinierte er mit entsprechenden Accessoires wie Gürteln, Schals, Schärpen, Tüchern, Kopfbedeckungen, Handschuhen und Kurz- und Langhaarperücken. Zu rituellen Anlässen wurde ihm der Kopf geschoren; für die Entfernung von Körper- und Kopfhaaren waren Rasierklingen ins Grab beigegeben worden. Zum königlichen Ornat gehörten außerdem die Königsinsignien Krummstab, Geißel und Zepter. Ein auf ein Kind angepasstes Set eines Krummstabs und einer Geißel stammt aus der Zeit seiner ersten Regierungsjahre und wurde vielleicht sogar eigens für seine Thronbesteigung angefertigt. Der König konnte zwischen sechs verschiedenen Paaren an Königsinsignien wählen. 130 reich verzierte Stäbe und Stöcke dienten ihm als Gehstöcke, Waffen für die Jagd oder zeremonielle Utensilien. In der Inschrift eines Exemplars rühmt sich Tutanchamun, das Stück höchstpersönlich angefertigt zu haben: *Ein Schilfrohr, das seine Majestät mit seinen eigenen Händen geschnitzt hat.* Auch an Sandalen und offenen Schuhen mangelte es ihm nicht im Jenseits. Die Alltagssandalen waren aus Stroh, Papyrus oder Leder gearbeitet und – so einfach, wie sie erscheinen – wurden nur von Königen und deren Familienmitgliedern sowie hohen Beamten getragen. Selbst die Goldsandalen an den Füßen seiner Mumie imitieren die aus organischen Materialien hergestellten Alltagssandalen. Feinere Sandalen bestanden aus Gold, Leder und Perlen. Ein besonders schönes Paar Prunksandalen ist aus Holz und kunstvollen Einlegearbeiten aus Leder, Gold und Rinde gefertigt (Tafelteil, Abb. 12). Die Sohleninnenseiten zeigen jeweils das Motiv eines gefesselten nubischen und vorderasiatischen Gefangenen. Je vier Bogen über und unter ihnen verkörpern die «Neunbogenvölker», ein üblicher Sammelbegriff für die Feinde Ägyptens. Mit jedem Schritt zerquetschte der König so seine Widersacher symbolisch. Carter fand insgesamt 32 Paar Sandalen und drei Paar offene Schuhe.

Erlesenes Geschmeide bildete einen wesentlichen Bestandteil von Tutanchamuns Grabschatz, was seine göttliche Abstammung unterstrich. Das Anlegen von Schmuck verlieh dem König Schönheit und unsterblichen Glanz. Einige Stücke weisen deutliche Abnutzungsspuren auf und wurden von ihm schon zu Lebzeiten getragen. Die großen Ohrlöcher an seiner Mumie verraten, dass er auch Prunkohrringe anlegte. Tatsächlich fanden sich fünf Paar davon in einer kartuschenförmigen Schatulle, das schönste Exemplar wurde aus

Gold, Halbedelsteinen und Glas in Zellenschmelzarbeit angefertigt. Im Zentrum befindet sich ein aus durchscheinendem blauen Glas geformter Kopf einer Ente, der von ausgebreiteten Falkenschwingen umgeben ist, in den krallenförmigen Fängen hält der Vogel die Hieroglyphe für Unendlichkeit (Tafelteil, Abb. 13). Die meisten Schmuckstücke wurden in der Schatzkammer und an der Mumie gefunden, neben Ohrringen auch Halskragen, Brustplaketten, Halsketten, Anhänger, Armreife, Fingerringe, Amulette und andere Stücke. Sie sind aus Gold, Silber, Bronze, Eisen oder Elektrum gefertigt und mit Einlagen aus farbenfrohem Glas und Halbedelsteinen verziert. Trotz sich wiederholender Motive ist jedes Stück ein Unikat. Altägyptischer Schmuck diente nicht nur der reinen Dekoration, sondern war auch mit einer vielschichtigen Symbolik aufgeladen, die dem allumfassenden Wohlergehen des verstorbenen Königs zugutekommen sollte. Eines der beliebtesten Motive war der Skarabäus, ein Symbol für die morgendliche Sonne und eine Verkörperung des Gottes Khepri. Die Ägypter beobachteten, wie der Mistkäfer seine Eier in Dungkugeln ablegte, die er vor sich her rollte und aus denen später die jungen Skarabäen schlüpften. Diese Naturbeobachtung setzten sie gleich mit der Wiedergeburt und der täglichen Erneuerung der Erde. Sie glaubten, dass sich der Skarabäus wie der Sonnengott Re aus sich selbst heraus erschafft, und sahen in der Dungkugel ein Symbol des Sonnenballs. Viele Schmuckstücke aus dem Grabschatz sind mit dem lebensspendenden Skarabäus verziert und verhelfen dem verstorbenen König zu seiner morgendlichen Erneuerung. Einen zentralen Platz nimmt der Skarabäus in einem mit Halbedelsteinen und farbigem Glas verzierten Goldpektoral ein, das zugleich auch ein schönes Beispiel für die untrennbare Verbindung von Bild und Wort in der altägyptischen Kunst bietet (Tafelteil, Abb. 14): Der Skarabäus ist aus Lapislazuli gefertigt und bedeutet «Kheper». Die drei Striche aus Gold unter ihm machen daraus die Pluralform «Kheperu». Zwischen seinen Vorderbeinen rollt der Skarabäus eine aus Karneol geformte Sonnenscheibe, die für «Re» steht. Das korbförmige Zeichen aus Türkis unter den Pluralstrichen liest sich «Neb». Zusammengesetzt ergeben die Hieroglyphen Tutanchamuns Thronnamen «Neb-Kheperu-Re», was «Herr der Erscheinungen ist Re» bedeutet. Die sich wie ein Kreis um den königlichen Namen schließenden Flügel verleihen diesem Stück eine besonders edle Note. Zu den prachtvollsten Stücken gehört ein goldener Armreif mit einem Skarabäus aus Lapislazuli (Tafelteil, Abb. 15); an den Seiten des Prunkstücks befinden sich Einlagen in Gestalt von Mohnkapseln und Alraunen aus Karneol und Quarz. Die kleine Größe der Preziose lässt darauf schließen, dass sie für Tutanchamun angefertigt wurde, als er noch ein Kind war. Altägyptische Goldschmiedekunst zeichnet ein hohes Maß an klaren und einfachen Formen und eine beeindruckende Ästhetik aus, wie viele weitere Schmuckstücke veranschaulichen, etwa ein Collier aus Gold, Elektrum und farbigen Halbedelsteinen, in dessen Zentrum der Mond als Scheibe und Sichel in der Nachtbarke auf seiner nächtlichen Reise abgebildet ist (Tafelteil, Abb. 16). Unterhalb der Mondbarke entwachsen aus der Hieroglyphe für Himmel langstielige Lotosblüten und -knospen. Wie die Sonne steht auch der ab- und zunehmende Mond als Symbol für die Überwindung des Todes. Er ist aus Elektrum – einer Legierung aus Gold und Silber – gefertigt, um ihn von der goldenen Sonnenscheibe zu unterscheiden. Selbst in überladenen Schmuckstücken treten die Konturen jedes einzelnen Elements klar hervor. Bei einem farbenfrohen Sonne-Mond-Pektoral (Tafelteil, Abb. 21) bildet ein geflügelter Skarabäus aus durchscheinendem grünlichen Chalcedon das Hauptelement. Mit seinen Vorderbeinen stützt der Skarabäus das Udjat-Auge auf einer goldenen Barke. Es zählt ebenso wie der Skarabäus zu den beliebtesten Amuletten in der altägyptischen Religion und steht als Sinnbild für das linke Auge des Himmels- und Lichtgottes Horus, das zugleich auch den Mond symbolisiert. Diese Bildmotive drückten nicht nur religiöse Konzepte aus, sondern dienten zugleich auch als lebensspendende Amulette.

Keiner anderen antiken Kultur war eine so perfekte Kombination aus klarer Linie und eleganter Abstraktion gelungen, wie sie altägyptische Goldschmiede umzusetzen vermochten. Sie waren wahre Meister ihres Fachs und beherrschten sämtliche Verarbeitungstechniken, von der einfachen Perlenauffädelung und Treibtechnik über die Filigranarbeit bis hin zur Granulation, Tauschierung, Niello- und Cloisonné-Arbeit. Letztere – auch Zellenschmelztechnik genannt – stammt wahrscheinlich aus Mesopotamien und bezeichnet Goldstege, die als Fassung von farbigen Einlagen aus Halbedelsteinen oder Glas dienen. Bei der Granulation wiederum brachte man kleine Goldkügelchen zur Verzierung auf dem Goldblech an. Zu ihrer Herstellung wurde flüssiges Gold aus ungefähr einem Meter Höhe in ein kleines mit Wasser gefülltes Gefäß getröpfelt, wobei es in kleine Kügelchen zerbarst. Die vermutlich ebenfalls aus Mesopotamien übernommene Tauschierungstechnik bezeichnet eine aus Metall gefertigte Einlage in ein andersfarbiges Metall, während bei der in Byblos entwickelten Niello-Technik Gold oder Silber mit einer schwärzlichen Legierung (lat. *nigellum*) kontrastreich verziert wird. Goldblech wurde im Alten Ägypten mit den einfachsten Mitteln bearbeitet: Man legte kleine Klümpchen Gold in hauchdünne Tierhaut und hämmerte so lange darauf, bis die gewünschte Dicke erreicht war. In Wandszenen von Gräbern des Alten Reiches schlagen Handwerker Gold auf einem runden Steinamboss. Über viele Jahrhunderte verfeinerte Fähigkeiten wurden vom Vater an den Sohn weitergegeben und neue Techniken der Metallverarbeitung mit äußerst viel Geduld, Fingerfertigkeit und Erfindergeist entwickelt. Die Verarbeitung erfolgte über die Goldarbeiter, zu denen die

Schmelzer, Blechschläger und Vergolder zählten. Für die komplexere Schmuckverarbeitung und Feinarbeit waren Juweliere zuständig. An dem Rohstoff Gold mangelte es ihnen nicht: Ägyptens Reichtum an dem edelsten aller Metalle war über die Landesgrenzen hinaus bekannt. Dort gebe es ... *inmitten des Landes meines Bruders Gold wie Staub in Menge*, schrieb Tuschratta, König von Mitanni im 14. Jahrhundert v. Chr. an Amenophis III. in einem der Amarnabriefe (Brief Nr. 19). Äußerst begehrt war das «helle Gold», das einen natürlichen Silbergehalt von bis zu 40 Prozent besaß. Einige Gegenstände wurden auch aus einer Legierung mit hohem Silberanteil gefertigt: In Tutanchamuns Grabschatz fand sich ein liebliches Objekt in Gestalt eines Granatapfels, über das Carter schrieb: ... *Das Gefäß mutet so modern an, daß es der Arbeit eines Silberschmieds aus der Zeit der Königin Anne ähnelt, und, würden wir seine Herkunft nicht kennen, würde keiner von uns wagen, es ins vierzehnte Jahrhundert vor Christus zu datieren.* Der Granatapfel galt bei den Ägyptern als exotische Frucht und war Teil des Standardrepertoires der ägyptischen Gefäßmacher. Viele weitere Rohstoffe fanden für die Herstellung von hübschen Gegenständen Verwendung: Einzelne Gefäße aus durchscheinend blauem und weißem Glas hatten schon Tutanchamuns Palast geschmückt und wurden ihm auf seine jenseitige Reise ins Grab mitgegeben. Dieser Rohstoff war rar und kostbar und kam in Ägypten erst um 1500 v. Chr. auf. In den Werkstätten von Amarna wurden Glaserzeugnisse nicht nur für den heimischen Markt hergestellt, sondern auch ins Ausland exportiert. Die altägyptischen Glasmacher konnten jedoch noch kein Glas blasen und fertigten ihre Produkte durch Kernformung an. Dafür wurde ein nach der Form des entsprechenden Gefäßes gestalteter Kern erhitzt und mehrmals in pulverisiertem Glas gewälzt, welches daraufhin geschmolzen wurde. Dann brachte man Fäden aus farbigem Glas auf der Oberfläche auf und zog sie mit Hilfe von

Werkzeugen zu dekorativen Mustern aus. Wie zu Lebzeiten sollte Tutanchamun auch im Jenseits viel Zeit für sein Äußeres aufwenden und mit einem makellosen Körper vor die Götter treten. In schmucken Behältern wurde ihm Augenschminke mitgegeben und unterschiedliche Produkte für die Körperpflege bereitgestellt. An die 350 Liter wohlriechende Parfüme, Öle und Salben hatte man Tutanchamun in kostbaren Vasen und Gefäßen ins Grab gegeben. Die meisten der in der Seitenkammer deponierten 34 Kalzitgefäße enthielten ursprünglich Öle, Fette und Salben. Ein Salbgefäß aus Alabaster und Elfenbein ist in Form eines Löwenjungen gestaltet, der auf einem mit Girlanden verzierten Hocker steht. Seine linke Tatze ruht auf der Hieroglyphe für Schutz (Tafelteil, Abb. 18). Der Aufsatz in Form einer Lotosblüte auf seinem Kopf diente als Salbgefäß. Pflanzenmotive erfreuten sich in der altägyptischen Kunst größter Beliebtheit, und neben ihrem rein dekorativen Zweck kam ihnen auch eine mythologische Bedeutung zu. Die Eigenschaft des Lotus machte ihn zu einem perfekten Symbol der zyklischen Wiederkehr der Sonne: Seine Blütenblätter falten sich am Abend zusammen und tauchen unter die Wasseroberfläche, um am nächsten Tag bei Sonnenaufgang wieder aufzutauchen und ihre Blütenpracht zu entfalten. Ein besonders bezauberndes Holzobjekt aus dem Grabschatz zeigt in beeindruckender Weise den Schöpfungsmythos des aus den Urgewässern auftauchenden Sonnengottes auf einer Lotusblüte (Tafelteil, Abb. 19): Aus dem Wasser – symbolisiert durch den blau bemalten Sockel – steigt eine Lotosblüte und aus ihr der kindliche Kopf des Königs auf. Tutanchamun nimmt den Platz des Gottes Nefertem ein, eine Inkarnation der morgendlichen Sonne, der am Morgen aus der sich öffnenden Lotosblüte entwächst und am Himmel aufgeht.

Auch für das leibliche Wohl des Königs war in seinem Grab gesorgt: Köstliche Speisen und Getränke füllten seinen Vorratsspeicher, damit er im Jenseits nie Hunger und Durst erleide. Sobald der verstorbene König seine gefährliche Reise ins Jenseits heil überstanden hatte, erwartete ihn dort das Paradies. Schon die Alten Ägypter wussten gut gereifte Weine zu schätzen: In der Seitenkammer entdeckte Carter erlesene Tropfen von Weiß- und Rotweinen in 23 Amphoren aus den Weingärten des Amun und Aton im Nildelta. Die meisten davon stammen aus dem fünften Regierungsjahr des Königs, eine Weinsorte aus dem zehnten Regierungsjahr seines Vaters Echnaton und eine andere aus dem 31. Regierungsjahr seines Großvaters Amenophis III. Auf jeder Amphore vermerkte eine Inschrift den Namen des Weinguts, das Produktionsdatum, die Weinqualität und den Namen des Winzers. Drei Amphoren waren in der Sargkammer in unmittelbarer Nähe der Mumie untergebracht. Ägyptischer Wein bildete eine große Menge an Ablagerungen, deshalb wurde Tutanchamun ein Weinfilter aus Alabaster mitgegeben. Die Flüssigkeiten in den Amphoren verdunsteten schon vor langer Zeit. In 116 Körben waren unter anderem Früchte, Gewürze und Samen aufbewahrt, darunter sechs Körbe mit Datteln, 13 Körbe mit Doumpalmfrüchten, elf Körbe mit Wassermelonenkernen, vier Körbe mit Wacholderbeeren und zwei Körbe mit Koriander; dazu Trauben, Jujuben, Sykomoren-Feigen, Perseafrüchte und Kreuzbeeren; des Weiteren Gemüse, Salate, Linsen, Erbsen und Kichererbsen; Sonnenblumenkerne, Mandeln, Bockshornklee, Sesam und schwarzer Kümmel; auch einige Kuchenstücke waren als Dessert mitgegeben worden. Im Grab fanden sich nur wenige Brotlaibe, es wurde aber dafür gesorgt, dass das Brot nie ausging: Mit einem Modellmörser konnte der verstorbene Herrscher jederzeit Getreidekörner mahlen, und in einem Modellgetreidesilo wurden Gerste und Emmerweizen aufbewahrt. Brot, Knoblauch, Zwiebeln und Bier bildeten die Grundnahrungsmittel im Alten Ägypten, aus Gerste und Weizen stellte man Brote und Bier her. Ebenso Honig wurde ihm mitgegeben. Wie jeder

König aß auch Tutanchamun gern Fleisch: 48 ovale weiße Behälter enthielten gebratenes und gegrilltes Kuh- und Ochsenfleisch sowie Geflügel. Die Nillandschaft hielt eine üppige Vielfalt an Vögeln bereit: Enten, Gänse und andere Wasservögel. Auch verzehrten die Alten Ägypter Straußenfleisch und -eier. Die meisten Fleischboxen fanden sich übereinandergestapelt unter einem der Ritualbetten in der Vorkammer.

Für Tutanchamuns Mobilität standen ihm sechs Parade- und Jagdwagen mitsamt Zubehör zur Verfügung. Zwei Exemplare dienten ihm als Staatskarosserien für Paraden und zeremonielle Anlässe. Durch die Wendigkeit der Wagen konnten die Könige des Neuen Reiches ihre militärischen Manövertaktiken erheblich verbessern. Idealtypisch war der Pharao ein mutiger Herrscher, der auf seinem Streitwagen gegen die Feinde vorprescht und mit seinem Bogen Pfeile gegen seine Feinde abschießt. Die wohl bekanntesten Darstellungen des Königs als siegreicher Feldherr und Jäger finden sich in Miniaturmalereien auf einer Holztruhe, in der auch die Kinderkleidung des Königs aufbewahrt wurde (Tafelteil, Abb. 20). Schon Carter war von der künstlerischen Ausführung dieses prachtvollen Stücks äußerst angetan: *Beim Original braucht man eine Lupe, um die kleinen Einzelheiten genügend würdigen zu können, wie die Zeichnung auf den Löwenfellen oder die Verzierung an den Pferdegeschirren.* Auf der einen Seite der Truhe schießt der König seine Pfeile von seinem Streitwagen aus gegen syrische Feinde im Norden ab, und auf der anderen zieht er gegen Nubier im Süden siegreich zu Felde. Unter den Feinden herrscht Chaos: Einige fallen zu Boden, andere werden niedergetrampelt und wieder andere von den Hunden des Pharao gebissen. An den Seiten der Truhe triumphiert der König als Sphinx über seine Widersacher. Auf dem Deckel der Truhe wiederum greift Tutanchamun Wüstentiere an, die angsterfüllt auseinanderstieben. Als König hatte er Sorge dafür zu tragen, das

Chaos zu besiegen. Auch wenn es nicht immer der Wahrheit entsprach, hatte er stets der erfolgreiche Feldherr und Jäger zu sein und ließ grundsätzlich nur das Idealbild seiner selbst verewigen. Das Grab enthielt auch ein beeindruckendes Arsenal an Waffen zur Verteidigung und für den Angriff, darunter acht Schutzschilde, zwei Keulen, mehrere hundert Pfeile, 14 normale Bogen, 30 Kompositbogen und zwei Schwerter. Zwei der vier vergoldeten Zeremonialschilde zeigen den allzeit wagemutigen Herrscher: Auf dem einen Schild zertrampelt der mit Menschenkopf und Sphinxkörper dargestellte Tutanchamun seine nubischen Feinde, während er auf dem anderen Exemplar zwei Löwen an ihren Schwänzen packt und sie mit seiner Keule erschlägt. Das Holz der funktionsfähigen Schilde war mit Tierhaut bespannt. Neben dem Pfeil und Bogen setzte er auch Wurfhölzer und Bumerangs bei der Jagd ein. Ebenso gehörten zu seinem königlichen Ornat zwei Prunkdolche, die ihm zwischen die Mumienbinden gelegt worden waren. Die Klinge des einen Exemplars ist aus Eisen gefertigt, die andere besteht aus Gold. Für die Anfertigung des Eisendolches wurde ein selten vorkommendes Meteoreisen verwendet. Vielleicht war es sogar der Eisendolch, den Amenophis III. von einem mitannischen König als Geschenk erhalten und seinem Enkel als Erbstück mitgegeben hatte. Die Verarbeitung eines so großen Eisenstücks war für die Ägypter zur Zeit des Neuen Reiches etwas Außergewöhnliches und wertvoller als Gold. Der goldene Dolch weist eine Dekoration aus fünf umlaufenden Bändern auf, die Felder dazwischen sind mit geometrischen Mustern in feinster Granulierarbeit verziert. Der Pharao war in jeder Hinsicht gut gerüstet. Militärsignale und Fanfaren ertönten aus Trompeten, von denen ein silbernes und ein bronzenes Exemplar in die Grabkammer mitgegeben wurden. Verschiedene Musiker testeten beide Instrumente zwischen den Jahren 1933 und 2011. 1939 wurde der von dem britischen Trompeter James Tappern unternommene Versuch über das Studio Kairo ausgestrahlt. Die Übertragung aus dem Londoner Studio 1933 hörten Millionen von Zuhörern.

Fernab vom Kriegsfeld konnte Tutanchamun auch im Jenseits seinem Vergnügen nachgehen: Auf einem wendigen Kanu oder einem Jagdwagen vertrieb er sich die Zeit mit dem Jagen von Wüstentieren oder Vögeln. Die Darstellung auf einem Straußenfederfächer aus vergoldetem Holz zeigt ihn im Korb seines zweirädrigen Wagens im Begriff, einen tödlichen Pfeil auf einen Strauß abzuschießen. Auf der Rückseite des Fächers kehrt er von einer erfolgreichen Jagd zurück, während Diener vor ihm her schreiten und zwei erlegte Strauße auf ihren Schultern tragen. In den luxuriösen Räumen seines Palasts vertrieb er sich die Freizeit auch mit Brettspielen und bekam gleich vier Exemplare davon mit in sein Grab. Eines der beliebtesten Spiele war das sogenannte Senet-Spiel, das zu zweit gespielt wurde. Es bestand aus 30 Feldern, die in drei Reihen zu je zehn Feldern angeordnet sind. Man warf kleine Wurfstäbchen oder Knöchelchen, und je nach ihrer Lage wurden die Steine der jeweiligen Spieler gesetzt, blockiert oder entfernt. Neben dem rein unterhaltenden Aspekt besaß das «Senet»-Spiel aber auch einen religiösen Aspekt: Im Jenseits spielte der Verstorbene gegen einen unsichtbaren Gegner und versuchte durch das Spiel in die ewigen Gefilde einzugehen. Damit der König in der anderen Welt ungehindert seinen Freizeitbeschäftigungen nachgehen konnte, wurden ihm 413 «Uschebti»-Figuren zur Seite gestellt, an die er jederzeit Arbeit delegieren konnte (Tafelteil, Abb. 17). Sie stellen zwar Tutanchamun selbst dar, schlüpfen aber in die Rolle von Bediensteten, sobald es Arbeit für ihn gab. Selbst der Pharao wurde im Jenseits höchstpersönlich zu landwirtschaftlichen Aktivitäten herangezogen, um für alle Ewigkeit mit lebenserhaltender Nahrung versorgt zu sein. In solchen Fällen schickte er einfach einen seiner Uschebtis («Antworter») los, die auf den erteilten Befehl zur Arbeit hin an seiner Stelle mühsame Arbeiten verrichteten.

Insgesamt 365 Arbeiter – einer für jeden Tag –, 36 Aufseher – einer für jede zehntägige Woche – und zwölf monatliche Ersatzaufseher hielten ihm den Rücken frei. Selbst im Jenseits stand es mit der Arbeitsmoral offensichtlich nicht zum Besten, und die Arbeit musste von Aufsehern überwacht werden. An Arbeitsgeräten mangelte es jedenfalls nicht: 1866 Modellwerkzeuge wie Picken und Spitzhacken, Joche, Körbe und Säcke standen den Uschebtis zur Verfügung. Die Dienerfiguren sind aus Holz, Stein und Fayence in verschiedenen Größen gefertigt; sechs besonders schöne Exemplare wurden dem König von dem General Nachtmin und dem Oberbaumeister Maya mit einer persönlichen Widmung gestiftet. Die unüberschaubare Fülle von Tutanchamuns Grabbeigaben birgt so viele liebevoll gefertigte Einzelheiten an jedem einzelnen Objekt, dass man selbst noch viele Jahrzehnte nach ihrer Auffindung auf viele überraschende Entdeckungen stößt. Bisher wurde nur ein Viertel von dem gesamten Grabschatz der Öffentlichkeit gezeigt. Hält man sich die schwierigen Bedingungen, unter denen Carter und sein Team arbeiteten, vor Augen, kommt ihre wissenschaftliche Dokumentation des Grabes und seiner Schätze für damalige Verhältnisse einer Meisterleistung gleich. Die nicht abreißende Beliebtheit des goldenen Pharao in der Welt zeigt sich in unzähligen Ausstellungskatalogen, Büchern und Filmen, die über ihn erschienen sind. Die atemberaubende Schönheit der bekanntesten Stücke aus seinem Grabschatz, wie der Goldmaske, des Goldsargs und seiner Schmuckstücke, lassen sich kaum in Worte fassen. *Beschreiben nützt nichts, ansehen!*, notierte Ludwig Borchardt in seinem Grabungstagebuch von 1912, als er die weltberühmte Büste der Nofretete in Amarna entdeckte. Genauso verhält es sich mit Howard Carters Jahrhundertfund.

11. KAPITEL

Tutanchamuns Mumie

Schon zu Lebzeiten befassten sich die Alten Ägypter intensiv mit der zeitlichen Begrenztheit ihres irdischen Daseins und betrieben einen außergewöhnlichen Totenkult um ihre verstorbenen Könige. Nach ihrem Glauben war das Diesseits nur eine kurze Phase auf Erden, auf die ein endloses Fortleben im Jenseits folgte. Hatte ein Pharao nach den moralischen Wertvorstellungen gelebt, standen die Aussichten für ihn gut, im Totengericht zu bestehen und in die verklärten Gefilde der Seligen aufgenommen zu werden. Dafür brauchte er einen unversehrten Körper, in den seine Seele nach dem Tod wieder einziehen konnte. Für die Wiedervereinigung aller Komponenten, die das Wesen des Verstorbenen auf Erden ausgemacht hatten, spielte seine kultische Versorgung eine bedeutende Rolle. Erst die Bewahrung seiner vollständigen Identität über den Tod hinaus garantierte das ewige Fortbestehen des Schöpfungsprozesses und die zyklische Wiederkehr der Sonne, von der jedes bestehende und jedes neue Leben abhing. Im Glauben an eine Existenz bis in alle Ewigkeit bauten die Alten Ägypter die Grabanlagen ihrer Könige aus unvergänglichem Stein. Entsprechend aufwendig waren auch die Vorkehrungen, die zum Schutz ihrer Leichname getroffen wurden. Um 3000 v. Chr. rückte man von dem Brauch ab, die Toten in Matten einzuwickeln und im Wüstensand zu begraben, und begann, ihre

Leichname in Särgen und Gräbern zu bestatten. So konnte aber der natürliche Konservierungsprozess durch den Wüstensand nicht mehr stattfinden, in dem dem Körper Wasser entzogen und das Gewebe bewahrt wurde. Über viele Jahrtausende hinweg entwickelten die Ägypter daher komplizierte Techniken für die künstliche Mumifizierung. In einer Reinigungshalle am Nil wurden die Körper gewaschen, gereinigt und einbalsamiert. Von den altägyptischen Mumifizierungspraktiken erfuhr Europa erstmals durch den griechischen Geschichtsschreiber Herodot, der im 5. Jahrhundert v. Chr. Ägypten bereiste und voller Hochachtung von den Einbalsamierungsritualen dieser alten Zivilisation sprach. Die kostspieligste Methode war Königen, ihren Familien und hohen Beamten vorbehalten. Hierbei entfernten die Einbalsamierer zunächst das Gehirn mit einem Eisenhaken durch die Nase und wuschen die Schädelhöhle mit pflanzlichen Substanzen aus. Mithilfe eines Flintmessers machten die Mumifizierer einen Schnitt seitlich des Bauchs und entfernten die Innereien. Daraufhin reinigten und wuschen sie die Bauchhöhle sorgfältig mit Palmwein und einer Infusion aus zerstoßenen Gewürzen. Dann füllten sie den Leib mit Myrrhe, Cassia und anderen wohlriechenden Mitteln und nähten ihn zu. Danach legten sie den Körper 70 Tage lang in ein Natronpulverbad. Anschließend wuschen sie ihn von Kopf bis Fuß und wickelten ihn in mit Harz bestrichenen Leinenbandagen ein. Die einmalige Fundsituation der altägyptischen Königsmumien und ihr guter Erhaltungszustand enthüllen viele Einzelheiten über die aufwendigen Präparierungsmethoden der Einbalsamierer. Mithilfe von kosmetischen Verschönerungen gaben sie den Mumien ein lebensnahes Aussehen zurück. Nach Bedarf färbten sie die Haare, nahmen Haarverlängerungen vor, schminkten die Augen und lackierten die Fingernägel mit Henna. Künstliche Augen fertigten sie aus bemalten Leinenstückchen. Auch kleine Zwiebeln setzten sie unter die Augenlider. In die Nasenlöcher führten sie Tierknöchelchen ein, damit die Nase durch die Umwicklungen nicht platt gedrückt wurde und der Verstorbene weiterhin atmen konnte. Zur Nachbildung fehlender Gliedmaßen nutzten sie Bandagen, Holz oder Harz. Sägespäne und Flechten dienten ihnen als Füllmaterial unter der Haut zur Wiederherstellung einer intakten physischen Hülle. Diese sollte dem lebenden Körper ähneln und im Jenseits funktionsfähig sein. Der so präparierte Körper war von allen irdischen Gebrechen befreit und vor jeglichen Alterungsprozessen und Krankheiten gefeit.

Mit der Auffindung von Tutanchamuns Mumie war das Geheimnis seines Grabs gelüftet und der König nicht länger ins mysteriöse Dunkel der Geschichte gehüllt. Er ist der einzige Pharao, dessen Leichnam im Tal der Könige in einem beinahe intakten Grab gefunden wurde. Die ersten Untersuchungen an seiner Mumie im November 1925 gestalteten sich äußerst schwierig. Seine sterblichen Überreste waren in einer Art und Weise präpariert worden, wie man sie von Königsmumien so bislang nicht gekannt hatte: Eine ungewöhnlich große Menge an Harz und Salbölen war über den Leichnam gegossen worden und verklebte ihn mit dem Boden des innersten Goldsarges sowie diesen mit dem zweiten Sarg. Über die vielen Jahrtausende war aus der Einbalsamierungsflüssigkeit eine steinharte schwarze Masse geworden. Nur das Gold der Totenmaske hatte seinen Glanz bewahrt. Zunächst legte man die beiden Särge mitsamt der Mumie vor den Grabeingang, um die Verklebungen durch die Sonneneinstrahlung zu lösen. Als dies nichts half, ließ Carter den Leichnam des Königs im innersten und mittleren Sarg zum Eingangsbereich des Laboratoriums im Grab Sethos' II. transportieren, wo die Anatomen Douglas Derry und Saleh Bey Hamdi eine erste Autopsie der Mumie vornehmen sollten. Zunächst entfernte Carter alle auf der äußeren Mumienhülle angebrachten Gegenstände und trug flüssiges Paraffin auf das äußere Leichentuch auf, um den verklebten Stoff zu festigen. Dann wagte er den ersten Schnitt und entfernte Stück für Stück die äußere Hülle. Die Hoffnung des Teams, nach dem Abtragen des Leichentuchs die Mumie aus dem Sarg heben zu können, wurde enttäuscht: Die inneren Mumienbinden waren ebenso stark verharzt und befanden sich in einem noch schlechteren Zustand als die äußere Leinenhülle. Tutanchamuns Körper war von einem Panzer aus Harz umschlossen und steckte buchstäblich fest. Und so blieb Carter nichts anderes übrig, als die Mumie in ihrem Sarg auszuwickeln. Dieser äußerst komplizierte Vorgang erforderte viel Fingerspitzengefühl und Geduld – und davon hatte der Archäologe ja reichlich. Er begann bei den Füßen und arbeitete sich langsam Richtung Kopf vor. Die Arme, Hände, Finger, Füße und Zehen waren separat eingewickelt, jeder Finger und jede Fußzehe steckte in einer aus Goldblech geformten und der Gestalt des jeweiligen Körperteils angepassten Hülse. An die Füße hatte man zusätzlich goldene Sandalen angelegt. Prachtvolle Schmuckstücke, Amulette und andere Kostbarkeiten kamen nach und nach zum Vorschein, die zwischen den einzelnen verklebten Mumienbandagen über den ganzen Körper verteilt worden waren. Unterhalb des Halskragens der Goldmaske steckten zwischen mehreren Mumienbandagen etliche Preziosen, die nur entfernt werden konnten, indem der Torso vom Kopf getrennt wurde; denn Letzterer war mit der Maske fest verklebt. Die Männer mussten die Mumie regelrecht sezieren, um sie vom Sarg und die Beigaben von den Leinenbinden zu befreien. Der Rumpf wurde vom Becken getrennt, die Arme wurden von den Schultern abgenommen, die Beine von der Hüfte und den Kniegelenken gelöst und die Füße amputiert. Mit heißen Messern löste man schließlich die einzelnen Körperteile vom Sargboden und den Kopf von der Maske. Der König trug ein goldenes Diadem, und sein rasierter Schädel war mit einer perlenbestickten Haube bedeckt, die regelrecht mit ihm verwachsen war. In die Brust hatte sich

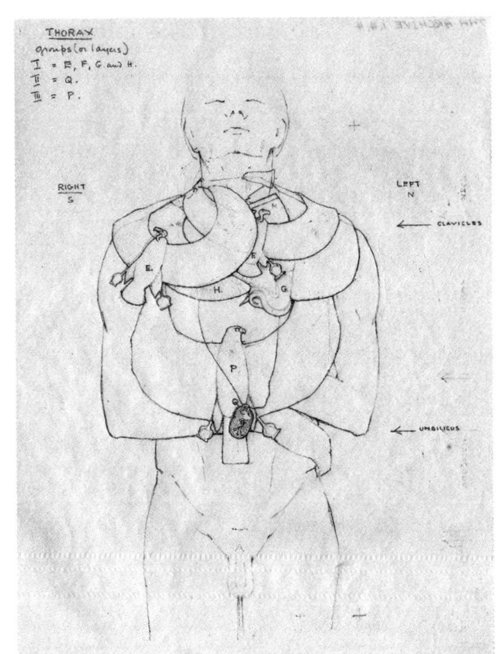

Tutanchamuns Mumie war über und über mit kostbaren Amuletten, Schmuckstücken und anderen für sein jenseitiges Leben essenziellen Gegenständen ausgestattet. Mehr als 140 Objekte lagen zwischen den einzelnen Mumienbandagen. Diese Zeichnung von Carter zeigt übereinandergelegte Schmuckstücke um den Hals und auf der Brust des königlichen Leichnams.

ein breiter, im Harz festsitzender Perlenhalskragen eingefressen, der später von einer unbekannten Person herausgeschnitten wurde. Über den Nacken und die obere Brust verteilt, entdeckte Carter allein 17 Schmuckstücke zwischen den einzelnen Mumienlagen. Darunter befanden sich Halskragen in Gestalt von geflügelten Falken und Geiern und Ketten mit Anhängern. Eine beeindruckende Brustplakette bestand aus dem dreifach wiederholten Thronnamen des Königs. Einige Prunkstücke waren aus bunten Einlagen in Cloisonné Arbeit, wieder andere aus massivem Gold oder aus Goldblech gefertigt. An einer besonders schönen Kette aus Gold hing ein Skarabäus-Anhänger. Im Nabelbereich fand Carter einen auf einer Goldauflage montierten Skarabäus mit einem aus Lapislazuli und verschiedenfarbigem Glas eingelegten Reiher. Dieser symbolisierte den «Benu»-Vogel, der mit dem Sonnengott Re in Verbindung gebracht wurde und in dessen Gestalt die Seele des Verstorbenen das Grab verlassen und sich zwischen Diesseits und Jenseits frei hin- und herbewegen konnte. Vermutlich war das Stück als Ersatz für den lebenserhaltenden Herzskarabäus gedacht, der aus unerklärlichen Gründen in der Schatzkammer gelandet war. Über dem rechten Handgelenk lagen fünf und neben dem linken Handgelenk acht massive Fingerringe, deren Ausgestaltung eine reichhaltige Symbolik aufweist. Zwei zusätzliche Siegelringe aus Gold steckten an zwei Fingern der linken Hand des Königs. Die über Kreuz auf der Brust liegenden Unterarme waren mit schweren Armreifen versehen, davon sieben am rechten und sechs am linken. Um die Armreifen abstreifen zu können, wurden die Unterarme am Ellbogen und die Hände am Handgelenk abgetrennt. Ein besonders exquisites Exemplar war aus Gold, Türkis und Elektrum gefertigt. Drei weitere Armreifen aus Gold lagen auf der Brust des Königs. Im Beinbereich befanden sich unter anderem vier farbenfrohe Halskragen, die zusammengefaltet und durch die Mumienumwicklung regelrecht zerquetscht worden waren. Ein Dolch mit einer Eisenklinge in seiner Scheide lag auf dem rechten Oberschenkel. Dort fand Carter auch den Kopf einer Kobra, die ein Bestandteil von Tutanchamuns Diadem gewesen war. Der ebenso dazugehörige Kopf eines Geiers wiederum lag ebenfalls auf dem rechten Oberschenkel. Die beiden Tierköpfe waren während der Bestattungsvorbereitungen vom Diadem gelöst worden, damit der Schädel des Königs in die Maske passte. Carter war von der Verarbeitung des Geierkopfes mit seinen Augen aus Obsidian und den minutiös gefertigten Einzelheiten der Federn und Falten ausgesprochen angetan. Seit seiner Kindheit hatte sich der Archäologe intensiv mit Vogelkunde befasst, und Vögel waren eines seiner liebsten Motive beim Malen. Um Tutanchamuns Hüften war ein goldener Gürtel geschlungen, in dem ein Dolch mit einer

Goldklinge steckte. Daneben war sein Leichnam übersät mit rund 25 Amuletten in Gestalt von Pflanzen, Tieren, Hieroglyphen und Göttern. Sie lagen fast alle im Halsbereich, in unmittelbarer Nähe des Kopfes – dem wichtigsten und schutzbedürftigsten Körperteil. Ihre magischen Kräfte wurden während ihres Einbringens zwischen die Mumienbandagen durch rituelle Handlungen, Gesänge und Libationen aktiviert und sollten dem Verstorbenen Schutz und Macht verleihen, Böses abwehren und ihm zu seiner Wiedergeburt verhelfen. Spezielle Materialien und Farben verstärkten die Wirkmächtigkeit der verschiedenen Amulette: Den dunkelblauen Lapislazuli etwa brachte man mit dem Nachthimmel in Verbindung, der grüne Feldspat hingegen stand für die Vegetation und Uferlandschaft des Nils. Blau und Grün assoziierte man mit Verjüngung und Wiedergeburt. Zwischen den untersten Mumienbandagen fand sich ein Anhänger in Form eines Udjat-Auges, das seinen Besitzer vor dem bösen Blick bewahren sollte. Über 140 Gegenstände kamen im Prozess des Auswickelns nach und nach zutage. Tutanchamuns Körper war über und über mit goldenen Gegenständen und magischen Objekten bedeckt, um sein Fleisch in das «Fleisch der Götter» zu verwandeln und ihm zur Unsterblichkeit zu verhelfen. Solche üppigen Beigaben gehörten im Neuen Reich zur Standardausstattung eines Königs. Carter fertigte Zeichnungen von jeder einzelnen Bandagenschicht und den darauf deponierten Totengaben an und dokumentierte jede Phase des Auswickelns der Mumie. So wurden all die kostbaren Amulette und Schmuckstücke, die eigentlich für ihren Schutz im Jenseits gedacht waren, am Ende zum Grund für ihre Zerstörung.

Auf einem mit Sand gefüllten Holztablett wurden die Einzelteile des malträtierten Körpers – Kopf, Torso und Gliedmaßen – wieder zusammengesetzt, und die Hände und Füße mit Harz an den Handgelenken und Fußknöcheln befestigt, um der Mumie einen unversehrten Anschein zu geben. Tutanchamuns Körper sah aus wie ein *verkohltes Wrack*. Alfred Lucas vermutete, dass die mit flüssigen Salbölen durchtränkten Mumienbandagen spontane Verbrennungsprozesse in Gang gesetzt hatten. Ebenso könnten die verwendeten Einbalsamierungssubstanzen eine Verätzung der Haut verursacht haben. Schließlich begannen Douglas Derry und Saleh Bey Hamdi mit einer ersten Untersuchung der entblößten Mumie. Das Gehirn des Königs hatte man nach gängigem Brauch durch die Nasenhöhle entfernt und über diese und ein zusätzliches Loch auf der Rückseite des Schädels Einbalsamierungsmaterial in die Schädelhöhle eingebracht. Völlig untypisch gestaltete sich der zum Nabel verlaufende diagonale Schnitt, über den die inneren Organe auf der linken Körperseite entfernt worden waren. Normalerweise setzte man den Schnitt diagonal zum Ansatz des Oberschenkels. Die goldene Platte, mit der diese Öffnung bei Königsmumien in der Regel abgedeckt wurde, fehlte. Auch das Herz des Königs, das man üblicherweise einbalsamierte und wieder in den Brustkorb zurücklegte, befand sich nicht im Körper. Tutanchamun starb unerwartet, und seine Bestattung musste schnell erfolgen. Anhand der Gelenkenden der Röhrenknochen schätzten die Wissenschaftler sein Sterbealter auf ungefähr 18 bis 20 Jahre. Seine Schädelnähte sind teilweise noch geöffnet, und seine Weisheitszähne waren noch nicht alle durchgekommen; einer von ihnen war schräg gewachsen. Der König hatte den typischen Überbiss seiner thutmosidischen Vorfahren und große Schneidezähne. Die Größe und Proportionen seines stark verlängerten Schädels wiesen verblüffende Ähnlichkeiten mit Echnatons Mumie auf. Für die Körpergröße gaben Derry und Hamdi 161 Zentimeter an, was bei Folgeuntersuchungen einige Jahrzehnte später zu 168 Zentimetern korrigiert wurde. Die beiden Anatomen fanden keine Hinweise auf Tutanchamuns Todesursache, da sich ihre Untersuchungen auf Beobachtungen beschränkten, die mit dem bloßen

Auge erkennbar waren, obwohl damals Röntgenuntersuchungen durchaus schon möglich gewesen wären. Am 23. Oktober 1926 wurde die neu verpackte Mumie in den äußersten Holzsarg und dieser in den Steinsarkophag zurückgelegt.

Das Interesse an Tutanchamun riss nicht ab. Seit Carters Entdeckung suchen Anthropologen, Mediziner und Naturwissenschaftler nach Hinweisen auf seine familiäre Abstammung, seine Krankheiten und seinen frühen Tod. 1968 führte Ronald Harrison, Anatomieprofessor an der Universität Liverpool, die erste Röntgenuntersuchung an der Mumie des Königs durch, um die Gründe seines frühen Todes zu ermitteln. Der Anatom entdeckte ein Knochenfragment im Schädel und stellte eine Schwellung an der Schädelbasis fest. Daraus zog er den Schluss, dass das Knochenbruchstück sich beim unvorsichtigen Entfernen des Gehirns durch die Nase oder durch einen Schlag auf den Hinterkopf gelöst haben könnte. In den kommenden Jahrzehnten führten Fachkreise hitzige Diskussionen über die möglichen Ursachen von Tutanchamuns frühen Tod. Ihre Theorien reichten von Mord durch einen Schlag auf den Hinterkopf über einen tödlichen Unfall auf dem Streitwagen bis hin zu Stoffwechselkrankheiten und Infektionen. Harrisons Röntgenuntersuchungen brachten eine weitere bemerkenswerte Entdeckung ans Licht, die Derry und Hamdi entgangen war: Das Brustbein und einige der vorderen Rippen fehlten. An den noch vorhandenen Rippen zeigen sich Sägespuren; vermutlich hatten die Einbalsamierer die Extraktion vorgenommen und zu tarnen versucht, indem sie den Brustraum mit flüssigem Harz füllten und einen breiten Perlenhalskragen darauflegten. Auch stellte Harrison fest, dass der Penis des Königs, der 1925 noch vorhanden war – wie Burtons Aufnahmen von der Mumie zeigen –, fehlte. Hatte ihn etwa jemand in den Jahrzehnten danach als Andenken oder für seine Privatsammlung heimlich mitgehen lassen?

Mit der stetigen technologischen Entwicklung unterzog man Tutanchamuns Mumie weiteren Analysen. 2005 ließ Zahi Hawass, damaliger Generalsekretär der ägyptischen Antikenverwaltung, in Zusammenarbeit mit dem Schweizer Mediziner und Paläopathologen Frank Rühli und seinen italienischen Kollegen Paul Gostner und Eduard Egarter-Vigl erstmals eine Untersuchung mit Hilfe von Computertomografie durchführen. CT-Scans haben gegenüber Röntgenaufnahmen den Vorteil, dass sie dreidimensionale Bilder aus jeder Richtung und in jeder Vergrößerung liefern und räumlich übereinanderliegende Schichten getrennt voneinander begutachtet werden können. So heben sich bei Mumien ihre Bandagen, Einbalsamierungssubstanzen, Weichteile und Knochen besser voneinander ab und lassen sich einzeln betrachten. Mit einer speziellen Abbildungssoftware werden alle übereinanderliegenden Lagen einer Mumie entfernt und von der entblößten Mumie eine 3-D-Rekonstruktion erstellt, von der auf dem Computerdisplay eine virtuelle Autopsie durchgeführt werden kann. Die Forscher sehen alles, was sich unterhalb der Mumienbinden befindet, ohne den Körper anfassen und auswickeln zu müssen. Die von der Mumie erstellten CT-Bilder lieferten keinerlei Hinweise auf Verletzungen am Schädel und schlossen Harrisons Theorie eines Schlages auf den Hinterkopf aus. Demgegenüber machten die Mediziner eine neue Theorie über die mögliche Sterbeursache des Königs geltend: Sie stellten einen lebensbedrohlichen Bruch oberhalb des linken Knies fest, der durch einen harten Schlag oder Aufprall entstanden sein könnte. Vermutlich blutete Tutanchamun stark, und die Wunde infizierte sich und verheilte nicht.

Von 2007 bis 2009 führte die ägyptische Antikenverwaltung eine groß angelegte Studie zur Rekonstruktion eines neuen Familienstammbaums der 18. Dynastie durch, unter fachlicher Beratung des Nationalen Forschungszentrums in Kairo, der Universität Tübingen sowie des Anthropologen und Paläopathologen Albert Zink. Der gute Erhaltungszustand von ägyptischen Mumien erlaubt es Wissenschaftlern, alte DNA zu sammeln und zu rekonstruieren. Jedoch können starke Fragmentierung und mögliche Verunreinigungen einer alten DNA zu fragwürdigen Ergebnissen führen. Mit entsprechenden Vorkehrungen lassen sich Kontaminierungen durch die DNA etwa der Forscher oder anderer Personen, die mit den Mumien in Berührung kommen, jedoch umgehen. Mit einer Biopsienadel entnahmen die Wissenschaftler DNA-Proben aus dem Inneren von Ober-, Unterschenkel- und Oberarmknochen von Tutanchamuns Mumie und zehn weiteren Mumien der 18. Dynastie, von denen man verwandtschaftliche Beziehungen mit dem Kindkönig annahm. Einige von ihnen können eindeutig historischen Personen zugeordnet werden, während die Identität von anderen bislang nur vage ermittelt werden konnte und von wieder anderen jegliche Kontexte fehlen. An allen diesen Mumien wurden interdisziplinäre Untersuchungen durchgeführt, um neben Verwandtschaftsverhältnissen auch das jeweilige Alter und Indizien für mögliche Krankheiten zu ermitteln. Über das gewonnene Erbgut wurden genetische Fingerabdrücke von jeder Mumie rekonstruiert und darüber ein Stammbaum der königlichen Familie erstellt. Die miteinander verglichenen Ergebnisse brachten neue Aspekte über Tutanchamuns Familie ans Tageslicht: Er war der Sohn von Echnaton und der «jüngeren Dame». Die Genanalysen bestätigten zudem Amenophis III. und Teje, deren Mumie auch als «ältere Dame» bekannt ist, als Echnatons Eltern und damit Tutanchamuns Großeltern. Weiteren DNA-Resultaten zufolge waren Echnaton und die «jüngere Dame» Bruder und Schwester. Dem Rekonstruktionsvorschlag, dass entweder seine Hauptfrau Nofretete oder seine Nebenfrau Kija die Mutter Tutanchamuns war, steht entgegen, dass keine der beiden Frauen in den historischen Quellen als «Schwestergemahlin» oder «Königstochter» überliefert ist. Auch von den historisch belegten Schwestern Echnatons trug keine den Titel «Schwestergemahlin». Wenn die «jüngere Dame» – Tutanchamuns Mutter – tatsächlich sowohl die Gattin von Echnaton als auch seine Schwester war, hatte sie ihrem Rang gemäß auch Anspruch auf den Titel «Große königliche Gemahlin», und den trug Nofretete bis zu Echnatons 16. Regierungsjahr. Zu diesem Zeitpunkt war der goldene Pharao bereits geboren. Nofretete könnte durchaus eine Tochter von Amenophis III. und Teje gewesen sein, denn ihre Amme Tij war mit Eje verheiratet, welcher wie Königin Teje aus der Stadt Achmim stammte. Über Analysen des genetischen Erbguts von altägyptischen Mumien lassen sich jedoch nicht immer eindeutige Ergebnisse erzielen. Die inzestuösen Verhältnisse innerhalb der ägyptischen Königsfamilie und mögliche Ehebrüche führen notwendigerweise zu Spekulationen hinsichtlich der Verwandtschaftsbeziehungen. Demnach könnte nach weiteren Rekonstruktionsvorschlägen die «jüngere Dame» auch Echnatons Cousine ersten Grades, hinter der man Nofretete vermutet, und Eje ihr Vater gewesen sein.

Tutanchamun heiratete seine Schwester oder Halbschwester Anchesenamun, die drittälteste Tochter des Königspaars Echnaton und Nofretete. Die zwei im Grab des Kindkönigs gefundenen Föten sind nach DNA-Analysen wahrscheinlich seine Töchter, die er mit einer Frau zeugte, deren Mumie im Grab KV21 notbestattet wurde. Ob sich dahinter Anchesenamun oder eine Nebenfrau verbirgt, konnte bislang nicht geklärt werden. Die totgeborenen Föten waren in der Schatzkammer beigesetzt worden. Derry nahm 1932 Untersuchungen an ihnen vor: Die eine Mumie war an die 26 Zentimeter groß, über ihren Kopf war eine vergoldete Kartonagemaske gestülpt worden. Seinerzeit befand sich der mumifizierte Fötus in einem guten Erhaltungszustand, und sogar Reste der Nabelschnur waren noch vorhanden. Die andere Mumie war an die 40 Zentimeter groß, für sie war sicherlich ebenfalls eine Maske angefertigt worden, die aber vermutlich nicht über den Kopf der Mumie passte. Davis fand 1907 eine Maske im Grab KV54 zusammen mit anderen Gegenständen in einem der Vorratskrüge, die ihrer Größe zufolge ursprünglich für den zweiten Fötus vorgesehen gewesen sein könnte. Nach Derrys Untersuchungen handelte es sich um zwei weibliche Föten, die im Alter von fünf bzw. sieben Monaten gestorben waren. Spätere Begutachtungen ergaben jedoch, dass der erste Fötus knapp 30 Zentimeter groß und um die 25 Wochen alt war. Sein Erhaltungszustand hatte sich zwischenzeitlich verschlechtert, sodass das von Derry angegebene weibliche Geschlecht nicht mehr bestätigt werden konnte. Der zweite Fötus war an die 54 Zentimeter groß, weiblich und an die neun Monate alt. Zur Bestimmung der verwandtschaftlichen Beziehungen zwischen Tutanchamun und den beiden Föten konnte nur an dem älteren Fötus eine brauchbare DNA-Analyse vorgenommen werden, die ergab, dass er der Vater war. Der Erhaltungszustand des jüngeren Fötus war zu schlecht und ließ keine aussagekräftigen Ergebnisse zu.

Über CT-Scans und das gewonnene Erbgut erzielten die Wissenschaftler auch Erkenntnisse über Tutanchamuns Fehlbildungen und Krankheiten. Er litt an dem Freiberg-Köhler-Syndrom, einer seltenen Knochennekrose, hatte eine leichte Klumpfußbildung links, sein rechter Fußbogen war abgeflacht und ihm fehlte ein Fußknochen im rechten Fuß, was ihn beim Gehen vermutlich stark beeinträchtigte. Seine im Grab gefundenen 130 Stäbe und Stöcke wurden daher als Gehstützen gedeutet. Auch zeigen ihn einige Darstellungen auf Gegenständen seines Grabschatzes, wie er sitzend der Jagd nachgeht oder sich auf einen Stock stützt. Allerdings gehörten Stäbe und Stöcke seit frühester Zeit zur gängigen Ausstattung einer verstorbenen Person von hohem Rang. Und Pharaonen präsentierten sich stets idealisiert mit einem kraftvollen Körper, auch wenn sie zu Lebzeiten physische Gebrechen hatten. Tutanchamun litt auch an der Infektionskrankheit Malaria tropica, der schwersten Form von Malaria, an der wohl auch Juja und Tuja erkrankt waren. Zudem hatte er eine kleine Gaumenspalte. Außerdem wies er, wie andere Mitglieder der Königsfamilie, eine leichte Verkrümmung der Wirbelsäule auf. Eine Bindegewebs- oder Hormonstörung, wie lange Zeit vermutet wurde, konnten die Wissenschaftler allerdings nicht bestätigen. Die femininen Darstellungen Echnatons mit langen Gliedmaßen, ausladender Hüfte und stark gelängtem Schädel deutete man als Symptome einer genetischen Erbkrankheit wie dem Marfansyndrom. Jedoch zeigen weder Tutanchamuns Mumie noch die seines Vaters Anzeichen dieser Krankheit. Der manieristische Kunststil der Amarnazeit visualisiert vielmehr die solare Komponente des Königs als androgyne Schöpfergottheit. Die physischen Leiden des jungen Königs müssen nicht unbedingt lebensbedrohlich gewesen sein, schwächten aber zusätzlich sein Immunsystem, was im Falle eines tatsächlichen Bruchs im Bereich des oberen Kniegelenks gravierende Folgen gehabt haben konnte. Seine allgemeine Gesundheit könnte auch durch die inzestuösen Verhältnisse in seiner Familie beeinträchtigt gewesen sein. Seit der ersten Autopsie an seiner Mumie wurde sein Leichnam stark in Mitleidenschaft gezogen, sodass sich heute fast nicht mehr sagen lässt, welche Beschädigungen vor und welche nach dem Tod des Königs erfolgten. Grundsätzlich ist aber davon auszugehen, dass ein Großteil der Verletzungen an seiner Mumie auf die Untersuchungen in den 1920er Jahren zurückzuführen ist. Allerdings fehlten bei der Röntgenanalyse von 1968 einige Körperteile, die bei Carters Untersuchung noch vorhanden waren. So wird sich wohl nie zweifelsfrei klären lassen, wie Tutanchamun tatsächlich zu Tode kam, und die Nachwelt muss sich mit einer Reihe von Spekulationen über sein allzu frühes Lebensende begnügen.

Man kann von Glück sprechen, dass sich seine Mumie für die Nachwelt erhalten hat und ihr nicht das gleiche Schicksal widerfuhr wie tausend anderen Mumien. In den meisten Fällen wurden sie von Grabplünderern auf der Suche nach Gold regelrecht zerlegt und gelegentlich auch in Brand gesetzt. Im Mittelalter waren sie zudem ein begehrter Rohstoff zur Herstellung des Heilmittels «Mumia». Ab dem 16. Jahrhundert wurde dieses in europäischen Apotheken als gängiges Produkt verkauft. Mumia entwickelte sich zu einer solch bedeutenden Alternativmedizin in Europa, dass man die große Nachfrage kaum bedienen konnte und auch falsche Mumien an den Mann brachte. Aus altägyptischen Mumien wurde auch die Malfarbe «Mumienbraun» hergestellt. Ab dem 17. Jahrhundert wurden sie außerdem neben anderen exotischen Exponaten in den Kuriositätenkabinetten und Kunstkammern europäischer Fürsten ausgestellt. 1833 ließ der Geistliche Ferdinand von Géramb den Gouverneur von Ägypten, Mohamed Ali Pascha, wissen, dass es zum guten Ton gehören würde, eine Mumie und ein Krokodil als Mitbringsel aus Ägypten mit in die Heimat zu nehmen. Der Erwerb von Mumien wurde zu einem besonderen Erlebnis für junge europäische Adlige, die auf ihren Bildungsreisen auch einen Zwischenstopp in Ägypten einlegten. Sie nahmen alles mit, was der Markt hergab: ganze Körper, Hände, Füße und Köpfe. Zu Hause präsentierten sie ihre Souvenirs in Vitrinen oder wickelten ihre exotischen Geschenke auf schillernden «Mumienpartys» als Besonderheit des Abends aus. Dieser Mumienhandel hielt bis in die 1920er Jahre an – dem Jahrzehnt der Entdeckung des Grabes des Tutanchamun. Apotheken verkauften die Arzneidroge «Mumia vera aegyptiaca» – Produkte aus «echten» ägyptischen Mumien waren besonders begehrt und kostspielig. Man schrieb der Arznei 21 heilende Eigenschaften zu: Sie galt unter anderem als blutstillend und fiebersenkend, wurde zur Behandlung von Knochenbrüchen und Quetschungen angewandt, auch als Aphrodisiakum stand sie hoch im Kurs. Das Pharmaunternehmen Merck führte «Mumia vera aegyptiaca» bis 1924 in seinem Sortiment. Dann hörte die fragwürdige Praxis auf, menschliche Leichname aus dem Alten Ägypten für kommerzielle Produkte zu pulverisieren. Bis heute ziehen altägyptische Mumien große Aufmerksamkeit auf sich und locken Scharen von Besuchern und Schulklassen in die Museen. Insbesondere Pharaonenmumien üben eine große Faszination aus, stellen sie doch die sterblichen Hüllen von bedeutenden Herrschern dar, welche die heute noch vorhandenen Pyramiden, Tempel, Felsgräber im Tal der Könige und andere gewaltige steinerne Denkmäler bauen ließen. In einem Vortrag über die Mumie Ramses' II., unter dem vielleicht der Exodus der Israeliten aus Ägypten stattfand, sagte der amerikanische Ägyptologe Bob Brier zu seinen Zuhörern im Toledo Museum of Art in Ohio 2018: *Das ist das einzige Gesicht der Bibel, das Sie jemals sehen werden.* Fast scheint es, als seien die altägyptischen Könige dem Tod entkommen, so außergewöhnlich gut sind ihre Körper erhalten. Man sieht nicht nur Knochen, sondern die Hüllen von Menschen samt ihrer Haut, die noch Gesichtskonturen erkennen lassen und mitunter sogar Zähne, Finger- und Fußnägel und Haare aufweisen. Die Glaubenspraxis der Alten Ägypter könnte der modernen Welt fremder nicht sein. Während jene dem Tod schon zu Lebzeiten einen großen Stellenwert einräumten, stehen wir ihm heutzutage ablehnend gegenüber und haben ihn aus dem Alltag verbannt. Der Anblick von Mumien nimmt dem Sterben seine bedrohliche Seite und macht es möglich, sich ihm ohne Scheu zu nähern. Mag Tutanchamuns Grabschatz noch so glanzvoll sein, erst seine Mumie macht daraus eine persönliche Geschichte.

12. KAPITEL

Die erste globale Mediensensation

Nach dem Ersten Weltkrieg kämpfte die Archäologie ums Überleben. Das Komitee der «Egypt Exploration Society» hatte 1921 ihre Besorgnis darüber geäußert, dass es zunehmend schwieriger, fast unmöglich sei, die Allgemeinheit insbesondere für die ägyptische Archäologie zu begeistern. Doch schon im Jahr darauf war die Welt vom Tut-Fieber gepackt. Plötzlich stand die Geschichte eines neu entdeckten Pharaonengrabs im Fokus des globalen Interesses. Am 29. November 1922 gab die Londoner «Times» die einzigartige Auffindung in einer ersten Pressemeldung mit der Schlagzeile bekannt: *Ein ägyptischer Schatz. Großer Fund in Theben: Lord Carnarvons lange Suche*. Einen Monat nach der Sensationsmeldung brachte die wöchentlich erscheinende «Illustrated London News» – seit den 1840er Jahren Englands «Life Magazin» – einen Beitrag mit einer romantisierenden Illustration heraus: Carter, Carnarvon und Evelyn inspizieren den Grabschatz im Schein einer Lampe. Von da an ließ eine nicht abreißende Berichterstattung die Öffentlichkeit an den Geschehnissen im Tal der Könige unmittelbar teilhaben. Carter erhielt unzählige Telegramme und Briefe mit Glückwünschen und guten Ratschlägen, Angeboten zur Unterstützung bei der Bergungsarbeit und Offerten gigantischer Summen für die Genehmigung von Filmaufnahmen. Einer der Absender bot sich sogar als

Touristen und Journalisten belagerten über viele Monate den Eingang von Tutanchamuns Grab, um einen Blick auf den spektakulären Fund zu erhaschen.

Kammerdiener an. Wieder andere waren sich sicher, dass Carter ein Verwandter von ihnen sei: *Gewiss sind Sie der Vetter, der 1893 in Camberwell wohnte, und von dem wir seitdem nie etwas hörten …* Die psychische Verfassung eines Absenders stimmte Carter bedenklich: *Was soll man sich zum Beispiel unter einem Menschen vorstellen, der ernsthaft anfragt, ob die Entdeckung des Grabes Licht auf die angeblichen belgischen Kongogreuel geworfen hat?* Das plötzliche Interesse an seinem Metier irritierte den Archäologen in hohem Maße und hinderte ihn daran, sich der wichtigen Bergungsarbeit zu widmen. *Das Grab zog an wie ein Magnet. Schon zu früher Morgenstunde fing die Pilgerfahrt an. Besucher kamen zu Esel, auf Sandkarren oder in Zweispännern und begannen sich für den Tag häus-*

lich einzurichten. Um den Rand der oberen Grabeinfassung führte eine niedrige Mauer … Dort saßen sie den ganzen Morgen, lasen, unterhielten sich, strickten, machten Aufnahmen vom Grab … Groß war jedesmal die Aufregung, wenn wir hinaufsagen ließen, daß etwas aus dem Grab herausgeschafft werden würde. Bücher und Strickzeug wurden beiseite geworfen, die ganze Batterie der Apparate machte die «Rohre frei» und wurde auf den Eingang gerichtet. Manchmal waren wir wirklich in Angst, daß die ganze Mauer nachgeben und die Besuchermenge in das offene Grab stürzen würde …, schildert Carter die aufgeregte Atmosphäre in den ersten Monaten nach seiner Entdeckung. Noch nie hatte eine archäologische Grabung so viel mediale Aufmerksamkeit erfahren. Die aufkommende Massenkommunikation trug im Wesentlichen zum Wirbel bei, der um den sagenumwobenen Tutanchamun und seinen Grabschatz veranstaltet wurde. Die Journalisten fanden dankbare Leser. Sie hatten genug von deprimierenden Nachkriegsmeldungen und begrüßten fesselnde Geschichten aus einer exotischen Welt fernab ihres trostlosen Alltags. Carters Entdeckung fiel in die wilden Zwanzigerjahre, eine von einschneidenden Ereignissen geprägte Dekade. Bereits in den letzten Jahrzehnten des 19. Jahrhunderts hatte sich das moderne Leben Bahn gebrochen: Der Fortschritt der Kommunikation, wissenschaftliche Errungenschaften und boomende Städte veränderten die Welt in rasanten Schritten. Durch das wirtschaftliche Elend und die instabile weltpolitische Situation jener Zeit waren die Menschen in einen Ausnahmezustand versetzt. Jede Ablenkung von den traumatischen Kriegserinnerungen, der bedrückenden Realität und einer ungewissen Zukunft schien willkommen. Tutanchamun erfüllte das Bedürfnis der Öffentlichkeit nach Unterhaltung und Abwechslung. Die britische Bevölkerung war über den Sensationsfund im Tal der Könige am besten informiert und stolz darauf, dass zwei ihrer Landsleute das Grab des Tutanchamun ausfindig gemacht hatten. Auf der «British Empire Exhibition» in London 1924 präsentierten die Veranstalter den Besuchern eine Kopie der Vorkammer von Tutanchamuns Grab und Repliken von seinen Schätzen, sie feierten Carnarvons und Carters Entdeckung als britischen Triumph. In Deutschland berichtete die Berliner «Vossische Zeitung» am 7. Dezember 1922 als Erste über den aufsehenerregenden Fund. Die «Münchner Neuesten Nachrichten» beriefen sich auf eine unzuverlässige Bezugsquelle über die Ereignisse im Tal der Könige: Am 8. Februar 1923 teilten sie ihren Lesern mit, dass man im Grab *drei Königsmumien vermuten würde*. Ansonsten begegneten die deutschen Journalisten der Tut-Euphorie eher verhalten und fragten sich ernsthaft, ob es in Anbetracht der weltpolitischen Lage nicht brennendere Themen geben würde als das Grab eines altägyptischen Königs. Der Ausbruch der Hyperinflation in Deutschland 1923 bestimmte die nationalen Schlagzeilen. Auch archäologische Fachkreise begegneten dem angloamerikanischen Monopol auf die Entdeckung mit zurückhaltender Anteilnahme und ließen sich erst ab 1924 von der weltweiten Tut-Begeisterung anstecken.

Das Interesse an Carters Entdeckung im Tal der Könige nahm hysterische Züge an. Presseleute stürmten am Ende eines Tages auf *Eseln, Pferden, Kamelen und anderen Fortbewegungsmitteln durch die Wüste zum Telegrafenamt*, um ihre Zeitung mit weiteren Schlagzeilen frisch vom Grab zu versorgen. So schildert der «Daily Telegraph» die Situation vor Ort im Januar 1923. Trotz aller Bemühungen, mehr telegrafische Verbindungen nach Kairo einzurichten, konnte die Hauptzentrale der «Eastern Telegraph Company» in Luxor den Ansturm kaum bewältigen. Von der ersten Schlagzeile eine Woche nach der Entdeckung bis zum Januar des darauffolgenden Jahres hatten die Londoner «Times» 28 und die «New York Times» 43 Beiträge zum Thema veröffentlicht; ganz zu schweigen von den vielen anderen Pressevertretern und Touristen, die ebenfalls im Telegrafenamt anstanden, um ihre Nachrichten zu versenden. Es gab aber auch Tage, an denen sich im Grab nichts rührte und die Journalisten sich vergeblich die Beine in den Bauch standen. Die Weltpresse verlangte jeden Tag nach einer neuen Schlagzeile und beschwerte sich zunehmend über Carters allzu akribische und langsame Arbeitsweise. Um ihre Leserschaft bei Laune zu halten, suchten sie ständig nach Stoff für ihre Artikel. Selbst die trivialsten Vorkommnisse schienen dafür geeignet zu sein. Sechs Wochen nach der Entdeckung veröffentlichte die Londoner «Times» am 8. Januar 1923 einen Beitrag mit dem Aufmacher *Beschleunigung der Arbeit in Luxor – Automobil überholt Esel.* Gemeint war das Grabungsauto, in dem Carnarvon und Carter sich zwischen dem Tal der Könige und dem Nilufer hin- und herchauffieren ließen. Auch dem Korrespondenten der «New York Times» mangelte es zeitweise an interessanten Themen. Am 9. Januar gestand er seinen Lesern, dass er *eine langweilige Woche vor dem Grab* zugebracht habe und hielt das aufregendste Ereignis in der Schlagzeile *Ratte dringt in Grab Sethos' II. ein* fest. Seit der ersten Besichtigung des Grabes durch die Presse wurden die Entdecker von allen Seiten bedrängt. Viele Könige und hohe Würdenträger aus sämtlichen Ländern der Welt beanspruchten eine Exklusivtour durch das Grab und konnten nicht abgewiesen werden. Amerikanische Reiseunternehmen boten spezielle Touren nach Ägypten zur Besichtigung des Jahrhundertfunds an. Touristen kamen von weither angereist, nur um das frisch entdeckte Grab und seine Goldschätze zu sehen. Jeder glaubte willkommen zu sein und wurde völlig ungehalten, wenn ihm der Zugang verwehrt wurde. Abends an der Bar im Winter Palace Hotel war Tutanchamuns Grab das alles beherrschende Thema bei den Gästen. Diejenigen unter ihnen, die es tatsächlich geschafft hatten, einen Fuß hineinzusetzen, prahlten voller Stolz damit, was wiederum die Abgewiesenen verstimmte.

Während der ersten Grabungssaison wurden noch Gemeinschaftstermine für alle Presseleute vergeben. Dann aber beschloss Carnarvon, nur noch Arthur Merton, den lokalen Korrespondenten der Londoner «Times», Einlass ins Grab zu gewähren. Das Grabungsteam musste dringend von der Bürde der auf sie einstürmenden Journalisten befreit werden. Carnarvon und Carter waren im Umgang mit Pressehaien unerfahren und wussten nicht, wie sie hier am besten vorgehen sollten, um ihre Interessen zu wahren. An verlockenden Angeboten mangelte es ihnen nicht, und schließlich kamen sie überein, die Presseberichte über eine einzige Zeitung zu kanalisieren. Der Lord entschied sich für die Londoner «Times», ganz zur Freude von Carter, der mit Merton befreundet war. Die Entdecker versprachen sich von der «Times» nicht nur eine seriöse Berichterstattung, sondern wollten auch die Kontrolle über die Inhalte der Pressemitteilungen bewahren und sich der Welt in einem ausschließlich positiven Licht präsentieren. Als führende Zeitung wurde die Londoner «Times» vor allem von den oberen Gesellschaftsklassen, Regierungsvertretern, Finanz- und Geschäftsleuten gelesen. Schließlich übertrug Carnarvon ihr am 10. Januar 1923 die Exklusivrechte für alle Nachrichten, Fotografien und Zeichnungen des Grabes und vereinbarte mit ihr zusätzliche 75 Prozent für den Verkaufserlös aus Nutzungsrechten. Als Gegenleistung erhielt er von der «Times» 5000 Pfund. Alan Gardiner begrüßte Carnarvons Exklusivvereinbarung mit der «Times», denn nur ihr traute er glaubwürdige Reportagen über archäologische Themen zu. Auch für Carter sah er einen großen Vorteil darin, von der Last der Informationsverteilung befreit zu sein und nur noch mit einem Journalisten anstelle einer Schar von Pressevertretern kommunizieren zu müssen. Vom 30. Januar 1923 an veröffentlichte die «Times» regelmäßig Fotoreportagen von den «wunderbaren Dingen» aus dem Grab. Burton versorgte die britische Zeitung mit medientauglichen Aufnahmen: Auf

Der Grabungsfotograf Harry Burton fertigte neben fast dreitausend dokumentarischen Aufnahmen des Grabschatzes auch inszenierte Bilder für die Presse an. Diese prägen bis heute das Bild, das die Nachwelt von dem spektakulärsten Archäologiefund des 20. Jahrhunderts hat. Hier sieht man Howard Carter, wie er staunend in die Holzschreine und auf die Särge des Tutanchamun blickt.

inszenierten Fotos sieht man, wie Carter, Callender und ein ägyptischer Mitarbeiter einen Stoffballen ausrollen oder wie Carter staunend in die geöffneten Sargschreine blickt. Die kommerziellen Aufnahmen halten aber auch bedeutende Schlüsselereignisse fest, wie etwa das Einreißen der Vermauerung durch Carter und Carnarvon am Tag der Öffnung der Sargkammer. Burtons Fotos begründeten das legendäre Image des Grabes und trugen maßgeblich zur allgemeinen Wahrnehmung Tutanchamuns und seines Grabschatzes bei. Unbestritten hatten Burtons Fotos allerdings auch einen entscheidenden Anteil an der aufgeheizten Stimmung und den Auseinandersetzungen um den Sensationsfund zwischen dem Grabungsteam und der ägyptischen Regierung.

Die einheimischen Nationalisten waren empört darüber, dass zwei Briten als Entdecker ihres Kulturerbes auf den Frontseiten der «Times» gefeiert wurden und sie Einzelheiten über die Geschehnisse im Grab nur aus einer ausländischen Tageszeitung erfuhren. Alle anderen Pressevertreter mussten sich mit Geschichten aus zweiter Hand begnügen oder sich auf Augenzeugenberichte berufen. Dementsprechend hagelte es Kritik. Man warf den Entdeckern vor, sie würden die *reine Wissenschaft für den Kommerz prostituieren* und *die Profession des Archäologen und die Weltgeschichte für Bares verkaufen*. Der «Daily Express» schrieb in einem seiner Artikel 1923 unter dem Titel *Tutanchamun Limitiert*, dass die Mumie in seinem Grab nicht der Privatbesitz von Lord Carnarvon sei, schließlich habe er ja nicht seinen Großvater ausgegraben. Vom «Daily-Express»-Korrespondenten Henry Morton angestiftet, versuchte die Weltpresse, den Vertrag mit der «Times» zu brechen. Die feindselige Stimmung zwischen Journalisten und Entdeckern bot den idealen Nährboden für viel Klatsch und Tratsch. So brachte die Londoner «Times» als «offizielle Stimme» Carnarvons und Carters viel Zeit damit zu, Fehlmeldungen zu berichtigen und die angeschlagene Reputation der beiden Männer aufzupolieren. Pierre Lacau, Direktor der Antikenbehörde, geriet mitten in die Streitereien und wurde mit Anfragen von aufgebrachten Journalisten bombardiert. Nicht anders erging es Rex Engelbach, dem Chefinspektor von Oberägypten. Völlig entnervt teilte er Carter in einem Brief mit, dass er keinerlei Informationen beziehen würde und nicht wisse, was er fordernden Journalisten sagen solle. Die Atmosphäre zwischen Presseleuten und Archäologen wurde immer vergifteter, bis die ägyptische Regierung schließlich genug hatte und Lacau anwies, jedem Journalisten auf Anfrage Informationen zum Grab zukommen zu lassen. Carter machte Arthur Merton kurz entschlossen zu einem offiziellen Teammitglied, damit der Korrespondent der Londoner «Times» weiterhin uneingeschränkt Zugang zum Grab hatte und seine Berichte schreiben konnte. So umging Carter geschickt den Beschluss der ägyptischen Regierung: Informationen für alle oder keinen. Um die Wogen mit der aufgebrachten Presse zu glätten, empfahl Arthur Weigall, Carters früherer Kollege und inzwischen Korrespondent der «Daily Mail», Carnarvon solle öffentlich kundtun, dass er an den Exklusivrechten mit der «Times» kein Geld verdienen würde. Außerdem solle er die wissenschaftliche Aufarbeitung des Fundes in den Vordergrund rücken und allen Presseleuten gleichberechtigt Zugang zum Grab gewähren. Carnarvon wurde der Vorwurf gemacht, den Fund nur für den eigenen Profit und zu Lasten der Wissenschaft auszuschlachten. Zwischen den Zeilen gab Weigall dem Lord zu verstehen, dass neue politische Zeiten angebrochen waren. Zum ersten Mal in der Geschichte der ägyptischen Archäologie machten die Einheimischen ihre Rechte auf ihr Kulturerbe geltend. Am 8. Dezember 1923 veröffentlichte die «Al Ahram» einen Artikel mit dem Aufhänger *Ägyptische Altertümer müssen in Ägypten bleiben.* Dass die einheimische Presse für Nachrichten aus ihrem eigenen Land auf eine ausländische Zeitung angewiesen war, betrachtete man als Affront. Die Zeitung «Al Liwa», ein Organ der nationalistischen «Watani»-Partei, war besonders hart in ihrer Kritik gegenüber Carnarvon und warf ihm Gier vor. Man appellierte eindringlich an die Ausgräber, auch den einheimischen Journalisten Interviews zu geben. Ägyptens Adlige, Repräsentanten der Regierung und Angehörige des Mittelstandes zeigten großes Interesse an Carters Fund. Sultana Malak setzte als erste ägyptische Frau einen Fuß in das Grab. König Fu'ad I., seine Mutter und andere Mitglieder der Königsfamilie statteten dem Tal der Könige mehrfach Besuche ab. Das Monatsmagazin «Al Hilal» brachte einige Reportagen über die Entdeckung des Grabes mit Begleitfotos von Burton heraus. Für ägyptische Intellektuelle und Künstler wurde Tutanchamun zu einem Symbol des Erwachens ihres Landes als unabhängige Nation. Sie verarbeiteten die Hinterlassenschaften ihrer pharaonischen Vorfahren auf ihre Weise und setzten neue Akzente in der heimischen Kunst. Mahmoud Mokhtar, einer der berühmtesten Künstler Ägyptens und Vater der modernen ägyptischen Bildhauerei, enthüllte 1928 sein berühmtes Werk «Ägyptens Wiedererwachen» auf dem Ramses-Platz – die Skulptur ziert heute den Vorplatz der Universität Kairo. Auf der Suche nach Ausdrucksmöglichkeiten einer neuen nationalen Identität, experimentierte Mokhtar mit vielen europäischen Kunststilen an der Kunstakademie in Paris, bis er seinen eigenen, den «neopharaonischen Stil» fand und die heimische Bildhauerei neu formulierte. Die altägyptische Kultur beschwor in ihm Gefühle einer mystischen Vergangenheit herauf, die weder muslimisch noch christlich war. Durch die umfassende Berichterstattung über Carters Entdeckung trat die pharaonische Kultur in den Fokus der heimischen Kunst.

Tragischerweise geriet der Grabschatz des Tutanchamun in die Mühlen politischer Auseinandersetzungen und wurde für die jeweiligen Interessen instrumentalisiert. Gardiner räumte später ein, dass es offensichtlich eine Fehlentscheidung gewesen sei, der «Times» die Exklusivrechte übertragen zu haben. Arthur Mace machte seinem Unmut über die ständigen Ablenkungen und Schwierigkeiten, die ihnen der Exklusivvertrag mit der «Times» eingebracht hatten, in mehreren Tagebucheinträgen Luft. Einmal schrieb er in einem Brief an seine Frau: *Archäologie plus Journalismus ist schlecht genug, aber wenn man Politik hinzufügt, wird es ein wenig zu viel.* Trotz aller Misere hielt der Lord an der Vereinbarung fest, die er mit der «Times» getroffen hatte. Zwar versuchte er die Wogen mit der Einführung eines offiziellen Besuchertags für alle Presseleute zu glätten, jedoch änderte sein Entgegenkommen wenig an der prekären Lage, in die er sich und Carter im Umgang mit der Konkurrenz hineinmanövriert hatte. Wann immer sich eine Gelegenheit bot, bedrängten Journalisten das Bergungsteam im Tal der Könige, um ihnen Informationen abzuringen. Im Winter Palace Hotel fingen sie Carnarvon und Carter in der Lobby ab oder lauerten ihnen in den Seitengängen auf – für eine Schlagzeile aus erster Hand waren ihnen alle Mittel recht. Jede Klatschgeschichte und jedes Gerücht taugte für eine Pressemitteilung. Journalisten überboten sich gegenseitig mit sensationslüsternen Berichten und suchten ihre Leserschaft mit dramatischen Schlagzeilen zu locken; die Menschen sehnten sich nach spannenden Geschichten. Der spektakuläre Grabschatz eines geheimnisvollen Königs eignete sich trefflich dafür, und die Pressehäuser freuten sich über lukrative Geschäfte.

Die ständigen Besuche am Grab entwickelten sich zu einem großen Stressfaktor für Carter und sein Team. Nach der Öffnung der Sargkammer im Februar 1923 spitzte sich die Lage zu und legte die Arbeit im Grab komplett lahm. Carter sah keine andere Lösung, als das Grab und das Laboratorium zu verschließen und eine Woche lang zu verschwinden. Prompt hagelte es Vorwürfe: Man warf ihm ungebührliches Benehmen, Rücksichtslosigkeit und Egoismus vor. Sieben Monate nach dem plötzlichen Tod von Lord Carnarvon im April 1923 bot Carter den ägyptischen Journalisten an, ihnen kostenfrei dieselben Informationen zukommen zu lassen, die er der «Times» eine Nacht zuvor gegeben hatte. Die ägyptische Presse brachte das nur noch mehr in Rage und beklagte das illegale Arrangement mit der «Times». Ständige Fehlmeldungen durch Konkurrenzblätter und der Unmut der Öffentlichkeit über die nur langsam voranschreitende Dokumentation im Grab veranlassten Carter, in Beiträgen in der «Times» Einblicke in seine tägliche Arbeit zu geben. In seinem Entdeckerbericht ließ er die Leserschaft wissen, dass der Schutz des Grabschatzes an erster Stelle stehe und Wissenschaftler dazu neigen würden, langsam zu arbeiten. Deshalb sei es nahezu unmöglich, die täglichen Bedürfnisse von Journalisten zu befriedigen. Wissenschaftliche Arbeit erfordere Ruhe und Stille, die nicht mit Geheimniskrämerei zu verwechseln sei. Jeder noch so kurze Besuch im Grab gehe auf Kosten ihrer Arbeitszeit, die ohnehin schon auf die wenigen kühlen Monate im Jahr beschränkt sei. Jede Sekunde, die sie der Bergungsarbeit widmen könnten, sei wertvoll. Wenn sie jeder Nachfrage nachkommen würden, kämen sie gar nicht mehr zum Arbeiten. Die ständigen Unterbrechungen gingen zu Lasten des Grabschatzes und stellten eine große Gefahr für die fragilen Objekte dar. *Was würde ein Chirurg sagen, wenn man ihn mitten in einer Operation unterbräche!* Carter und sein Team beabsichtigten – mit ihrem professionellen Anspruch –, beispielhafte Maßstäbe für die Archäologie zu setzen, und entsprachen damit ganz den wissenschaftlichen Entwicklungen jener Zeit. Sowohl die Londoner «Times» als auch die «New York Times» legten höchsten Wert auf seriöse Berichterstattung über archäologische Themen und wollten nicht nur unterhalten, sondern auch informieren. Als die «New York Times» zum nordamerikanischen Agenten der Londoner «Times» bestimmt wurde, waren die Amerikaner über die Geschehnisse aus dem Tal der Könige genauso gut informiert wie die Briten und andere Europäer. Carr Van Anda, Chefredakteur der «New York Times», war selbst an wissenschaftlichen Themen interessiert und konnte sogar Hieroglyphen lesen. Ihm war sehr daran gelegen, das Wissen über die sensationelle Entdeckung in seinem Land zu verbreiten, damit *der Durchschnittsamerikaner Tut-ankh-Amen, seine Königin, ihr Land und ihre Zeit kannte, genauso wie er über Baseballergebnisse und den Schlagdurchschnitt eines Baseballspielers Bescheid wusste.* Die «New York Times» brachte sogar drei Gedichte über die Thematik von inspirierten Lesern heraus. Überall sprachen die Amerikaner von Tutanchamun, in der U-Bahn, in den Restaurants und abends im Familienkreis. Der König war in der westlichen Welt Tagesgespräch. In Lion Feuchtwangers Roman «Erfolg» tauschen sich Gäste in der Tiroler Weinstube in München *über Bismarck, das Reservatrecht der bayrischen Notenbanken, die Todesursache des eben ausgegrabenen ägyptischen Königs Tut en kamen, die Qualitäten des Spatenbiers* aus. Er wurde zum Bestandteil des täglichen Lebens vieler Menschen und erwachte für die Leser zum Leben durch all die persönlichen Gegenstände, die Carter in seinem Grab fand. Der Entdecker erhielt Unmengen an Fanpost. Auf einer mit Hieroglyphen handbemalten Postkarte gratulierte der sechsjährige Luke Mahon aus Irland Carter zu seiner großartigen Entdeckung, wünschte sich, eines Tages – wie dieser – Ägyptologe zu werden, und teilte ihm mit, dass er alles an Tutanchamun liebe.

Die Öffentlichkeit habe eine romantisierte Vorstellung vom Dasein eines Archäologen, *daß ein Ausgräber seine Zeit damit verbringe, sich in der Sonne zu wärmen, angenehm erheitert, indem er der Arbeit anderer zuschaut, und von sonstiger Langeweile befreit wird, indem von Zeit zu Zeit für ihn Körbe voll schöner Altertümer aus dem Innern der Erde zum Anschauen heraufgebracht werden*, schrieb Carter in seinem Entdeckerbericht. Die Zeitungen kannten ihre Leserschaft: Sie wollten in die Abenteuergeschichte über einen mysteriösen Pharao und seinen kostbaren Goldschatz eintauchen; an einer wissenschaftlichen Auswertung von archäologischen Funden war nur ein kleiner Leserkreis interessiert. Mit jeder Neuigkeit aus dem Tal der Könige wuchs die Aufmerksamkeit der Öffentlichkeit. Selbst diejenigen, die nicht nach Ägypten reisen konnten, bekamen durch eine regelmäßige Berichterstattung und Burtons fantastische Aufnahmen aus dem Grab das Gefühl, selbst vor Ort mit dabei zu sein. Sie erhielten Einblicke in die Grabräume, ausführliche Beschreibungen von erlesenen Stücken des Grabschatzes und Momentaufnahmen des Teams bei der Bergungsarbeit. In Exklusivinterviews meldeten sich die Ausgräber höchstpersönlich zu Wort. Die

Presse setzte gezielt visuelle Mittel für spannungsvolle Effekte ein. So veröffentlichte etwa im Februar 1923 das französische «Le Petit Journal Illustré» eine Farbillustration des Grabes, in der das blendende Licht der Lampe des Entdeckers einen gewaltigen Schatten auf die Wand hinter einer der beiden Königsstatuen wirft und sie dadurch größer erscheinen lässt. Carter und Carnarvon wiederum sind unverhältnismäßig klein wiedergegeben, um ihr überwältigendes Staunen über den gewaltigen Grabschatz visuell zu transportieren. In Illustrationen konnten besondere Stimmungen und dramatische Momente eingefangen werden, die mit der Kamera kaum umzusetzen waren. Mit fesselnden Sätzen wie *Es besteht wenig Zweifel, daß sich hinter dieser Mauer eine weitere Kammer oder gar Kammern befinden, und in einer von diesen ruht vermutlich in seinen Schreinen und Särgen der Körper des Königs* vereinnahmte am 5. Dezember 1922 die «Times» ihre Leserschaft, die mit großer Neugier die Öffnung noch verschlossener Räume verfolgte. Bereits im Herbst 1923 kam der erste Entdeckerbericht «The Tomb of Tut.ankh.Amen» von Carter und Mace mit Abbildungen des Grabschatzes heraus. In der Werbeanzeige zur deutschen Ausgabe von 1924 heißt es: *Die lebendige Schilderung führt von Spannung zu Spannung, so daß der Leser erfüllt wird von den Sorgen und den Freuden des Entdeckers, und daß auch er zittert vor dem Geheimnis der versiegelten Tür.* Obwohl Carter die Presse größtenteils als Plage empfand, scheint er es gelegentlich doch genossen zu haben, den vor dem Grab lauernden Besuchern Kostbarkeiten des Grabschatzes zu präsentieren. Wenn Artefakte aus Tutanchamuns Gruft zum Labor getragen wurden, wies der Grabungsleiter die Arbeiter an, an den Umstehenden langsam vorbeizuziehen, damit sie die Totengaben bestaunen und fotografieren konnten. Anfangs wurden sie noch offen auf Tabletts ans Tageslicht getragen, doch bereits ab der zweiten Bergungskampagne ging Carter dazu über, sie in geschlossenen Kisten transportieren zu lassen; dies nicht nur aus Sicherheitsgründen, sondern weil er sich auch an die Exklusivvereinbarungen mit der «Times» zu halten hatte. Carter konnte Presseleute und Touristen nicht daran hindern, außerhalb des Grabes Fotos zu machen.

Seit dem Aufkommen von Schnappschusskameras, wie etwa der beliebten «Box Brownie» von Kodak, in den 1920er Jahren, war das Fotografieren vielen Menschen möglich. Fast jeder Tourist brachte seine eigene Kamera ins Tal der Könige mit. Filme konnten in den zahlreichen Fotoateliers in Luxor entwickelt und Abzüge von ihnen angefertigt werden. Attiya Gaddis war der erste ägyptische Dokumentarfotograf und richtete sein Fotoatelier unterhalb der Außentreppe des Winter Palace Hotel im Jahr seiner Eröffnung ein. Er machte zahlreiche Aufnahmen vom Abtransport des Grabschatzes aus dem Tal der Könige zum Nilufer. In weniger als zwei Wochen lieferten Frachtdampfer Postkarten und Fotos von Luxor nach London. Aber nicht nur über Fotografien und Pressemeldungen fand die sensationelle Entdeckergeschichte Verbreitung. Der technologische Fortschritt machte es möglich, dass Nachrichten über jeden neuen Fund auch per Telegraf, Radio und Fernsprechapparat übermittelt werden konnten. Tutanchamun wurde zur ersten globalen Mediensensation und für unterschiedliche Interessen in der Wirtschaft, in der Politik und zur Selbstdarstellung ausgeschlachtet. Die Massenkommunikation befeuerte die Hysterie um den Jahrhundertfund, und die ganze Welt wusste plötzlich, wo Luxor lag. Oberägypten wurde in den ersten Jahren nach der Entdeckung des Grabes des Tutanchamun zum Mittelpunkt der Weltbühne. Der Andrang von Touristen in Luxor war so groß, dass die Hotels Zelte in ihren Gärten aufstellten, um der Nachfrage nach Zimmern beizukommen. Der Historiker und Archäologe Francis Amin berichtete, dass mit der Auffindung von Tutanchamuns Grab die Preise in Luxor derartig in die Höhe schnellten, dass ägyptische und ausländische Journalisten gezwungen waren, in Parks zu schlafen. Die Kabinen auf den Nilschiffen waren ausgebucht. Im Mai 1923 konnte man in der «National Geographic» lesen, dass Tutanchamun die Welt in Atem halte. Der Reporter des Magazins vernahm die Worte einer Touristin, die hoffte, eine Erlaubnis für den Besuch des Grabes zu bekommen, weil sie verrückt nach Mumien sei und gehört habe, dass «Tuts» Mumie die beste von allen sei. Drei Jahre lang währte das Interesse der Welt an Carters Entdeckung im Tal der Könige. Als er dann 1925 nach einem Jahr Zwangspause die Bergungsarbeit wieder aufnahm, hatte sich die Stimmung zwischen der ägyptischen Regierung, der Presse und den Archäologen verändert. Auch ohne eine Exklusivvereinbarung fuhr die «Times» mit ihrer Berichterstattung über den Verlauf der weiteren Arbeiten fort, und die «Illustrated London News» veröffentlichte weiterhin Burtons Fotos, die jetzt auch handkoloriert waren. Die Mitteilungen waren weniger leidenschaftlich als in den Jahren unmittelbar nach der Entdeckung. In ihrer Pressemitteilung der vierten Bergungskampagne zitierte die «Times» unter Angabe ihrer Quelle eine Nachricht des Ministeriums für Öffentliche Arbeiten vom 5. November 1925, in dem es die Aktivitäten der letzten zwei Wochen im Grab rekapitulierte. Carter und die ägyptische Regierung hatten sich arrangiert und einen Weg gefunden, miteinander auszukommen. Noch bis in die 1930er Jahre hinein wurde sporadisch aus Tutanchamuns Grab berichtet.

13. KAPITEL

Der Fluch des Pharao

In dem weltweiten Medienrummel um Tutanchamun ging völlig unter, dass sein Grab ursprünglich nicht als Pilgerstätte, sondern als ewige Ruhestätte gedacht war. Mit der Vermauerung und Versiegelung seiner Grabeingänge hatte man den verstorbenen König für immer der Welt des Jenseits übergeben. Zumindest war das von den Alten Ägyptern so vorgesehen. Als seine Grabkammer am 16. Februar 1923 geöffnet wurde, war es mit seinem ungestörten Verweilen in den göttlichen Gefilden endgültig vorbei. Nur sechs Wochen nachdem Howard Carter die Sargkammer Tutanchamuns geöffnet hatte, starb Lord Carnarvon ganz plötzlich. Einen Tag später zitierte die «Morning Post» am 6. April 1923 den britischen Arzt und Schriftsteller Arthur Conan Doyle: *Möglicherweise ist etwas elementar Böses die Ursache von Lord Carnarvons tödlicher Krankheit. Man weiß nicht, welche Geistwesen in jener Zeit existiert haben und in welcher Form sie in Erscheinung getreten sind. Die Alten Ägypter hatten wesentlich mehr Kenntnisse über diese Dinge als wir.* Innerhalb kürzester Zeit und noch viele Jahre später kamen Dutzende Menschen aus dem Team oder direkten Umfeld der Entdecker auf angeblich unerklärliche Weise und durch mysteriöse Umstände zu Tode. Endlich bot sich der Weltpresse eine Sensationsgeschichte, mit denen die Exklusivgeschichten der Londoner «Times» über den Sensationsfund im Tal der Könige mithalten mussten. Die Journalisten beriefen sich auf frühere Warnungen, die man an Carnarvon und Carter gerichtet hatte, sprachen von im Grab versteckten Giften und bösen Geistern. Schon kurz nach dem Fund stand nicht jeder den Entdeckern wohlwollend gegenüber. Man unterstellte ihnen, sie hätten die Totenruhe des Königs gestört und sein Grab geschändet. Die Romanautorin und Okkultistin Mary Mackay alias Marie Corelli soll zwei Wochen vor Carnarvons Tod eine Warnung ausgesprochen haben: *Die fürchterlichste Bestrafung folgt jedem voreiligen Eindringling eines versiegelten Grabes.* Die Konkurrenzblätter verbreiteten das Gerücht, Tutanchamun habe sich in seiner Totenruhe gestört gefühlt und an Carnarvon gerächt. Der «Fluch des Pharao» war geboren. In den alles beherrschenden Negativschlagzeilen ging der Nachruf der «Times» auf Lord Carnarvon als *letzten der edlen Gönner der Ägyptologie* beinahe unter. Die Presse behauptete, dass Tutanchamuns Grab voll von magischen Schutzformeln sei und der verstorbene Pharao jeden Eindringling mit dem Tod bestrafte. Angeblich hatte Carter den Fluch des Königs ins Rollen gebracht: Beim Betreten des Grabes soll er versehentlich eine Tontafel zerbrochen haben, auf der ein Fluch stand, den er damit ahnungslos aktivierte. Das Schriftzeugnis ward allerdings nie gesehen. Seltsamerweise existieren weder Fotos noch Aufzeichnungen davon, und das, obwohl Carter in der Regel jedes Fundobjekt sorgfältig dokumentierte. Über den genauen Fundort des Stücks im Grab gibt es unterschiedliche Angaben. Auf ihm sollen die Worte *Der Tod wird auf schnellen Schwingen zu demjenigen kommen, der die Ruhe des Pharao stört* gestanden haben. Es kam das Gerücht auf, Carter habe die Tontafel heimlich verschwinden lassen, um die abergläubischen Einheimischen nicht zu verstören. Selbst die größten Skeptiker ließen sich von der Gerüchteküche vereinnahmen und verfolgten die Berichterstattung um den Fluch mit großer Neugier.

Nach Carnarvons «mysteriösem» Hinscheiden veröffentlichte die Presse in den kommenden Monaten und noch viele Jahre danach einen unerklärlichen Todesfall nach dem anderen. Carters «goldenen» Kanarienvogel machten sie als Tutanchamuns erstes Opfer aus. Eine Kobra soll ihn am 27. November 1922 – am Tag der offiziellen Graböffnung – getötet haben. Nicht einmal einen Monat später berichtete die «New York Times» am 22. Dezember über diesen Vorfall: *Zufälligerweise an dem Tag, als das Grab geöffnet wurde und das Team diese beiden goldenen Schlangen auf der Krone der beiden Statuen fand, ereignete sich ein interessanter Vorfall in Carters Haus ... als das Team zu Abend speiste, war draußen von der Veranda Lärm zu vernehmen. Sie stürzten hinaus und sahen, dass eine Schlange, ähnlich der auf der Krone, den Kanarienvogel gepackt hatte. Sie töteten die Schlange, aber der Vogel verstarb, vermutlich vor Angst* ... Nach der ägyptischen Mythologie spie die Kobra als Schutztier auf der Stirn des Königs Feuer gegen seine Feinde. Die Einheimischen sahen darin ein böses Zeichen. Ausgerechnet eine Kobra sollte der Mörder des Vogels gewesen sein. Nur drei Wochen zuvor hatte dieser ihnen noch Glück gebracht und *ein Grab voll von Gold* beschert. Am Tag von Carnarvons Tod traf es auch seine Lieblingshündin Susie, die genau zum Zeitpunkt seines Todes in Highclere Castle laut aufgeheult und tot umgefallen sein soll. Angeblich gingen um zwei Uhr nachts – genau in der Sekunde, als Carnarvon seine Augen für immer schloss – in ganz Kairo die Lichter aus. Aubrey Herbert, Carnarvons Halbbruder und einer der geladenen Gäste bei der Öffnung des Sarkophags im Oktober 1925, starb kurze Zeit später unterschiedlichen Berichten zufolge entweder an einer Bauchfellentzündung oder durch Selbstmord aufgrund seines depressiven Zustands. Der französische Ägyptologe Georges Bénédite verstarb an den Folgen eines Sturzes, kurz nachdem er das Grab besichtigt hatte. Richard Bethell, Carters Sekretär, soll sieben Jahre nach der Entdeckung Selbstmord begangen haben. Angeblich brachte sich kurze Zeit später auch dessen Vater um, nachdem er vom Tod seines Sohnes erfahren hatte. Sein Leichenwagen überfuhr versehentlich ein achtjähriges Kind, das den Unfall nicht überlebte. Auch Arthur Mace, einer der engsten Mitarbeiter Carters, verstarb sechs Jahre nach der Entdeckung. Viele weitere Todesfälle folgten. Jeder, der auch nur ansatzweise mit Carnarvon, Carter oder der Entdeckung in Verbindung stand und verstarb, eignete sich für die Presse als potenzielles Opfer des rachsüchtigen Fluchs. Für jede umgekommene Person lagen unterschiedliche Versionen zu Alter, Todesursache und Todeszeitpunkt vor. Und angeblich starb in keinem der Fälle jemand eines natürlichen Todes. Abergläubische Kunstsammler begannen sich ernsthaft darüber zu sorgen, wie Carnarvon vom Fluch heimgesucht zu werden, und entledigten sich prompt ihrer altägyptischen Artefakte. Das British Museum in London erhielt Massen an antiken Gegenständen von anonymen Privatsammlern. Tutanchamun war offenbar gnädig mit Carter, den der Fluch erst 1939 traf, und auch andere Personen, die direkt mit der Entdeckung zu tun hatten, sollten des Königs unheilvolle Kräfte erst in betagtem Alter zu spüren bekommen: etwa Lady Evelyn in ihrem 79., Newberry in seinem 80. und Gardiner in seinem 84. Lebensjahr. Mit Derry, der Tutanchamuns Mumie untersucht und eigentlich das größte Sakrileg begangen hatte, war der erzürnte König besonders gnädig: Der Anatom starb im hohen Alter von 87 Jahren.

Wirkte der böse Geist des Tutanchamun tatsächlich aus dem Jenseits auf die Welt ein? Im Alten Ägypten spielten Magie, Zauberformeln und die Vorstellung von höheren Mächten eine wichtige Rolle. Viele Jahrtausende lang waren die Ägypter für ihre Zauberkünste über die Landesgrenzen hinaus bekannt. Schon in der Antike galt Ägypten als *Quelle aller Weisheit und allen okkulten Wissens.*

Einige bedeutende Personen der Weltgeschichte gingen bei ihnen in die Lehre; auch Jesus soll dort angeblich seine Fähigkeit des Wunderwirkens erlernt haben. In der europäischen Geistesgeschichte ist Ägypten in vielen spirituellen Gemeinschaften wie den Freimaurern und Rosenkreuzern präsent, und selbst Esoteriker bedienen sich des Wissens dieser alten Hochkultur. Auf den Wänden von Königsgräbern fanden sich jedoch bislang keine wütenden Flüche. Dafür warnen verstorbene Beamte des Alten Reiches in den Inschriften ihrer Gräber jeden Eindringling mit den Worten: *Jeder Mensch, der etwas Böses gegen dieses (mein Grab) tun sollte – ich werde ihm den Hals umdrehen wie eine Gans, und ich werde seine Hinterbliebenen austilgen …* Friedhofsangestellte sollten abgeschreckt werden, sich an den Grabbeigaben eines Verstorbenen zu vergehen oder mit Grabräubern gemeinsame Sache zu machen. Darüber hinaus richteten sich solche Warnungen auch an Personen, die für den Totenkult zuständig waren und sich davor hüten sollten, die ihnen anvertraute Aufgabe zu vernachlässigen. In der 13. Dynastie wurde ein gewisser Teti des Diebstahls von Grabbeigaben überführt und von Priestern schwer bestraft: *Verweist ihn des Tempels, enthebt ihn seines Amtes, ihn und den Sohn seines Sohnes und den Erben seines Erben. Auf Erden sei er ausgestoßen; sein Brot, seine Nahrung, sein geweihtes Fleisch seien ihm genommen. In diesem Tempel soll nichts an seinen Namen erinnern …* Grabräuber wurden also wegen Diebstahls zur Rechenschaft gezogen und nicht wegen der Störung der Totenruhe. Schrecken einflößende Formeln sind eher als Warnungen von Toten an Hinterbliebene zu verstehen und waren in erster Linie dazu gedacht, den Verstorbenen Respekt zu verschaffen. In keiner der bisher bekannten Warninschriften kommt ein vom Pharao ausgesandter *Tod auf Schwingen* vor, der auf der vermeintlichen Tontafel im Grab des Tutanchamun gestanden haben soll. Sein Leichnam wurde durch die vier magischen Ziegel in seiner Sargkammer geschützt, indem sie jeden Angreifer mit einem «Lasso fingen». Dass es eventuell auch andere Gründe für den Tod von Carnarvon und Menschen aus dem Dunstkreis der Entdecker gegeben haben könnte, interessierte die Regenbogenpresse nicht im Geringsten. Mit nüchternen Wahrheiten ließen sich keine guten Geschichten schreiben und Leser locken. Carnarvon litt seit seinem Unfall 1901 an Atembeschwerden und war anfällig für Infektionen. Ein Moskitostich auf seiner Wange hatte sich entzündet, innerhalb weniger Tage lag er darnieder, er bekam hohes Fieber und eine Blutvergiftung. Die Ärzte konnten für den Lord nichts mehr tun. Laut Totenschein verstarb Carnarvon an den Folgen einer Lungenentzündung. Wären damals schon Antibiotika erfunden gewesen, hätte der Lord vielleicht eine Überlebenschance gehabt.

Die Kritiker der Graböffnung erblickten in dem tragischen Vorkommnis eine gerechte Strafe für das unbefugte Betreten einer versiegelten Gruft. Der Pharao offenbarte sich im Moskito, der sich am Gift der ägyptischen Priester gelabt hatte. 1924 schrieb der Schriftsteller Hanns Hein Ewers in «Tutanchamon Sonderheft der Woche»: *Der Gedanke, daß eine kleine giftige goldgrüne Fliege das Grab des toten Königs bewacht und die Grabschändung rächt, ist gewiß sehr viel poetischer als die Annahme all der Fanatiker der Vernunft!* Zum Kreis der Skeptiker gehörten die Fachleute, die dem Fluch jeglichen Zauber absprachen. Einen Tag nach Lord Carnarvons Tod äußerte ein Ägyptologe in der «Detroit News», dass *ein ägyptischer König sich keine Gedanken darüber machen würde, was die Menschen nach seinem Tod machen würden … sein Interesse sei rein spirituell.* Tatsächlich enthüllten genauere Nachforschungen viele Abweichungen zwischen den offiziellen Berichterstattungen über die Todesursachen vermeintlicher Opfer des Fluchs und den wahren Begebenheiten. Der amerikanische Ägyptologe Herbert Winlock machte 1934 eine Aufstellung über alle Todesfälle, die sich seit der Entdeckung des Grabes des Tutanchamun ereignet hatten, und stellte darin die Todesursache und den Todeszeitpunkt jeder Person richtig. Von den bei der Graböffnung anwesenden Personen waren nur zwei gestorben. Ein Großteil der vermeintlichen Opfer hatte nicht einmal etwas mit dem Grab zu tun. Carter hielt von dem Gerede um Flüche ohnehin nichts und tat es als *lächerliche Geschichten* ab. Für ihn waren aufdringliche Pressehaie ein viel größerer Fluch als alles andere. Niemand mit einem halbwegs gesunden Menschenverstand konnte seiner Ansicht nach ernsthaft an eine Rache des Pharao glauben. Den Skeptikern schloss sich auch Rex Engelbach an. Einmal beschwerte er sich bei dem Journalisten Arthur Weigall über die Boulevardpresse, woraufhin dieser meinte: *Aber sehen Sie nur, wie sich die Öffentlichkeit darauf stürzt!* 1934 traf auch ihn der «Fluch», und die Presse vermeldete ihn als Tutanchamuns 21. Opfer. Pressemitteilungen wurden ganz bewusst dramatisiert, um die Verkaufszahlen von Zeitungen in die Höhe zu treiben. Die Öffentlichkeit war verrückt nach geheimnisvollen Geschichten, auch wenn sie jeglicher Glaubwürdigkeit entbehrten. Damals profitierten die Journalisten auch vom großen Interesse der Gesellschaft an allem Übersinnlichen. In spiritistischen Sitzungen, sogenannten Séancen, nahm man über Medien Kontakt mit Geistern und Verstorbenen auf, um Botschaften aus dem Jenseits zu empfangen. Selbst Lord Carnarvon war ein Mitglied der Londoner «Spiritistischen Gesellschaft». Der Okkultismus und die Beschäftigung mit allem Übersinnlichen waren lange vor Howard Carters Entdeckung weit verbreitet.

In Wahrheit ist der «Fluch des Pharao» eine Erfindung des Westens. Bereits in den 1820er Jahren brachten skurrile Mumienpartys vor allem in England die Geschichte vom «Fluch» und «lebend un toten Wächtern» auf. Reiche Briten sammelten altägyptische Artefakte und richteten moralisch fragwürdige «Motto-Veranstaltungen» mit ausgefallenen Kostümen aus. Zur Krönung des Abends ließ der Gastgeber eine altägyptische Mumie auswickeln. Reich ausgestattete Exemplare hielten für die Gäste wertvolle Geschenke bereit, die mit dem Auswickeln des Leichnams nach und nach zutage kamen. Nebenbei konnten sich die Teilnehmer so richtig schön gruseln und Horrorgeschichten erzählen. Besonders berühmt waren die Mumienauswicklungen des Chirurgen und Altertumsforschers Thomas Pettigrew am Charing Cross Hospital in London. Der Herzog von Hamilton war so davon angetan, dass er den Mediziner beauftragte, ihn nach seinem Tod einzubalsamieren, was 1852 tatsächlich geschah. In seiner Kurzgeschichte «Gespräch mit einer Mumie» parodiert Edgar Allan Poe derartige Veranstaltungen: Eine Mumie wird aus ihren ineinander verschachtelten Särgen ausgepackt und mit Elektroschocks wieder zum Leben erweckt. Während eines auf Ägyptisch geführten Gesprächs mit der Mumie mokiert sie sich darüber, dass die modernen Leistungen nicht mit den Errungenschaften der Alten Ägypter mithalten könnten. Zweifelsohne ließ sich Poe von dem im 18. Jahrhundert entdeckten Galvanismus inspirieren. Das Motiv der Wiedererweckung von Mumien in den Romanen der ersten Hälfte des 19. Jahrhunderts steht in engem Zusammenhang mit dem Fortschritt der Wissenschaft. Auch in anderen europäischen Ländern waren ägyptische Mumien äußerst begehrt: Auf der Pariser Weltausstellung 1867 fand eine öffentliche Mumienveranstaltung unter der Leitung von Auguste Mariette statt, und auch Friedrich Karl von Preußen ließ im Jagdschloss Dreilinden ein Exemplar auf seinem Billardtisch auspacken. Die beliebten Leichenauswicklungen in England bereiteten den Boden für fantastische Geschichten und romantische Schauerromane. Die 25-jährige Schriftstellerin Jane Loudon wohnte in London einem solchen Ereignis bei und war davon so inspiriert, dass sie einen dreibändigen Roman mit dem Titel «Die Mumie! Eine Geschichte des 22. Jahrhunderts» schrieb, der 1827 erschien. Er handelt von der im Jahr 2126 mithilfe einer galvanischen Batterie wiedererweckten Mumie des Königs Cheops. Die englische Schriftstellerin gilt als Mitbegründerin des Science-Fiction-Genres und löste mit ihrem Werk eine Reihe von weiteren einschlägigen Romanen von teils weltberühmten Autoren aus. 1840 erschien «Der Mumienfuß» von Théophile Gautier und gab der Begeisterung jener Zeit für tote Körper aus dem Alten Ägypten weitere Nahrung. Ein Antiquitätenhändler preist darin einem Kunden einen Fuß als Überbleibsel einer Pharaonentochter an und bemerkt spöttisch, dass er sich wunderbar als Briefbeschwerer eignen würde. 1869 kam die Kurzgeschichte «Der Fluch der Mumie» der amerikanischen Romanautorin Louisa May Alcott heraus. In ihrer Kurzgeschichte ist eine Mumie erstmals mit einem Fluch beladen und löst einen Schiffsuntergang aus. Alcotts Werk diente der Presse 1912 vermutlich als Vorlage für einen Bericht über den angeblich durch einen einbalsamierten Leichnam herbeigeführten Untergang der «Titanic». An Bord soll sich ein Sarg mit der Mumie einer altägyptischen Prinzessin aus der Zeit Echnatons befunden haben. Sie fühlte sich in ihrer Totenruhe gestört und sandte ihre zerstörerischen Kräfte gegen den Schiffskapitän aus, der daraufhin so um seinen Verstand gebracht war, dass er die «Titanic» auf einen Eisberg zusteuern ließ und ihren Untergang verursachte. Hinter der Prinzessin steckte in Wahrheit der Sargdeckel einer altägyptischen Gottesdienerin aus dem British Museum, die auch als «Unlucky Mummy» bekannt ist. Seit der Ankunft des Sargdeckels im Museum 1889 wurde seine einstige Besitzerin für eine Reihe von Unglücksfällen verantwortlich gemacht. Auch Arthur Conan Doyle widmete sich 1890 in «Der Ring des Thot» diesem populären Thema. Nach Jahrtausenden findet ein unsterblicher Priester die Mumie seiner einstigen Geliebten und vereint sich mit ihr mithilfe eines Gifts im Tod. «Das Juwel der Sieben Sterne» von Bram Stoker von 1903 war ab 1971 die Inspirationsquelle für zahlreiche Verfilmungen. Ein bekannter Ägyptologe findet den Sarkophag mit der Mumie von Königin Tera und aktiviert einen schrecklichen Fluch. Doyle und Broker sind einer breiten Leserschaft auch als Autoren von «Sherlock Holmes» und «Dracula» bekannt.

Diese frühen Mumiengeschichten veranlassten Mary Mackay 1923 schließlich dazu, ihre Warnung auszusprechen, dass der Einbruch in ein versiegeltes Grab gerächt werden würde. Zwei Wochen später war Lord Carnarvon tot, und sein «mysteriöses» Hinscheiden sorgte für aufsehenerregende Schlagzeilen. Jetzt war der «Fluch des Pharao» nicht mehr nur auf fiktive Romanfiguren beschränkt, sondern traf plötzlich auch reale Personen. Mumien wurden zur Bedrohung und zu unheimlichen Rächern. Die anhaltende Begeisterung für Carters Entdeckung im Tal der Könige und die Legende vom «Fluch des Pharao» brachten eine Reihe von weiteren literarischen Werken auf den Markt. 1924 erschien die Detektivgeschichte «Das Abenteuer des ägyptischen Grabes» mit Hercule Poirot von Agatha Christie, in der sie auch kurz auf Carters Entdeckung im Tal der Könige eingeht. Die große Nachfrage nach gruseligen Geschichten über Mumien und Flüche spiegelt den tief verwurzelten Glauben vieler Menschen an übernatürliche Kräfte wider. Auch die Filmindustrie sprang auf den Zug auf und brachte zahlreiche Produktionen heraus. Mumienfilme präsentieren ihre Protagonisten als *lebend-untote Wächter* und als *gegen die Zeit resistente Zeugen* von Dramen um Liebe, Eifersucht und Macht. Die Geschehnisse ereignen sich in der Vergangenheit an antiken Schauplätzen wie dem Alten Ägypten und wirken bis in die Gegenwart hinein. Das Drama der Vergangenheit und ihrer Figuren wiederholt sich viele Jahrtausende später in neuen Gestalten an einem anderen Ort. In allen Verfilmungen treten Mumien als *Angstfiguren* mit einem festgelegten Erscheinungsbild auf: Sie sind in weiße Binden eingewickelt, bewegen sich wie ungelenke Roboter mit unbeholfenem Gang und ohne jegliche Furcht geradewegs auf ihr Ziel zu. Die Mumie etablierte sich wie Dracula, der Vampir oder auch der Werwolf als angsteinflößende Monsterfigur. Schon die ersten Stummfilme handelten von Forschern, heimgesuchten Gräbern, Mumien und Flüchen. Die Bergungsarbeit im Grab des Tutanchamun fiel in die Zeit der Anfänge des Tonfilms. Die Horrorfilmproduktionen «Dracula», «Frankenstein» und «Die Mumie» der Universal Studios wären ohne Ton nicht denkbar gewesen und wären als Stummfilme niemals zu jahrzehntelangen Kassenschlagern geworden.

Mit dem vom deutschen Expressionismus beeinflussten amerikanischen Klassiker «Die Mumie» aus dem Jahr 1932 von Karl Freund mit Boris Karloff in der Hauptrolle etablierte sich der Mumienfilm als eigenes Genre in der Kinowelt. Die Geschichte ist beeinflusst von den Ereignissen im Tal der Könige und basiert auf einem Drehbuch des Journalisten John Balderston, der Tutanchamuns Grab aufsuchte, um darüber zu berichten. Im Film stoßen Archäologen auf ein Grab und erwecken durch das laute Vorlesen einer Schrift ungewollt die Mumie des altägyptischen Priesters Im-Ho-Tep zum Leben. Seine Mumie ist mit einem Fluch besetzt und trachtet danach, ein Mädchen in seine Gewalt zu bekommen, in der sie die Wiedergeburt von Im-Ho-Teps einstiger Geliebten, der Pharaonentochter Anck-es-en-Amun, erkennt. Ihr Name ist eine eindeutige Anspielung auf die gleichnamige Gemahlin Tutanchamuns. Sogar einige Filmrequisiten sind an Grabbeigaben des Königs angelehnt. Der große Erfolg des Films speiste sich nicht zuletzt aus der «Tutmania», der Begeisterung für alles, was mit Carters Entdeckung zu tun hatte. Bis heute gilt «Die Mumie» als klassischer Horrorfilm und Inspirationsquelle für Filme, die viele Jahrzehnte später gedreht wurden. In den Mumienserien der Universal Studios der 1940er Jahre verfestigte sich die Rolle der Mumie als Figur des filmischen Horrors. Als Originalstücke des Grabschatzes in den 1960er Jahren erstmals auf Tournee nach Amerika gingen, brach der Fluch eine erneute Sensationswelle los. Eines seiner Opfer soll Mohammed Ibrahim, damaliger Leiter des Ägyptischen Museums in Kairo, gewesen sein. 1966 versuchte er seine Regierung davon zu überzeugen, keine Artefakte des Grabschatzes für eine Ausstellung nach Paris zu schicken. In einem Traum soll er seinen eigenen Tod durch einen Autounfall am Tag der Ausstellungseröffnung vorhergesehen haben. Tatsächlich wurde er von einem Auto überrollt und starb. Die Geschichte seines tragischen Todes wurde 1980 im Spielfilm «Das Erwachen der Sphinx» aufgegriffen. In «Die Mumie» von Stephen Sommers aus dem Jahr 1999, einer amerikanischen Neuverfilmung des Klassikers von 1932, wird der Hohepriester Imhotep bei lebendigem Leib mumifiziert und begraben, als sein Verhältnis mit der Geliebten des Pharao auffliegt. 4000 Jahre später stößt der Archäologe Rick auf die Mumie des Imhotep und aktiviert den über den Hohepriester verhängten Fluch, der großes Unheil anrichtet. Bislang wurden zwei Fortsetzungen und diverse Spin-offs dieses Films gezeigt. Der jahrzehntelange Erfolg des Klassikers «Die Mumie» führte 2017 zu einer weiteren Neuverfilmung mit dem amerikanischen Schauspieler Tom Cruise. Als Schatzsucher Nick Morton versucht er, das Unheil der mit einem Fluch verhängten Mumie der ägyptischen Prinzessin Ahmanet von der Menschheit fernzuhalten. Ahmanet war wegen ihrer Machtbesessenheit mumifiziert und in ein Grab eingeschlossen worden, das 2000 Jahre später durch eine Bombenexplosion freigelegt wurde und ihren Fluch freisetzte. 2006 erschien der Film «König Tut – Der Fluch des Pharao», der Assoziationen mit Tutanchamun und der mysteriösen Tontafel aus seinem Grab knüpft. Während sich die populäre Imagination bis heute von Mumiengeschichten und vom «Fluch des Pharao» begeistern lässt, suchen rational denkende Menschen dem Phänomen des Fluchs durch wissenschaftliche Erklärungen beizukommen. So identifizierten einige Experten allergische Lungenkrankheiten auslösende Pilzsporen als mögliche Todbringer, diese Annahme hielt der Befundlage im Grab des Tutanchamun aber nicht stand. Alfred Lucas, der Chemiker und Konservator im Team von Carter, hatte das Grab seinerzeit bereits auf noch lebende Mikroorganismen untersucht, aber nichts finden können. Weder lebte der Schimmelpilz an den Grabwänden noch, der die braunen Flecken verursacht hatte, noch fanden sich Spuren von giftigen und zum Schutz des Grabes eingesetzten Stoffen. Philipp Vandenberg hatte sich in seinem Buch «Der Fluch der Pharaonen» von 1973 noch geäußert, dass altägyptische Priester zum Schutz von Königsgräbern *Antibiotika, pflanzliche Gifte, Rauschmittel und Bakterien* eingesetzt hätten. Im selben Jahr ereignete sich in Krakau ein tragischer Vorfall, der starke Parallelen zu Tutanchamuns Fluchgeschichte aufwies: Nachdem man das versiegelte Grab König Kasimirs IV. geöffnet hatte, starben innerhalb von kurzer Zeit zehn Wissenschaftler und Arbeiter, die an der Exhumierung beteiligt gewesen waren, an Lungenentzündungen, Herzinfarkten oder Schlaganfällen. Auch hier war man überzeugt, dass der «Fluch des Königs» zugeschlagen hätte. Untersuchungen ergaben, dass Sporen des gefährlichen und giftigen Schimmelpilzes *aspergillus flavus* im Grab des polnischen Herrschers die Ursache der Todesfälle gewesen waren. Die Männer hatten keinen Mundschutz getragen und die Sporen des lebensbedrohlichen Pilzes eingeatmet. Das feuchte Klima im Grab lieferte dem Krankheitserreger auch fast 500 Jahre nach Kasimirs Tod noch einen guten Nährboden. Im trockenen Klima Ägyptens und Tutanchamuns Grab hätte er keine Überlebenschance gehabt. Mögliche Todesfolgen von in Mumien nachgewiesenen Erregern von Krankheiten wie Tuberkulose oder Malaria wurden von der Wissenschaft ausgeschlossen, da diese nach all den Jahrhunderten nicht mehr aktiv seien. Trotz aller rationalen Erklärungen hält sich die Mär um den «Fluch des Pharao» hartnäckig, und abergläubische Menschen fragen sich weiterhin, ob nicht vielleicht doch ein Fünkchen Wahrheit dahinterstecken könnte.

14. KAPITEL

Tutmania

1922 zog Ägypten die Aufmerksamkeit der Welt auf sich: Carters Sensationsfund löste in weiten Teilen der Bevölkerung eine Welle der Begeisterung für die aufsehenerregenden Schätze aus dem Tal der Könige aus. *Es gibt nur ein Konversationsthema ... man kann dem Namen Tutanchamun nirgendwo entkommen ...*, berichtete die «New York Times» im Februar 1923. Der berühmte Pharao wurde bald nur noch bei seinem Spitznamen «König Tut» genannt und entfesselte eine regelrechte «Tutmania». Hierbei handelte es sich um die neueste Welle einer im Westen seit vielen Jahrhunderten bestehenden Ägyptenfaszination. Die bis heute anhaltende «Ägyptomanie» trat erstmals im antiken Rom auf, als seine Staatsoberhäupter Obelisken als Zeichen ihrer Macht an den Tiber transportieren und ihre Villen im ägyptischen Stil ausstatten ließen. An der Seite ihres Gemahls Cäsar verbrachte Kleopatra zwei Jahre in Rom und machte dort die ägyptische Mode und den Isiskult bekannt. Die ihren Sohn Horus stillende Muttergottheit Isis wurde zur Wegbereiterin der «Maria lactans», der stillenden Gottesmutter im Christentum. Als der griechische Geschichtsschreiber Herodot das Land am Nil im 5. Jahrhundert v. Chr. bereiste, waren die Pyramiden bereits 2000 Jahre alt. Er schrieb die Errungenschaften seiner eigenen Kultur maßgeblich den Alten Ägyptern zu, von denen die Griechen unter anderem gelernt hätten, in Stein zu bauen, und war angetan von den Göttern, der Kunst, den Hieroglyphen und Mumien dieser alten Hochkultur. Nach der Antike trat die Ägyptomanie dann erst in der Renaissance wieder zutage und inspirierte insbesondere die Architektur, die Mode und das Kunstgewerbe. In der frühen Moderne löste der Feldzug des Generals Napoleon Bonaparte eine erneute Begeisterungswelle für alles Pharaonische aus. Der Franzose begab sich im Land auf die Spuren des großen Feldherrn Alexander des Großen mit dem Wunsch, sich in die Reihe glorreicher Eroberer zu stellen und sich ein Denkmal für die Ewigkeit zu setzen. 167 Wissenschaftler, Ingenieure und Künstler fertigten in seinem Auftrag eine umfassende ethnografische Studie über das alte und moderne Ägypten an und veröffentlichten ihre zweijährige Arbeit in ihrer berühmten Publikationsserie «Déscription de l'Égypte». Dieses Werk schuf nicht nur die Grundlage für die Ägyptologie als wissenschaftliche Disziplin, sondern entfesselte im Westen auch ein enormes Interesse an Ägypten und sorgte für die Herausbildung einer Pharaonenmode, die auf sämtliche Lebensbereiche übergriff. Von Frankreich aus breitete sich die Ägyptomanie auch in England aus und erreichte schließlich weitere Länder in Europa. Reiche Diplomaten ließen in großem Stil nach Schätzen graben, die außer Landes geschafft wurden und den Kernbestand vieler bedeutender Museen in Europa und Amerika bildeten. Mit der ägyptischen Sammlung des Italieners Bernardino Drovetti wurde 1824 das erste ägyptische Museum in Turin gegründet. Im Laufe des 19. Jahrhunderts verschleppte man wie schon zur Zeit der Römer weitere Obelisken nach London, Paris und New York, was die Massenherstellung von ägyptisierenden Gegenständen in Gang setzte, etwa obeliskenförmige mechanische Bleistifte, die englische Damen um ihren Hals trugen. Mit der Eröffnung des Suezkanals 1869, der schnellere Handelsverbindungen zwischen Europa und Asien ermöglichte, brach eine erneute Faszination für das Land am Nil los. Durch das Aufkommen der Industrialisierung und des Tourismus war Ägypten auf Werbemedien in Europa allgegenwärtig. Überall sah man Hieroglyphen, Pyramiden, Obelisken und andere altägyptische Bildmotive auf Verpackungen, Postern und Sammelbildern. Das Abendland projizierte alle möglichen Sehnsüchte auf das exotische Land und entwickelte daraus ein romantisierendes Bild des Orients. Für das mit Abstand größte Interesse an dieser beeindruckenden frühen Hochkultur sorgte jedoch Tutanchamun. Was die «Tutmania» von vorherigen «Ägyptomanien» unterschied, war die rasante Verbreitung von Carters Sensationsfund durch die Massenmedien, die Millionen von Menschen in vielen Ländern erreichten. Die internationale Presse und Populärkultur schöpften das beispiellose Ereignis umfassend aus. Diverse Berichterstattungen aus dem Tal der Könige hielten das Feuer für Tutanchamun über viele Jahre am Brennen. Carters sehr emotional und äußerst lebendig geschriebener Entdeckerbericht war ein Verkaufsschlager und ließ die Leser an seiner unfassbaren Geschichte teilhaben. Die fieberhafte Suche nach dem Grab, ein unermesslicher Goldschatz und ein vom «Fluch des Pharao» getroffener Lord boten Stoff für eine fantastische Erzählung, die zu einer unerschöpflichen Inspirationsquelle für die 1920er Jahre wurde. Nur zwei Jahre nach Carters Sensationsfund erreichte die Welt eine weitere aufsehenerregende Schlagzeile: Erstmals wurde die Büste der Nofretete im Berliner Museum ausgestellt und verzauberte die Besucher mit ihrer Schönheit. Die Popularität der Archäologie erfuhr mit ihr und Tutanchamun einen gewaltigen Auftrieb. Mit jedem weiteren aus dem Grab des Königs getragenen Fundstück und mit jeder neuen Schlagzeile über seine Goldschätze wuchs die Zahl der Schaulustigen im Tal der Könige. Jeder, der sich eine Reise nach Ägypten leisten konnte, machte sich nach Luxor auf. Auf der «British Empire Exhibition» in einem Vergnügungspark im Londoner

Stadtbezirk Wembley präsentierte man 1924 für die Daheimgebliebenen eine Kopie der Vorkammer des Grabes mit Repliken des Grabschatzes aus dem ehemaligen Protektorat Ägypten. Für solche Sachen gab es zu jener Zeit ein dankbares Publikum: Die Menschen im Westen suchten Zerstreuung nach den grausamen Kriegsjahren und waren hungrig nach Vergnügen und Unterhaltung. Keiner wusste, was der nächste Tag mit sich bringen würde, Europa stand vor dem wirtschaftlichen Ruin. Millionen von Menschen waren dem Krieg zum Opfer gefallen oder spurlos verschwunden. Unzählige traumatisierte Hinterbliebene konnten ihre Angehörigen – ihre im Krieg dahingerafften Söhne – nicht bestatten und ihre Trauer nicht verarbeiten. Die Geschichte eines früh verstorbenen Königs half ihnen, den Tod zu bewältigen und eine neue Sprache des Gedenkens zu finden. Die Welt fieberte danach zu erfahren, ob Tutanchamun noch in seiner Sargkammer lag. Als Carter seine Mumie dann tatsächlich fand, wurde der Pharao zum Hoffnungsträger für viele Menschen. *Es ist keine Exhumierung, sondern eine Auferstehung*, äußerte sich Papst Pius XII. über Carters Entdeckung. Da war eine alte Kultur, die sorgsam mit den Körpern ihrer verstorbenen Könige umging, einen großen Kult um sie betrieb und alles für ihre Versorgung im Jenseits tat. Die Medien griffen die tieferliegenden persönlichen Assoziationen ihrer Leserschaft in ihrer Berichterstattung auf. Am 10. Februar 1923 schrieb die «New York Times»: *Als die Objekte (aus dem Grab) herausgebracht wurden, bemerkten Zuschauer, dass die Art und Weise, wie sie mit beinahe liebevoller Fürsorge auf ihrer Bahre bandagiert und transportiert wurden – wie Tabletts –, an Verwundete, die aus den Schützengräben oder den Unfallabfertigungsstationen gebracht wurden, erinnerten.* Die «Illustrated London News» veröffentlichte eine Illustration mit der Mumie des Königs, wie sie, mit Blumen geschmückt, aus dem Grab herausgetragen wurde und dabei wie ein geehrter Kriegsverwundeter aussah.

Nicht nur der tote und wiederauferstandene Tutanchamun, auch seine kostbare Grabausstattung traf den Puls der Zeit. *Wir erkennen in dem königlichen Sportsmann, dem Hundeliebhaber, dem jungen Ehemann und der schlanken Gemahlin Wesen mit Geschmack, Gefühlen und Zuneigung, uns sehr ähnlich*, bemerkte Howard Carter. Die 1920er Jahre wurden zu einem Jahrzehnt der Avantgarde, die auf der Suche nach neuen Formen exotische Einflüsse in sämtlichen Sparten der Kreativwelt aufgriff. Gesellschaftliche Richtlinien und moralische Grundsätze der Vorkriegszeit wurden mit radikalen Gegenmodellen über den Haufen geworfen. Es war eine Zeit des wirtschaftlichen und gesellschaftlichen Aufbruchs in den westlichen Metropolen. Die zutiefst erschütterten Menschen im Europa der Nachkriegszeit befanden sich in einer Transformation und sprengten alle moralischen Normen durch ein exzessives Lebensgefühl, mit dem sie Tod, Trauer und wirtschaftlichen Zusammenbruch verdrängten. Man stürzte sich in die Varietés, Nachtclubs und Bordelle. Zügelloser Konsum war angesagt. Kreative Impulse für Neues kam vor allem aus der in den «Roaring Twenties» vom Börsenrausch gepackten Metropole New York. In die durchgedrehte Aufbruchsstimmung dieser Dekade hinein fiel Carters einzigartige Entdeckung. Sensationsgeschichten wie die des Tutanchamun beflügelten die Fantasie der Menschen und lieferten perfekte Zutaten für neue Kunstformen und experimentelle Formate. Der Kreativität waren keine Grenzen gesetzt. *Sein Name ist überall in der Stadt. Er wird auf den Straßen herausgeschrien, in den Hotels geflüstert. Während in den lokalen Geschäften mit Tutanchamun für alles Werbung gemacht wird … Jedes Hotel in Luxor bietet auf seiner Speisekarte etwas à la Tut an. Es gibt einen Tutanchamun-Tanz heute Abend und gleich das erste Stück ist ein Tutanchamun Rag*, beschrieb Arthur Merton, der Korrespondent der Londoner «Times», die faschingsartige Stimmung in Luxor 1923. Auch in den dekorativen Künsten suchte man nach neuen der Zeit gemäßen Ausdrucksformen, die sich im Art-déco-Stil niederschlugen. Dieser erreichte 1925 seinen Höhepunkt und dominierte noch bis in die Mitte der 30er Jahre die Kreativbranche. Der Art déco verschrieb sich intensiven Farben, geometrischen Motiven und einer klaren Form, was man alles in der altägyptischen Kunst wiederfand. Sämtliche Kunstgewerbesparten machten sich die Euphorie um Tutanchamun und das Alte Ägypten für einfallsreiche Kollektionen zunutze. Auch die schon in früheren Phasen der Ägyptomanie verwendeten Hieroglyphen griff man nun während des Tut-Hypes wieder auf. Bilder von den Meisterwerken seines Grabschatzes wurden durch die internationalen Zeitungen und Wochenmagazine in Umlauf gebracht. Auf ihrer ständigen Suche nach neuen Kreativimpulsen erfasste Tutanchamuns Grabinventar vor allem die schnelllebige Modewelt und stellte eine wahre Fundgrube für kreative Designer dar: *... reich verzierte Gewänder, von denen eines mit mehr als dreitausend goldenen Rosetten besetzt ist, drei Paar reich in Gold gearbeitete Prunksandalen ... einen sehr großen und schön gearbeiteten Skarabäus aus Gold und lapislazuliblauer Glaspaste ... schönfarbige kleine Halskragen und Halsketten aus Fayence und eine Handvoll massiv goldener ... Ringe ...*, bemerkte Carter. Es liest sich wie die Beschreibung in einem Luxusmagazin. Schon 1923 hatte das international führende französische Schmuckunternehmen Cartier vorausgesagt, dass Tutanchamuns Grabbeigaben eine enorme Wirkung auf die Mode- und Schmuckwelt ausüben würden. Designer griffen in ihrer Ideenfindung aber auch auf viele andere Quellen altägyptischer Motive zurück, die sie in den Museumssammlungen Europas oder der eigenen Privatsammlung fanden. Ihre Hauptklientel waren emanzipierte und wirtschaftlich unabhängige Frauen: Sie hatten sich mit einer lebensbejahenden und körperbetonten Mode aus dem Fin de Siècle verabschiedet. Extravagante Kleidung und dazu passende Accessoires wie Schmuck, Handtaschen und Schuhe, eine Kurzhaarfrisur und exaltiertes Make-up waren der Ausdruck einer neuen Weiblichkeit. Wie die Alten Ägypter trug die moderne Frau ein schutzbringendes Amulett um ihren Hals. Besonders begehrt waren in den 1920er und 30er Jahren aus silbernem Emaille gefertigte mumienförmige Anhänger, die aufklappbar waren und im Inneren eine kleine Mumie enthielten. Auch die eng anliegenden Gewänder der vier Schutzgöttinnen des Kanopenschreins aus dem Grab des Tutanchamun boten Inspirationen für das neue weibliche Körperbewusstsein.

In der Mode- und Schmuckwelt gab vor allem Paris den Ton an. Kleider, Jacken, Mäntel, Handschuhe und andere Accessoires stachen mit farbenfrohen Mustern aus Hieroglyphen, Pflanzenmotiven und Götterfiguren hervor. Die Schönen und Reichen waren verzaubert vom Glanz des Alten Ägypten. Das Berliner Modemagazin «Styl» schrieb 1923: *Lady Evelyn Herbert, die schöne Tochter Lord Carnarvons, die erste Frau, die die tropisch heiße Grabkammer betreten durfte, brachte auch als erste die ägyptische Mode nach London.* Noble Damen erschienen im Theater und der Oper in pharaonischer Aufmachung. Schauspielerinnen traten in ägyptischen Kostümen auf. Sogar ägyptische Haarstile waren angesagt. Léon Bakst faszinierte die Pariser mit seinen aufsehenerregenden ägyptisierenden Kostümen für expressive Tanzchoreografien und gab renommierten Modehäusern Impulse, ihre eigenen Kreationen nach seinem Vorbild zu gestalten, wie etwa ein Modell von Savary, das im Modejournal «Vogue» veröffentlicht wurde. Die Pariser Modemacherin Suzanne Talbot griff 1927 ein Muster von gekreuzten Mumienbandagen in einer ihrer Kreationen auf. Auch in Belgien zog Tutanchamun alle Aufmerksamkeit auf sich. Königin Elisabeth war häufig zu Gast bei Carter im Tal der Könige und eine glühende Anhängerin von Tutanchamun und den Alten Ägyptern. Sie und ihr

Sohn Prinz Leopold hatten in Begleitung des Pionierägyptologen Jean Capart der offiziellen Öffnung der Sargkammer des Tutanchamun beigewohnt. 1926 veranstalteten die beiden belgischen Industriellen Max Vandekerckhove und Gustave Wyns die Kostümparty «Empfang bei Tutanchamun» für die Mitglieder des Murray's Club. Mit der Inszenierung, dem Bühnenbild und den Kostümentwürfen wurde Capart betraut. Die belgische Prinzessin Marie-José war Ehrengast der Party und erschien als ägyptische Prinzessin. So großen Anklang fand die Veranstaltung, dass sie ein Jahr später im Heliopolis Palast in Kairo unter dem Motto «Die Ägyptische Party» ausgerichtet wurde. Aber nicht nur die Reichen ließen sich von Tutanchamun verzaubern, auch ganz normale Familien waren von dem Tut-Fieber angesteckt und traten in fantasievollen Kostümen auf.

Berühmte Schmuckhersteller in bedeutenden Metropolen der Welt brachten Kollektionen mit ägyptisierenden Motiven heraus: So verwendete der New Yorker Juwelier Tiffany die beiden Kartuschen mit den Namen des Tutanchamun als dekorative Bestandteile. Der Pariser Schmuckhersteller Louis Cartier stach als ideenreichster Designer des Art déco hervor und ließ sein tiefes Verständnis für die Bedeutung altägyptischer Bildmotive und ihre Farbsymbolik in edel geformte Kleinode einfließen. Schmuck erhielt wie nie zuvor einen eigenen Stellenwert. Das Haus Cartier hatte sich schon im 19. Jahrhundert einen Namen mit vom ägyptischen Stil inspirierten Schmuckstücken gemacht. Dem Designer war so viel Erfolg beschieden, dass die 1902 gegründete Londoner Filiale zum Hoflieferanten der britischen Königsfamilie avancierte, Ausstellungen in Kairo organisierte und auch den ägyptischen Hof belieferte. Der Luxusdesigner besaß ein Gespür für die Wünsche seiner wohlhabenden Klientel und setzte die Trends in seinem Metier entsprechend. Im Jahrzehnt nach Howard Carters Entdeckung dominieren ägyptische Motive Cartiers Kollektionen, um die Nachfrage nach pharaonisch

Tutanchamun und sein Grabschatz brachten eine förmliche «Tutmania», eine von vielen seit der Antike aufbrandenden Begeisterungswellen für das Alte Ägypten. In westlichen Metropolen inspirierten sie sämtliche Kreativbranchen. Der Pariser Entwurf für ein Kleid von Suzanne Talbot von 1927 greift die Wicklung der Mumienbandagen nach altägyptischen Vorlagen auf. Viele Tänzerinnen wie Sent M'Ahesa aus dem Baltikum wurden für ihre expressiven Phantasietänze in ägyptischer Manier bekannt.

anmutenden Preziosen bei den Reichen zu bedienen. 1924 veröffentlichte die «Illustrated London News» eine Sonderausgabe über Howard Carters Fund und zeigte dazu auch von Tutanchamun inspirierte Schmuckstücke aus Cartiers Londoner Filiale. Tatsächlich war aber nur ein Produkt nach einer direkten Vorlage aus dem Grabschatz gearbeitet worden, bei allen anderen Stücken ließ man der Kreativität freien Lauf und passte ägyptische Motive dem bestehenden Formenrepertoire des Hauses an. Besonders häufig kommen bei Cartier der geflügelte Skarabäus, die Lotosblüte und Götterfiguren vor. Seine berühmte Serie von geflügelten Skarabäen-Broschen in verschiedenen Variationen greift die Themen Wiedergeburt und Erneuerung auf. Äußerst begehrt war auch Cartiers «Apprêts»-Kollektion: Für die Anfertigung dieser Unikate erwarb der Schmuckdesigner von international bekannten Kunsthändlern antike Artefakte aus Fayence oder Kalzit und kombinierte sie mit modernen Materialien wie Diamanten, Smaragden, Weißgold und Platin. Wie im Alten Ägypten sollten die «Apprêts» ihren Trägern als Talismane dienen, deren magische Schutzfunktionen durch ihre neuen Besitzer wiederbelebt wurden. Die Pariser Damen waren verzückt bei dem Gedanken, ein Schmuckstück zu tragen, das einst vielleicht den Hals einer ägyptischen Herrscherin geziert hatte. Cartiers Amulette waren nicht nur hübsch anzusehen, sondern sollten ihren Besitzern auch ein Tor zur Ewigkeit öffnen. Bei einigen Stücken verstärkten besondere Farbkombinationen wie Blau und Grün – im Alten Ägypten Symbole für Erneuerung und Wachstum – die spirituellen Kräfte. Cartiers größter Erfolg gegenüber Konkurrenten bestand gerade darin, sowohl symbolgeladene ägyptische Embleme in eine dem Zeitgeschmack gemäße Form zu bringen als ihnen auch eine tiefere Bedeutung einzuhauchen. Wenn auch an den modernen Markt angepasst, entsprachen Cartiers Schmuckkollektionen doch ganz der harmonischen und ästhetischen Formgebung altägyptischer Preziosen. 1925 brachte das Haus Cartier auch ein symbolträchtig dekoriertes Kosmetiketui heraus. Stücke aus dem Grabschatz mögen dem Designer als Inspirationsquelle gedient haben. Darauf zu sehen ist unter anderem ein Pharao in Gestalt einer Sphinx, dessen Kopf der Goldmaske des Tutanchamun ähnelt.

Eine breite Palette von weiteren Produkten unter dem «Tut-Label» eroberten den europäischen und amerikanischen Markt. Impulse für Massenproduktionen gingen eindeutig von Amerika aus. Tutanchamun verkaufte sich gut und eignete sich hervorragend als Marketinginstrument. Auch für den kleinen Geldbeutel erschwingliche Stücke wie etwa Kettenanhänger und Broschen in Form von Sphingen, Skarabäen, Pharaonenköpfen und anderen ägyptischen Bildmotiven fanden einen breiten Absatz. Für den Mittelstand entwarf der britische Hersteller Carlton Ware Gebrauchsware und brachte die Tutanchamun-Serie in Porzellan aus blauer Emaille heraus. Seine zwei von 1911 stammenden Porzellangeschirrsets passte der Hersteller Royal Doulton dem Zeitgeschmack der Zwanzigerjahre an, indem er sie mit der «Sema-Tawy»-Hieroglyphe – dem Zeichen für Wiedervereinigung – und dem Schriftzug «Tutanchamuns Schätze – Luxor» verzierte. Vor allem die Amerikaner witterten in seiner Popularität ein gewinnbringendes Geschäft und schlachteten ihn als Marke hemmungslos aus. Mit seiner Berühmtheit ließ sich beinahe alles veräußern: Krüge, Bonbondosen, Zigarettenschachteln, Hautcreme und selbst Erbsen verkauften sich hervorragend unter der Marke «Tut». Taschenmesser waren mit einer seiner königlichen Wächterstatuen dekoriert. Der amerikanische Präsident Herbert Hoover gab sogar seinem Hund den Namen «King Tut». Im April 1925 warb Dentol in der «l'Illustration» für die Zahnpasta «Tout-Ank-Amon»: *Kannst du nicht lesen, du unwissender Unsterblicher, dass ich Dentol mein ewiges Lächeln verdanke.* Am 14. März 1926 schaltete Robbialac in der «Petit Journal Illustré» eine Anzeige für Lackfarbe. Der König kommt aus seinem Grab heraus und spricht: *Dafür dass ich fünftausend Jahre alt bin, sehe ich immer noch jung aus, nicht wahr? Aber warum bist du überrascht, du, der die Geheimnisse langer Konservierung kennst: Robbialac, die einzigartige Kalt-Emaille für Autos, Fahrräder, Motorräder etc., die unvergleichliche Lackfarbe.* Der Händler Ahmed Soliman verkaufte im Kairoer Khan el-Khalili Basar das Parfüm «Tout-Ankh-Amon». Unter dem Namen «Tut» beworbene Produkte mit verkaufsfördernden Bildmotiven und Mottos gingen durch Millionen von Händen und brannten sich im visuellen Gedächtnis ihrer Konsumenten ein. Ganz zu schweigen von den vielen Zeitungsberichten, Werbeplakaten und unzähligen Postkarten mit Abbildungen der beliebtesten Grabgegenstände, wie der Goldmaske, der Königsstatuen oder auch eines der Dolche, die Menschen an ihre Familien und Freunde verschickten. Die erfolgreiche Vermarktung des goldenen Pharao war einer der vielen Gründe für das langanhaltende Interesse der Öffentlichkeit an Carters zehnjähriger Bergungsarbeit im Tal der Könige. Diverse Werbekanäle erreichten ein breites Publikum selbst in den entlegensten Winkeln der Welt.

Der Tutanchamun-Wahn animierte auch Tänzer zu Phantasietänzen wie dem berühmten «Pharaonentanz» im Stil altägyptischer Reliefs. Josephine Baker aus Amerika, Sent M'Ahesa, mit bürgerlichem Namen Elsa von Carlberg, aus dem Baltikum und andere Tänzerinnen wurden mit ihren expressiven Ausdrucksformen weltberühmt. Mitreißende und frivole Tänze sorgten für Unterhaltung und Ablenkung. Der berühmte König erreichte selbstverständlich auch die Musikwelt und sein Bildnis zierte zahlreiche Schallplattencover. Auf Partys tanzte man den Charleston zu Klängen von «König Tut» oder schwang das Tanzbein zum «Tutanchamun-Shimmy» (Tafelteil, Abb. 22) oder «Tutanchamun-Foxtrott». Einer der beliebtesten Schlager in Amerika war «Old King Tut» des Komponisten Harry von Tilzer und des Texters William Jerome von 1923. Sie vertonten den Song mit berühmten Sängern wie Sophie Tucker und den als «Happiness Boys» bekannten Billy Jones und Ernest Hare. Das Plattencover zeigt einen greisen Tut mit Zigarre. Erst zwei Jahre später wird sich mit der Öffnung seines Sarges herausstellen, dass er bereits in jungen Jahren verstorben war. Die Tut-Schlager fanden über Radio und Grammophon weite Verbreitung. Über transportable Koffergrammophone konnten die Schlager sogar im Freien abgespielt werden. Vor einigen Jahren wurde «Old King Tut» von Tilzer und Jerome in der Fernsehserie «Boardwalk Empire» wieder aufgegriffen. Schon 1923 zeigten auch die Theater eine Reihe von ägyptischen Stücken, ebenso nahmen Pariser und Londoner Musikhallen in ihre Revueshows «Egyptian-Revival»-Werke auf. Alexander Denéréaz komponierte 1925 die sinfonische Dichtung «Am Grab Tutanchamuns». 1934 schrieb Maurice Perez die Oper «Tout Ankh Amon» für die Komische Oper in Paris. Der allseits beliebte Pharao eroberte auch die Literaturwelt: Bereits 1923 erschienen die beiden Romane «Tut-Ankh-Amen» von Archie Bell und «Der Kuss des Pharao» von Richard Goyne. Als die beiden Autoren ihre Werke veröffentlichten, stand Carter gerade erst am Beginn seiner Grabungsarbeit, und man wusste nur wenig über Tutanchamun und seine Geschichte. So ist in Goynes Roman der König mit Rana verheiratet. Ein Wahrsager prophezeit, dass der König sieben Jahre regieren und nach 3000 Jahren ein ausländisches Volk sein Grab plündern werde. Der Magier Larry Carter profitierte von seinem Nachnamen und warb auf Plakaten als «Carter der Großartige» für seine Zaubershow, in der es um Geheimnisse und Wunder der Sphinx und des Grabes des alten Königs Tut ging. Auch die Filmindustrie machte vor Tutanchamun nicht halt: 1922, im Jahr der Entdeckung von Tutanchamuns Grab, erschien der deutsche Spielfilm «Das Weib des Pharao» von Ernst Lubitsch, nur ein Jahr darauf kamen die beiden Stummfilme «Der Tänzer des Nils» von William Earle und «Das Geheimnis von Tutanchamuns achter Ehefrau» von

John Bitzer heraus. 1932 wurde der amerikanische Film «Die Mumie» mit Boris Karloff in der Hauptrolle produziert, der bis heute der Klassiker aller Mumienfilme ist. Selbst Architekten adaptierten im Jahrzehnt des Jahrhundertfunds Elemente pharaonischer Tempel in ihren Entwürfen für kommerzielle und industrielle Gebäude und schufen sogar ägyptisch anmutende Kinohäuser als perfekte Bühne für die darin gezeigten Ägyptenfilme. Der Prototyp eines Kinopalasts im ägyptisierenden Stil war das «Grauman Egyptian Theatre» in Hollywood aus dem Jahr 1922, das als Inspiration für viele weitere Theater diente, die an verschiedenen Orten in Amerika gebaut wurden. Die gesamte Innen- und Außengestaltung des Grauman ist mit Hieroglyphen, Statuen und Säulen dem ägyptischen «Revival-Stil» nachempfunden. In England und den USA wurden Innenräume in ägyptisierender Manier gestaltet, und auch Wolkenkratzer waren mit entsprechenden Bildelementen verziert. So sind beispielsweise die Aufzugstüren im Ende der 1920er Jahre errichteten Chrysler-Gebäude in New York mit Lotusblumen dekoriert. Noch 1994 nutzte man Tutanchamuns weltweite Berühmtheit für die Vermarktung des neuen Luxor-Hotels und -Kasinos auf dem Boulevard von Las Vegas in Nevada. Den Eingang des pyramidenförmigen Hotels bewacht eine Sphinx, auf deren Körper eine Büste des Tutanchamun sitzt. Innen können die Gäste eine Kopie seines Grabes besuchen und in «Tut's Hut» speisen. Sogar im Kasino ist ein Bereich mit Spielautomaten nach dem «Tal der Könige» benannt. Die Bauunternehmer ließen sich das Themenhotel 375 Millionen Dollar kosten.

Die «Tutmania» erlebte in den 1960er Jahren eine zweite Blüte, als Meisterwerke aus dem Grabschatz erstmals in 18 amerikanischen und sechs kanadischen Städten gezeigt wurden. 34 Exponate gingen auf Tournee, der Menschenandrang war enorm. Einige Jahre später wurden die Stücke auch in bedeutenden europäischen Metropolen präsentiert, unter anderem 1967 in Paris und 1972 in London zum 50. Jahrestag der Entdeckung des Grabes. An der Jubiläumsfeierlichkeit in London, die von der britischen Königin Elisabeth II. eröffnet wurde, nahm Carnarvons Tochter Evelyn teil. Auch dort standen die Menschen geduldig über viele Stunden vor der Ausstellungshalle Schlange. Schließlich kam es nicht alle Tage vor, dass man die berühmte Goldmaske beinahe vor der eigenen Haustür besichtigen konnte. Von 1973 bis 1975 wurden Tutanchamuns Grabbeigaben in der UdSSR gezeigt, und sogar in Japan sahen drei Millionen Besucher einen Teil des Grabschatzes. Von 1976 an tourte eine weitere Ausstellung vier Jahre lang durch viele amerikanische und kanadische Städte; dieses Mal waren es schon 53 Exponate aus dem Grabschatz. Mehr als acht Millionen Amerikaner sahen die Ausstellung in sieben Städten. Um eine Eintrittskarte zu ergattern, standen die Menschen teilweise bis zu einem halben Tag an. Am 22. Dezember 1978 erschien in der «Frankfurter Allgemeinen Zeitung» ein Beitrag über den *Goldrausch und König Tut in Amerika … kilometerlange Schlangen von Wartenden, ausverkaufte Eintrittskarten, Sturm auf Reproduktionen.* 1980 und das Jahr darauf tourte erstmals auch eine Tutanchamun-Ausstellung durch fünf deutsche Städte, und Millionen von Besuchern ließen sich von den Originalstücken verzaubern. Als eine der ausgestellten Statuetten ein Jahr später beschädigt nach Ägypten zurückkehrte, erließ die ägyptische Regierung ein Gesetz, das die Ausreise des Goldschatzes von nun an untersagte. Erst ab 2004 reisten erneut an die 65 Originale durch fast 25 Städte in Amerika und Europa. Selbst viele Jahrzehnte nach der Entdeckung des Grabes des Tutanchamun übte der legendäre König immer noch eine ungebrochene Faszination aus. Im Zuge der vielen im Ausland gezeigten Ausstellungen überschwemmten ab 1967 zahlreiche Massenprodukte unter dem Tut-Label den globalen Markt – weit mehr, als es während der ersten «Tutmania»-Welle der 1920er Jahre gegeben hatte. Amerikanische

Geschäftsleute und Kunstgewerbetreibende waren besonders einfallsreich darin, auf den unterschiedlichsten Gegenständen – von billigen Kettenanhängern bis hin zu Whiskeykaraffen – Assoziationen mit Tutanchamun zu knüpfen. Kaffeetassen und T-Shirts mit Sprüchen wie «I Love My Mummy» oder «Struttin' with Tut» («Stolzieren mit Tut») fanden großen Absatz. Restaurants boten «Tut-Tacos» und «Pharaoh's Fish» an. Selbst die Toiletten im New Orleans Museum of Arts erhielten die Namen «Tutles» für die Männer und «Mummies' Rooms» für die Damen. 1978 verspotteten der amerikanische Schauspieler Steve Martin & The Toot Uncommons die «Tut»-Hysterie ihrer Landsleute in dem berühmten Musical «King Tut». 2008 wurde das Musical «Tut Ankh Amon» von Gerald Gratzer uraufgeführt. Die größten Profiteure des seit vielen Jahrzehnten anhaltenden Tut-Fiebers waren bislang die Freizeitparks; noch bis 2018 betraten Besucher einen Wasserpark im kalifornischen Redlands durch einen riesengroßen Kopf des Tutanchamun. Vor vier Jahren schloss die ägyptische Regierung einen fünfjährigen Vertrag mit dem amerikanischen Unternehmen IMG Exhibitions für die Blockbuster-Ausstellung «Tutanchamun: Schätze des Goldenen Pharao» ab und verlieh 150 Objekte des Grabschatzes, von denen 66 erstmals für eine Welttour von Kalifornien über Paris und London bis nach Sydney reisen sollten. Die Ausstellungsmacher wollten ein letztes Mal Originalstücke im Ausland präsentieren, bevor der gesamte Grabschatz seinen endgültigen Platz in der Dauerausstellung des neuen «Grand Egyptian Museum» bei den Pyramiden von Gizeh finden würde. Die Sonderausstellung nahm ihren Ausgang in Los Angeles und reiste anschließend nach Paris weiter, wo sie fast 1,5 Millionen Besucher anzog. Durch die weltweit grassierende Coronapandemie war der dritte Ausstellungsort, die Saatchi Gallery in London, gezwungen, die Exponate vorzeitig nach Kairo zurückzuschicken. Wer in Zukunft den gesamten Originalschatz besichtigen will, wird nicht umhinkommen, sich nach Ägypten aufzumachen. Der Treue seiner Fans kann sich der goldene Pharao sicher sein. Sie werden nicht müde, die faszinierende Geschichte von Carters Entdeckung immer wieder zu hören, Tutanchamuns Grabschatz zu sehen und sein Grab in Luxor zu besichtigen. Der weltberühmte König ist heute noch genauso beliebt wie vor hundert Jahren und birgt immer noch viele Überraschungen.

15. KAPITEL

Neues vom Grab und von den Schätzen

2015 sorgte Tutanchamuns Gruft wieder einmal für eine aufsehenerregende Schlagzeile: «*Das Grab der Nofretete?*» gab Nicholas Reeves bekannt. Schon seit langem suchte der britische Ägyptologe nach der Begräbnisstätte von Echnatons «Großer königlichen Gemahlin» im Tal der Könige und glaubte, sie gefunden zu haben: Hinter der Nordwand von Tutanchamuns Sargkammer solle Nofretete in einer verborgenen Kammer bestattet sein, und hinter der Westwand solle eine weitere Kammer liegen. Angeblich waren die Eingänge der beiden Räume zugemauert und mit Verputz und Wandmalereien unkenntlich gemacht worden. Reeves' Forschungen zufolge hatte Nofretete nach Echnatons Tod als Pharao Semenchkare das Land regiert und nach ihrem Hinscheiden die letzte Ruhe im Grab KV62 im Tal der Könige gefunden. Seine Vorkammer und die spätere Sargkammer Tutanchamuns sollen ursprünglich nur ein Korridor gewesen sein, der zu einem größeren Grab führte. Der Ägyptologe suchte seine schockierende Meldung mit handfesten Indizien zu untermauern: Er hatte anhand von 3-D-Laserscans der Sargkammer horizontale und vertikale Linien auf ihrer Nord- und Westwand sowie ihrer Decke wahrgenommen, die ihm zufolge Übergänge zu geheimen Kammern andeuten würden. Die Grabanlage soll viermal umgearbeitet worden sein: Zunächst sei sie für Nofretete als «Große königliche Gemahlin» begonnen worden, daraufhin sei eine Erweiterung erfolgt, als sie zur Mitregentin Echnatons bestimmt worden war, und zu guter Letzt sei mit ihrer Thronbesteigung eine erneute Veränderung erfolgt. Schließlich hätte man das Grab ein letztes Mal für Tutanchamuns Bestattung umgebaut. Auch die stilistischen Darstellungen der Königsfigur an den Wänden der Sargkammer seien untypisch für Tutanchamuns Zeit und würden viel besser zu Nofretete passen. In der Figur des Eje, der an der Mumie des verstorbenen Königs das Mundöffnungsritual vollzieht, erkennt Reeves Tutanchamun in seiner Funktion als Sem-Priester und Nofretetes Nachfolgekönig. Nach einer Begutachtung des Getty Conservation Institute sollen die Malereien der Nordwand schon vor der letzten Umarbeitung des Grabes existiert haben. Reeves glaubt auch, dass 80 Prozent des Grabschatzes umgearbeitete Preziosen von Echnaton und Nofretete waren. Der Ägyptologe löste mit seiner Sensationsmeldung weltweit eine Flut an Presseberichten und eine hitzige Debatte unter Kollegen aus. Die einen halten seine Theorie für plausibel, wiederum andere sehen darin pure Spekulation, ganz kritische Stimmen halten Reeves vor, er habe Luft verkauft. Sollte hinter einer der Wände tatsächlich Echnatons Nachfolgepharao bestattet sein, käme auch Meritaton, seine älteste Tochter, in Betracht. Bis heute ist nicht eindeutig geklärt, wie viele Pharaonen und wer genau zwischen Echnaton und Tutanchamun regiert hat. Sogar Kija, die Nebenfrau Echnatons, wurde hinter der Nordwand der Grabkammer vermutet.

Das ägyptische Antikenministerium wollte der Sache auf den Grund gehen und ließ in der Grabkammer eine Reihe von Untersuchungen durchführen. Zusammen mit dem französischen Heritage Innovation and Preservation Institute nahmen sie 24 Stunden lang Aufnahmen mit einer Wärmebildkamera auf. Über thermografische Infrarotstrahlung können verschiedene Temperaturverhältnisse ermittelt werden, die etwaige Hohlräume hinter einer Wand anzeigen. Die Untersuchungen wiesen einen geringen Temperaturunterschied an der Nordwand auf. Man genoss die Messergebnisse jedoch mit Vorsicht, da sie durchaus auch auf einen natürlich gewachsenen Hohlraum im Fels hindeuten könnten. Weitere Tests durch ein japanisches Team bestätigten Reeves' Beobachtungen, dass sich hinter der Nord- und Westwand Hohlräume befinden könnten. Auch glaubten die Forscher, dahinter Metallobjekte und organisches Material geortet zu haben. Weitere Bodenradar-Untersuchungen eines amerikanischen und italienischen Teams erbrachten keine neuen Erkenntnisse. Im Februar 2020 führten Experten die bislang letzte Georadarstudie durch und bestätigten Hohlräume hinter der Nordwand. Seitdem hüllen sich die ägyptischen Behörden in Schweigen. Letztlich würde nur ein Einreißen der Grabkammerwand Klarheit darüber verschaffen, was sich tatsächlich hinter den beiden Wänden der Sargkammer verbirgt.

Tutanchamuns weltweite Popularität weckt nicht nur den Forscherdrang von Wissenschaftlern, sondern zieht auch wie ein Magnet viele Tausende Besucher alljährlich in das Tal der Könige, was seinem Grab in den letzten 100 Jahren schwer zugesetzt hat. Er ist der einzige Pharao, der noch im Königsfriedhof des Neuen Reiches ruht. Jeder Tourist will den weltberühmten Pharao sehen und jeder Fernsehsender eine Dokumentation über ihn drehen. Unzählige Besucher schieben sich durch das enge Grab und lassen mit ihrer Atemluft die Feuchtigkeit und Temperatur ansteigen. Aufgewirbelter Wüstensand klebt sich an den Wandmalereien fest und lässt ihre Farben unter einem Grauschleier verschwinden. Noch bis vor nicht allzu langer Zeit konnten Besucher die Wanddekorationen hautnah in Augenschein nehmen; sie wurden mit den Händen berührt und durch Taschen und Rucksäcke abgerieben. Mit ihren Ausrüstungen setzten Filmteams dem kleinen Grab ebenfalls schwer zu und hinterließen bleibende Schäden. 2009 begann das ägyptische Antikenministerium ein fünfjähriges Forschungs- und Konservierungsprojekt in Zusammenarbeit mit Experten des Getty Conservation Institute in Los Angeles, um die Verfallsprozesse im Grab zu untersuchen und ihnen mit entsprechenden Maßnahmen beizukommen. Zum ersten Mal seit seiner Auffindung wurden eine umfassende Studie und Konservierung vorgenommen. Das Antikenministerium fragte sich besorgt, ob die Klimaschwankungen nicht vielleicht doch die «geheimnisvollen» braunen Flecken an den Wänden der Grabkammer weiter zum Wuchern bringen würden. Sie waren in keiner anderen Gruft im Tal der Könige zu sehen und gaben einige Rätsel auf. Alfred Lucas, der Chemiker und Konservator in Carters Team, hatte Tutanchamuns Grab auf Mikroben untersucht und nichts finden können. Man wusste nicht, wie die Flecken entstanden waren und ob sie nicht vielleicht doch ein Risiko für die Malereien in sich bargen. Zunächst nahm man eine Recherche über den Zustand der Flecken zum Zeitpunkt der Entdeckung des Grabes über Burtons Fotos vor und verglich sie mit der aktuellen Befundsituation. Die Experten stellten keinerlei Veränderungen fest. Detailaufnahmen von unterschiedlichen Farbschichten, die mittels eines an einen Computer angeschlossenen Handmikroskops gemacht wurden, bestätigten die makroskopischen Beobachtungen. Mikrobiologische Analysen der Flecken ergaben hohe Konzentrationen von Apfelsäure, ein Stoffwechselprodukt von Pilzen. Tatsächlich hatten Mikroben die Flecken verursacht. Allerdings waren die Pilzsporen nicht mehr aktiv, und es bestand keinerlei Gefahr einer erneuten Wucherung. Die gewonnenen Daten lieferten eindeutige Hinweise darauf, dass das Grab nach Tutanchamuns plötzlichem Tod hastig fertiggestellt wurde. Die Farben der Wandmalereien waren noch feucht, als man das Grab verschloss, was zu einem Wachstum von Schimmelpilzen führte. Vor der Konservierung identifizierten die Experten die

Substanzbeschaffenheit von Pigmenten, Bindemitteln, Verputz und Materialien, die bei früher durchgeführten Behandlungen verwendet worden waren. Darauf folgte eine sorgfältige Reinigung aller Wandmalereien. Die braunen Flecken waren in die Farbschichten hineingewachsen und wurden nicht entfernt, um diese nicht zu beschädigen. Schon wegen seiner geschichtlichen Bedeutsamkeit blieb der Pilzbefall in Tutanchamuns Grab unangetastet. Neben den Konservatoren untersuchten Umweltingenieure die klimatischen Bedingungen, Geotechniker die Statik und Hydrologen die Hochwasserrisiken des Grabes. Infolge von Flutschäden im Jahr 1994 war der Eingang bereits überdacht, ein Wall errichtet und Schutztüren aus Metall installiert worden. Ein neues Ventilationssystem wurde eingebaut, um die Luft zu filtern und die Staubmenge auf ein Minimum zu reduzieren. Zusätzlich verbessern neue Beleuchtungen und Gehwege das Besuchserlebnis. Die Sargkammer ist mittlerweile für Touristen nicht mehr zugänglich, von der Vorkammer aus lassen sich die Wandmalereien und der Quarzitsarkophag aber immer noch gut betrachten.

Trotz aller konservatorischen Vorkehrungen trägt jeder Besucher ein wenig mehr zum weiteren Verfall des Grabes bei. Das Antikenministerium dachte über eine Regulierung der Besucherzahlen nach, was bei über 1000 Touristen pro Tag eine große Herausforderung darstellte. Schließlich beschloss man 2009, über die Factum Foundation eine originalgetreue Kopie der Sargkammer des Tutanchamun bauen zu lassen. In fünf Wochen scannte die spanische Firma jeden Millimeter der Wandbilder und sammelte Millionen von Daten zu Farben, Tönen und Textur. Auch jeder kleinste Riss und jede noch so feine Unebenheit an den Wänden wurden mit Laserstrahlen aufgenommen, um die Oberfläche originalgetreu nachzubilden. Die Kopie entstand in einer großen Halle in Madrid und entspricht beinahe dem Original. In die Grabkopie integrierte man auch den fehlenden

Teil der Südwand der Sargkammer, den Carter hatte entfernen lassen, um die zerlegten Schreine ans Tageslicht bringen zu können. Die zerstörten Wandteile wurden mithilfe von Burtons Fotos nachgebildet, die den Originalzustand der Südwand dokumentieren. Die Factum Foundation fertigte auch eine Replik des Steinsarkophages an. 2014 wurde die Grabkopie am Eingang zum Tal der Könige neben Carters Haus in Elwat el-Diban feierlich eröffnet. Sie dient zugleich auch als kleines Museum und erzählt anhand von anschaulichen Bildern und Texten die Geschichte der Entdeckung des Grabes, der Auswirkungen des Massentourismus auf das Originalgrab und der Bedeutung nachhaltigen Tourismus. Dies ist nicht das erste Mal, dass eine berühmte Weltkulturerbestätte der Öffentlichkeit mittels einer Rekonstruktion zugänglich gemacht wird: Als sich an der Oberfläche der Höhlenmalereien von Lascaux in Südfrankreich Schimmelpilze entwickelten, wurde die Grotte für Besucher geschlossen. 1983 eröffnete man einen Nachbau, den seitdem Massen von Menschen besichtigt haben. Obwohl sich die Kopie des Tutanchamungrabes kaum vom Original unterscheidet, wird sie von vielen Touristen nicht angenommen. Für sie ist der Besuch einer Nachbildung bei Weitem nicht zu vergleichen mit dem Erlebnis im «echten» Grab – eine Rekonstruktion hätte nicht die gleiche Ausstrahlung. So manch ein Besucher ist gar ungehalten darüber, dass eine Kopie überhaupt zur Option steht. Schließlich sei man doch nicht von weither angereist, um nur einen Nachbau vom Grab des berühmten Königs zu sehen. Dennoch hofft das Antikenministerium, dass sich einige Besucher mit der Kopie zufriedengeben und das Original dadurch ein Stück weit entlastet wird.

Nicht minder hohen Belastungen waren etliche Meisterstücke aus dem Grabschatz seit vielen Jahrzehnten ausgesetzt. Die häufige Ausleihe von Objekten für «Blockbuster»-Ausstellungen im Ausland stellte aus konservatorischer Sicht eine große Belastung für einen nicht unerheblichen Teil des Grabschatzes dar. Die vielen Sicherheitsrisiken, das ständige Ein- und Auspacken und wechselnde Klimabedingungen an den Ausstellungsorten – selbst bei hochprofessioneller Ausführung – veranlassten die ägyptische Regierung vor mehr als 30 Jahren dazu, ein Ausfuhrverbot auf die gefragten Kostbarkeiten zu verhängen. 1981 war bei einer Ausstellungstournee durch Deutschland die vergoldete Holzfigur der Göttin Selket, eine der vier Schutzgöttinnen des Kanopenschreins, beschädigt worden, was zur Folge hatte, dass bis 2004 kein einziges Stück mehr auf Reisen gehen durfte. Dann ließ sich das Antikenministerium wieder auf Verhandlungen ein. Leihgaben an ausländische Museen spülten schließlich Millionenbeträge in die ägyptische Staatskasse. Tutanchamun war für beide Seiten ein durch und durch lukratives Geschäft. Mit dem Umzug seines gesamten Grabschatzes in das neue «Grand Egyptian Museum» bei den Pyramiden von Gizeh hat das Reisen ein vorläufiges Ende genommen. In hochmodernen Laboratorien des neuen Museums machen ägyptische Restauratoren den gesamten Grabschatz fit für die neue Dauerausstellung. Seit mehr als 90 Jahren waren die großen vergoldeten Schreine und viele andere Exponate nicht mehr behandelt worden und befanden sich in einem äußerst fragilen Zustand. Die Goldschichten waren an vielen Stellen abgeplatzt. Restauriert wurde auch der äußerste vergoldete Holzsarg, dem hohe Luftfeuchtigkeit und Hitze arg zugesetzt hatten. Ebenso wurden viele Textilien und Holzarbeiten in Zusammenarbeit mit japanischen Experten erstmals einer Restaurierung unterzogen, wobei auf hochmoderne Technologien zurückgegriffen wurde, um für jedes Stück die passende Behandlungsmethode zu finden. Mit großer Geduld entfernten die Spezialisten das Paraffinwachs, mit dem Alfred Lucas und Arthur Mace die Oberfläche von fragilen Objekten stabilisiert hatten. Dank der umfangreichen Aufzeichnungen von Lucas konnten sich die Restauratoren ein gutes Bild über frühere Behandlungsmethoden verschaffen. Das Blattgold vieler Exponate erstrahlt nun wieder in neuem Glanz.

Erst vor kurzem wurden in interdisziplinären Projekten bisher unbeachtete Materialgruppen des Grabschatzes bearbeitet und ausgewertet. Lucas und Mace hatten damals vor einer kaum zu bewältigenden Konservierungsarbeit gestanden und sich vor allem auf die Behandlung der Meisterwerke konzentriert. Etliche Objekte befanden sich bis vor einigen Jahren noch in ihren Originalkisten, so wie sie Carters Team vor fast 100 Jahren im Laboratorium verpackt und nach Kairo geschickt hatte. So auch ca. 100 figürlich verzierte Goldbleche, die Carter verstreut auf dem Boden von Vorkammer und Schatzkammer in unmittelbarer Nähe der Streitwagen entdeckt hatte. Der Archäologe dokumentierte die schlecht erhaltenen Stücke, ließ sie fotografieren und in einer Holzkiste mit der Aufschrift «Zaumzeug» nach Kairo versenden. Dort gerieten sie in Vergessenheit. Erst 2013 wurden die Goldbleche in einem deutsch-ägyptischen Kooperationsprojekt umfassend untersucht und restauriert. Viele Stücke lagen in unzähligen Fragmenten vor und mussten mühsam zusammengesetzt werden. Einstmals waren die getriebenen und punzierten Goldfolien auf einem Träger aus Leder oder ungegerbter Tierhaut und Textil aufgebracht gewesen; sie dienten als Beschläge von Köchern, Bogenkästen und Pferdezaumzeug. Weitere Untersuchungen ergaben, dass die Stücke ursprünglich blau und golden bemalt gewesen waren. Der Befund wurde durch die mit Miniaturmalerei verzierte Holztruhe bestätigt: Sie zeigt Tutanchamun als Krieger auf einem Streitwagen und seine Ausrüstung in allen ikonografischen Details. Die Goldbleche sind mit ägyptischen Motiven vorwiegend im Stil der Nach-Amarnazeit, aber auch mit solchen mit Einflüssen aus dem Vorderen Orient und östlichen Mittelmeerraum dekoriert und stellen damit einmalige historische Zeugnisse der kulturellen Verbindungen zwischen Ägypten, der Levante und dem östlichen Mittelmeerraum im 14. Jahrhundert v. Chr. dar. Diese und viele weitere Stücke aus dem Grabschatz des Tutanchamun werden erstmals im «Grand Egyptian Museum» der Öffentlichkeit präsentiert.

Das Herzstück der Dauerausstellung im neuen Ägyptischen Museum bildet die goldene Totenmaske des Tutanchamun. Groß war die Aufregung, als sich Ende 2014 ihr Zeremonialbart bei Reinigungsarbeiten der Vitrine von der Maske löste. Das Klebemittel war veraltet und die Wiederbefestigung wenig zufriedenstellend ausgefallen. In der Folge wurden Spezialisten des Römisch-Germanischen Zentralmuseums Mainz, die zu der Zeit an Tutanchamuns Goldblechen arbeiteten, mit der Neurestaurierung des Bartes beauftragt. So unglücklich der Vorfall zunächst schien, bot sich ihnen damit doch eine einmalige Gelegenheit, erstmals mit modernsten Methoden eine Neurestaurierung auf Basis einer umfassenden Untersuchung der Goldmaske vorzunehmen. Überraschenderweise war eine Grundlagenforschung insbesondere der Herstellungstechnik dieses Schlüsselwerks altägyptischer Goldschmiedekunst bislang ausgeblieben. Schon bei Carters Entdeckung hatte sich der Bart von der Maske gelöst und wurde erst in den 1940er Jahren am Kinn angebracht, allerdings nicht in Einklang mit der historischen Fixierungstechnik. Während der 2015 erfolgten Restaurierungsarbeiten machten die deutschen Experten eine bemerkenswerte Entdeckung: Im Inneren des Zeremonialbarts befand sich ein Tubus aus Goldblech, der als Verbindungsstück zwischen der Maske und dem Bart diente und vermutlich schon während der Bestattung Tutanchamuns abgebrochen war. Der Bart selbst wurde ebenfalls aus dünnem Goldblech getrieben und weist zusammen mit den darauf in Zellen befestigten Glaseinlagen ein Gewicht von 160 Gramm auf. Man war lange Zeit davon ausgegangen, dass er über einen Holzzapfen am Kinn befestigt und mit einer über zwei Kilogramm schweren keramikartigen Substanz gefüllt war. Nach einer neuerlichen Fixierung des Tubus unterhalb des Kinns wurde mithilfe von Bienenwachs und punktuell aufgetragenem thermoplastischen Klebstoff eine reversible Neuverbindung von Bart und Maske geschaffen. Vermutlich hatten auch die altägyptischen Handwerker eine wachsähnliche Substanz oder ein Harz als Fixierungsmittel verwendet. Im Rahmen ihrer herstellungstechnischen Untersuchungen gingen die Experten auch der Frage nach, aus wie vielen Goldblechen die Maske zusammengesetzt ist, welche Goldlegierungen sie aufweisen und welche Verfahren zur Herstellung der Glas- bzw. zur Bearbeitung der Edelsteineinlagen verwendet wurden. Auch beschäftigten sie sich mit der zuvor aufgekommenen Vermutung, dass die Goldmaske ursprünglich für die vor Tutanchamun regierende Königin angefertigt worden sei und man ein neues Gesicht mit dem Porträt des Königs eingesetzt habe. Nicholas Reeves zufolge gibt es klare Hinweise auf eine Umarbeitung des Objekts: Das Gesicht der aus separaten Teilen gefertigten Maske des ersten Besitzers sei abgenommen und durch ein neues Porträt mit den Gesichtszügen Tutanchamuns ersetzt worden, meint der britische Ägyptologe. Dafür sprächen etwa die Verwendung der blauen Einlagen aus unterschiedlichen Materialien – Glas für das Kopftuch und Stein für das Gesicht –, was eher untypisch sei. Auch würde sich die Zusammensetzung des Goldes des Gesichtes von der des Kopfteils unterscheiden. Die perforierten Ohrlöcher wiederum würden dafür sprechen, dass es sich bei dem ersten Besitzer um eine Frau gehandelt habe. Nach den archäologischen Zeugnissen zu urteilen, hätten männliche Könige im Erwachsenenalter das Tragen von Ohrringen abgelegt. Die Goldmaske stamme also – wie viele weitere Stücke aus dem Grabschatz des Tutanchamun – aus der Zeit der unmittelbaren Vorgängerpharaonen, höchstwahrscheinlich von Nofretete, und sei beim unerwarteten Tod des Königs in aller Schnelle wiederverwertet worden. Einige Schlüsselwerke des

Grabinventars könnten anhand von Textspuren dem Pharao «Anchkheperure Neferneferuaton» zugewiesen werden, hinter dem Reeves Nofretete vermutet. Eine Publikation über die Ergebnisse zur genauen Herstellungstechnik der Goldmaske bereiten die Fachleute des Römisch-Germanischen Zentralmuseums Mainz derzeit vor. Es bleiben also noch viele weitere spannende Neuerkenntnisse über das Glanzstück aus dem Grabschatz des Tutanchamun abzuwarten.

Die jüngst erfolgte Restaurierung der goldenen Totenmaske führte einmal mehr ihre Zerbrechlichkeit vor Augen. Es ist kaum vorstellbar, dass diese weltberühmte Ikone im letzten Jahrhundert noch für Ausstellungen ins Ausland verliehen wurde. Die Besucher standen einen halben Tag lang Schlange, nur um die originale Goldmaske des legendären Pharao zu sehen. Seitdem wird das einzigartige Stück ausschließlich in seiner Heimat Ägypten präsentiert. Wer nicht bis nach Kairo reisen kann, um sie und alle anderen Stücke des Grabschatzes zu besichtigen, dem bietet sich die Wanderausstellung «Tutanchamun. Sein Grab und die Schätze» von SC Exhibitions als Alternative an. Seit 2008 tourt sie erfolgreich durch viele europäische Länder. Zwar kommt man nicht in den Genuss, Originalobjekte zu sehen, dafür zeigt diese einmalige Erlebnisshow über 1000 Repliken aus Tutanchamuns Grabschatz in einem der originalen Fundsituation nachgezeichneten Kontext. Die Ausstellung wurde auf der Grundlage von Howard Carters minutiöser Dokumentation und Harry Burtons einmaligen Schwarz-Weiß-Fotos konzipiert. In Zusammenarbeit mit wissenschaftlichen Experten stellte das ägyptische Künstleratelier Fine Art Cairo die in höchster Qualität gefertigten Repliken bis in alle Einzelheiten her. Da aus konservatorischer Sicht viele Originale nicht mehr für Sonderausstellungen verliehen werden können, gewinnt die Verwendung von Rekonstruktionen im musealen Kontext immer mehr an Bedeutung.

«Tutanchamun. Sein Grab und die Schätze» ist die bislang größte Repliken-Ausstellung zum weltberühmten König. Nach einer filmischen Einführung zur Kultur des Alten Ägypten, zur Geschichte des Kindkönigs und zu Howard Carters langer Suche nach dem Grab betreten die Besucher einen Raum, in dem die Objekte so arrangiert sind, wie Carter sie 1922 vorfand. Der Augenblick der Auffindung wird unmittelbar erfahrbar gemacht. Für die Ausstellungsmacher stand weniger die Authentizität der Objekte im Vordergrund als vielmehr Carters einmaliges Erlebnis der Entdeckung der Grabkammer. Besucher sollen die einzelnen Gegenstände in ihrem ursprünglichen Gesamtkontext erleben. Über Nachbildungen lassen sich auch unterschiedliche Zusammenhänge der Objekte inszenieren und geben den Besuchern einen Überblick über den Grabinhalt, was mit Originalen so nie möglich wäre. Die Ausstellung bringt einen Großteil der bedeutendsten Stücke und das Grab mit den Wandmalereien an einem Ort zusammen. Auch die zerstörte Malerei mit der Göttin Isis an der Südwand der Sargkammer wurde hierfür nachgebaut. Selbst so bedeutende Artefakte wie die goldene Totenmaske, der goldene Thronsessel, drei der vier großen Schreine, der Sarkophag und die drei Särge sind in Form von Repliken präsent. Großformatige Fotos des Grabungsfotografen Harry Burton werfen Licht auf besondere historische Momente dieser einzigartigen Entdeckung. Vor allem zeichnet sich die Ausstellung auch durch ihre Kombination aus klassisch musealen und multimedialen Elementen aus und bietet reichhaltige Informationen zur einmaligen Bedeutung von Howard Carters Entdeckung in Zusammenhang mit der Geografie, Religion und Geschichte des Alten Ägypten. Diese Repliken-Ausstellung kann und soll, wie die Organisatoren selbst sagen, die Betrachtung der Originale nicht ersetzen. Im Idealfall bietet sie viele Anreize für die Besucher, Tutanchamuns Grabschatz – eine der Hauptattraktionen einer Ägyptenreise – in seiner Heimat zu besichtigen.

Bis vor kurzem bot das Ägyptische Museum am heutigen Midan el-Tahrir im Herzen Kairos dem Grabschatz des Tutanchamun fast 100 Jahre lang ein würdevolles Ambiente, das seine eigene, besondere Geschichte hat. Seit vielen Jahrzehnten war es der ganzen Welt als größte Sammlung pharaonischer Kunst und Kultur bekannt. Das im Beaux-Arts-Stil nach Entwürfen des französischen Architekten Marcel Dourgnon errichtete Gebäude öffnete 1902 seine Pforten. Bereits viele Jahrzehnte vor seiner Einweihung hatte man nach geeigneten Räumlichkeiten für die Unterbringung von pharaonischen Schätzen gesucht. Der offizielle Beschluss für den Bau eines Museums in Kairo durch den Khediven Mohamed Ali Pascha geht ins Jahr 1835 zurück. Es sollte jedoch noch fast 70 Jahre dauern, bis das Ägyptische Museum am Midan el-Tahrir verwirklicht wurde. Zunächst richtete man für die Denkmäler eine einfache Lagerhalle im Ezbekeyya-Viertel Kairos ein. Schon damals wusste man nicht wohin mit der überbordenden Fülle an Altertümern, die jeden Tag aus dem Wüstensand Ägyptens geborgen wurden. 1851, unter der Herrschaft von Abbas I., transferierte man die Sammlung von Ezbekeyya zur Zitadelle des Saladin. Drei Jahre darauf gab Abbas die gesamte Sammlung an den Prinzen von Österreich, der während seines Aufenthaltes in Kairo ein großes Interesse an ihnen gezeigt hatte. Der Prinz kehrte mit einem unglaublichen Schatz in seine Heimat zurück. 1858 ernannte der Khedive Said Pascha den französischen Ägyptologen Auguste Mariette zum Direktor des neu eingerichteten Antikendienstes. Er sollte sich um den Schutz der ägyptischen Denkmäler kümmern und die archäologischen Ausgrabungen in ganz Ägypten beaufsichtigen. Im Kairoer Viertel Boulak errichtete Mariette das erste ägyptische Nationalmuseum und stellte den Kernbestand der pharaonischen Sammlung zusammen. Kaum war das Haus bezogen, füllten sich die Räume schon nach kurzer Zeit mit weiteren Funden von neuen Ausgrabungen. Khedive Ismail gab einige Jahre später den Bau eines größeren Museums für pharaonische Kultur im Stadtzentrum in Auftrag, verschob jedoch das Projekt aufgrund von finanziellen Engpässen. Mariette wurde lediglich eine erweiterte Fläche vor dem Haus in Boulak gewährt. 1878 fügte eine ungewöhnlich hohe Nilflut dem Museum großen Schaden zu und zerstörte viele Artefakte. Doch so viel auch verloren ging, so schnell kam immer wieder Neues nach. Nach Mariettes Tod übernahm sein Nachfolger Gaston Maspero die Aufsicht der Altertümer und brachte einen Museumsführer für die stetig wachsende Sammlung heraus. Er engagierte Ahmed Kamal, einen der ägyptischen Pionierägyptologen, und verbrachte mit ihm viel Zeit mit der Organisation der Sammlung. Als auch das Boulak-Museum aus allen Nähten zu platzen drohte, verbrachte man sie in den Ismail-Pascha-Palast nach Gizeh, der damals als Gizeh Museum bekannt war. Zwar verfügte das Museum über viele Räume, für die Unterbringung überdimensional großer Denkmäler schienen sie jedoch alles andere als geeignet zu sein. Der Bau eines neuen Museums erwies sich als immer dringender. Jacques de Morgan, damaliger Direktor des ägyptischen Antikendienstes, erwirkte ein Umdenken beim Khediven, und schon nach kurzer Zeit war die Stelle am heutigen Midan el-Tahrir für den Neubau ausgesucht.

Zum ersten Mal wurde ein Wettbewerb für die architektonischen Entwürfe eines Museumsbaus auf dieser Seite des Mittelmeeres ausgeschrieben. Die ägyptischen Behörden legten die Richtlinien fest: Das Museum sollte ein funktionales Gebäude sein und alle modernen Standards erfüllen. Den architektonischen Stil konnten die Architekten frei wählen, was auch immer sie als geeignet für die Altertümer erachteten. 116 Designentwürfe gingen bei der Jury ein, von denen 73 der Öffentlichkeit vorgestellt wurden. Die Entwürfe mehrerer Bewerber zeigten die Einflüsse des Alten Ägypten und griffen die Tempel- oder Pyramidenform auf. Viele Entwurfsvorschläge wurden abgelehnt, weil sie sich nicht an die Wettbewerbsregeln gehalten hatten oder das zur Verfügung stehende Etat sprengten. 1895 ging der Gewinnerpreis an den französischen Architekten Marcel Dourgnon. Das Ägyptische Museum (arab. «Al Antikhana») wurde im neu errichteten Viertel Ismailiya, dem europäischen Bezirk Kairos, zwischen dem Nil und britischen Militärkasernen erbaut, von denen ein Teil dem Neubau weichen musste. Die direkte Nähe zum Nil erleichterte später auch den Transport von Tutanchamuns Grabschatz von der Anlegestelle bis zum gegenüberliegenden Museum. Am 15. November 1902 gab die ägyptische Tageszeitung «Al Ahram» die offizielle Eröffnung des Ägyptischen Museums durch Abbas Hilmi II. bekannt. Zu diesem Zeitpunkt war Howard Carter bereits beim ägyptischen Antikendienst angestellt und als Chefinspektor von Oberägypten und Nubien tätig. Gaston Maspero wurde zum ersten Direktor des neuen Museums ernannt. Bis 1950 unterstand Ägyptens Nationalmuseum für pharaonische Kultur ausländischer Leitung, dann wurde Mahmoud Hamza zum ersten ägyptischen Direktor gewählt. Die Etablierung eines Ägyptischen Museums in Kairo folgte dem Trend westlicher Länder, im Zuge weltpolitischer Veränderungen eigene Gebäude für das nationale Kulturerbe zu errichten, und ist von europäischen Einflüssen geprägt. Dourgnons Architekturdesign ist an den neoklassizistischen Stil angelehnt, nur vereinzelte Elemente an der Museumsaußenfassade erinnern an den eigentlichen Zweck des Gebäudes. Mit über 100 geräumigen Ausstellungssälen auf zwei Stockwerken bot das Ägyptische Museum erstmals ausreichend Platz für die Beherbergung der pharaonischen Denkmäler; selbst Kolossalstatuen kamen hier ohne Schwierigkeiten unter. Die architektonische Gesamtkomposition beeindruckt durch ihre Abfolge von niedrigen und hohen Räumen; ihre von natürlichem Licht durchfluteten Säle und die imposante Kuppel über der Rotunde am Museumseingang verleihen dem Gebäude eine besondere Atmosphäre. Ende des letzten Jahrhunderts wurde das Gebäude unter Denkmalschutz gestellt.

So schön das Ägyptische Museum am Midan el-Tahrir mit seinem antiquierten Charme auch heute noch ist, stellte es die ägyptische Antikenbehörde immer wieder vor große Herausforderungen. Eine fehlende Temperatur- und Luftfeuchtigkeitskontrolle setzte vielen Objekten schwer zu. Die permanente Lichteinstrahlung wirkte sich besonders schädigend auf lichtempfindliche Materialien aus. Die stark befahrenen Straßen und Hochbrücken um das Museumsgebäude herum erzeugen Vibrationen, die sich ebenso negativ auf die Artefakte auswirkten. Zudem entsprach das Sicherheitssystem nicht annähernd professionellen Standards. Zwischenzeitlich war auch das Ägyptische Museum am Midan el-Tahrir vom Dach bis zum Depot mit Exponaten regelrecht vollgestopft, und bis heute kommen täglich neue Denkmäler von Ausgrabungen hinzu. An die 200 000 Objekte – keiner weiß es so genau – waren dort bis vor kurzem untergebracht. Man warb für das Museum als «schönste Rumpelkammer der Welt». In Hochzeiten des Tourismus wurden viele Tausende Besucher durch seine Säle geschleust. Erstbesucher waren völlig orientierungslos und erschlagen von der Fülle der Exponate, nur Spezialisten fühlten sich in der überbordenden Museumssammlung heimisch. Die meisten Besucher kamen, um den Grabschatz des Tutanchamun zu sehen. Seit seiner Entdeckung wurden der Öffentlichkeit lediglich die Meisterwerke gezeigt, während zwei Drittel der Exponate bis vor nicht allzu langer Zeit im Museumsdepot lagerten. Viele Kisten waren noch so, wie Carter und sein Team sie verpackt hatten. Die Präsentation der ausgestellten Stücke entsprach längst nicht mehr zeitgemäßen Standards. Tutanchamuns goldene Totenmaske, vor der sich täglich viele Besuchertrauben bildeten, war in einem viel zu kleinen Saal mit weiteren Artefakten untergebracht. Es gab kaum Beschriftungen zu den einzelnen Objekten, Informationen zur historischen Bedeutung des Königs und zu Carters sagenhafter Entdeckung fehlten völlig. Ohne eine professionelle Führung nahmen die Besucher nur wenig mit.

Vor mehr als 20 Jahren initiierte die ägyptische Antikenbehörde ein bis heute anhaltendes Modernisierungsprogramm für seine Museen, um sie von ihrem verstaubten Image zu befreien, den Ansprüchen von modernen Besuchern Genüge zu leisten und die Exponate konservatorischen Standards entsprechend auszustellen. Viele bestehende Museen wurden seitdem instand gesetzt und einige neue Einrichtungen im ganzen Land gebaut. Während Tutanchamuns Mumie derweil noch in einer klimatisierten Vitrine in ihrem Grab im Tal der Könige ruht, hat man im 500 Kilometer entfernten Kairo eine neue Dauerausstellung für den Grabschatz des Königs geschaffen. Zwei Kilometer westlich der Pyramiden von Gizeh ist auf einem 50 Hektar großen Areal mitten in der Wüste mit dem «Grand Egyptian Museum» das weltweit größte archäologische Museum für altägyptische Zivilisation mit einer Ausstellungsfläche von über 20 000 Quadratmetern entstanden. Geplant und entworfen wurde es von dem irisch-koreanischen Architekturbüro heneghan peng und Atelier Brückner. Es ist als Museum der Superlative konzipiert: 50 000 Exponate werfen Licht auf die einmalige Geschichte der pharaonischen Kultur und Kunst, von denen Tutanchamuns Grabschatz zweifelsohne den größten Besuchermagneten des Museums darstellt. Erstmals seit seiner Auffindung wird er der Öffentlichkeit in seiner Gänze auf 7500 Quadratmetern präsentiert. Bereits auf dem Weg zu König Tutanchamun nehmen die Besucher bleibende Eindrücke mit: Am Eingang begrüßt sie im Atrium eine zwölf Meter hohe und 80 Tonnen schwere Granitkolossalstatue Ramses' II., eines der mächtigsten Herrscher des Alten Ägypten. 2006 wurde die Statue eigens für den Museumsneubau vom Kairoer Hauptbahnhof nach Gizeh transportiert. Seit den 1950er Jahren hatte sie auf dem

Bahnhofsvorplatz gestanden und ihm seinen Namen «Ramses-Platz» gegeben. Ursprünglich befand sie sich vor dem Südeingang des Ptah-Tempels in der altägyptischen Hauptstadt Memphis. Eine 180 Meter lange Treppe führt die Besucher im neuen Museum vom Atrium aus durch die viele Jahrtausende währende Kultur des Alten Ägypten und präsentiert tonnenschwere Steinskulpturen aus der gesamten Nilregion. Alle Museumsbereiche sind von der Treppe aus zugänglich. An ihrem oberen Ende tut sich auf einer Aussichtsplattform ein beeindruckender Panoramablick auf die Pyramiden von Gizeh, die gewaltigen Grabanlagen von Cheops, Chephren und Mykerinos aus dem Alten Reich auf. Von dort aus geht es rechts ab zum Grabschatz des Kindkönigs. Das Atelier Brückner wurde mit der Ausstellungsgestaltung der Tutanchamun-Galerien des «Grand Egyptian Museum» beauftragt. Erstmals ist es möglich, der Welt den gesamten Grabschatz im Kontext seiner Geschichte zu präsentieren, wofür die deutschen Ausstellungsgestalter eine eigene Szenografie entworfen haben. Unter anderem auf der Grundlage von Carters ausführlichen Aufzeichnungen wurde der über 5000 Einzelobjekte umfassende Fund eindrucksvoll in Szene gesetzt und eine erlebnisorientierte und zeitgemäße Dauerausstellung für Museumsbesucher entworfen. Sie können sich auf ein einmaliges Erlebnis in einer der weltweit modernsten Museumseinrichtungen freuen und den Grabschatz des goldenen Pharao im Jahr des 100-jährigen Jubiläums seiner Auffindung erstmals in seiner Gesamtheit bestaunen. Bis heute hat kein anderer archäologischer Fund Howard Carters Entdeckung übertroffen.

Abkürzungen

KV	Kings Valley
WV	West Valley
TT	Theban Tombs

Zeittafel

PRÄDYNASTISCHE ZEIT	ca. 5300–3000 v. Chr.
FRÜHZEIT	ca. 3000–2682 v. Chr.
ALTES REICH	ca. 2682–2120 v. Chr.
3. Dynastie	ca. 2682–2589 v. Chr.
4. Dynastie	ca. 2589–2454 v. Chr.
5. Dynastie	ca. 2454–2297 v. Chr.
6. Dynastie	ca. 2297–2166 v. Chr.
7./8. Dynastie	bis ca. 2120 v. Chr.
ERSTE ZWISCHENZEIT	
9./10. Dynastie	ca. 2120–2020 v. Chr.
MITTLERES REICH	ca. 2219–1794 v. Chr.
11. Dynastie	ca. 2119–1974 v. Chr.
12. Dynastie	ca. 1976–1794 v. Chr.
ZWEITE ZWISCHENZEIT	ca. 1793–1550 v. Chr.
13. Dynastie	ca. 1793–1645 v. Chr.
14. Dynastie	ca. 1773–1645 v. Chr.
15. Dynastie	ca. 1645–1536 v. Chr.
16. Dynastie	ca. 1645–1550 v. Chr.
17. Dynastie	ca. 1645–1550 v. Chr.
NEUES REICH	ca. 1550–1070 v. Chr.
18. Dynastie	ca. 1550–1292 v. Chr.
Ahmose	ca. 1550–1525 v. Chr.
Amenophis I.	ca. 1525–1504 v. Chr.
Thutmosis I.	ca. 1504–1492 v. Chr.

Thutmosis II.	ca. 1492–1479 v. Chr.
Thutmosis III.	ca. 1479–1425 v. Chr.
Hatschepsut	ca. 1479–1458 v. Chr.
Amenophis II.	ca. 1428–1397 v. Chr.
Thutmosis IV.	ca. 1397–1388 v. Chr.
Amenophis III.	ca. 1388–1350 v. Chr.
Amenophis IV. Echnaton	ca. 1351–1334 v. Chr.
Semenchkare	ca. 1337–1333 v. Chr.
Tutanchamun	ca. 1333–1323 v. Chr.
Eje	ca. 1323–1319 v. Chr.
Haremhab	ca. 1319–1292 v. Chr.
19. Dynastie	ca. 1292–1185 v. Chr.
Ramses I.	ca. 1292–1290 v. Chr.
Sethos I.	ca. 1290–1279 v. Chr.
Ramses II.	ca. 1279–1213 v. Chr.
Merenptah	ca. 1213–1203 v. Chr.
Amenmesse	ca. 1203–1199 v. Chr.
Sethos II.	ca. 1199–1193 v. Chr.
Siptah	ca. 1193–1188 v. Chr.
Tausret	ca. 1188–1185 v. Chr.
20. Dynastie	ca. 1185–1070 v. Chr.
Sethnacht	ca. 1185–1182 v. Chr,
Ramses III.	ca. 1182–1151 v. Chr.
Ramses IV.	ca. 1151–1144 v. Chr.
Ramses V.	ca. 1144–1140 v. Chr.
Ramses VI.	ca. 1140–1132 v. Chr.
Ramses VII.	ca. 1132–1123 v. Chr.
Ramses VIII.	ca. 1123–1121 v. Chr.
Ramses IX.	ca. 1121–1103 v. Chr.
Ramses X.	ca. 1103–1099 v. Chr.
Ramses XI.	ca. 1099–1070 v. Chr.
DRITTE ZWISCHENZEIT	ca. 1070–655 v. Chr.
21. Dynastie	ca. 1070–945 v. Chr.
22. Dynastie	ca. 945–736 v. Chr.
23. Dynastie	ca. 818–715 v. Chr.

24. Dynastie	ca. 740–712 v. Chr.
25. Dynastie	ca. 712–655 v. Chr.
SPÄTZEIT	ca. 664–332 v. Chr.
26. Dynastie	ca. 664–525 v. Chr.
27. Dynastie	ca. 525–401 v. Chr.
28. Dynastie	ca. 404–399 v. Chr.
29. Dynastie	ca. 399–380 v. Chr.
30. Dynastie	ca. 380–342 v. Chr.
31. Dynastie	ca. 342–332 v. Chr.
GRIECHISCH-RÖMISCHE ZEIT	ca. 332 v. Chr.–395 n. Chr.

Bibliografie

AGNEW, Naville, WONG, Lori: Conserving and Managing the Tomb of Tutankhamen, in: A World of Art, Research and Philanthropy (Winter 2019), S. 8–11

ALDRED, Cyril: Echnaton, Augsburg 1990

ALLEN, Susan J.: Tutankhamun's Embalming Cache Reconsidered, in: HAWASS, Zahi and PINCH, Brock L. (Hrsg.), Egyptology at the Dawn of the Twenty-First Century: Proceedings of the Eighth International Congress of Egyptologists, Cairo 2000, Band 1, New York / Kairo 2003, S. 23–29

ANDREU, Guillemette: Les Égyptiens au temps des pharaons, Paris 1997

ARAKAKI, Jon S.: The Glint of Gold: Press Coverage of the Discovery of Tutankhamun's Tomb, University of Nevada, Las Vegas 1999

ARNOLD, Dorothea, ALLEN, James, GREEN, Lyn: The Royal Women of Amarna. Images of Beauty in Ancient Egypt, New York 1996

ASSMANN, Jan: Monotheismus und die Sprache der Gewalt, Wien 2006

ATELIER BRÜCKNER: Scenography. Staging the Space. Projects and Philosophy 1997–2018, Basel 2019

BARDAOUIL, Sam, FELLRATH, Till: Tea with Nefertiti. The making of the artwork by the artist, the museum and the public, Qatar 2012

BEINLICH, Horst: Das Totenbuch bei Tutanchamun, in: Göttinger Miszellen 102 (1988), S. 7–18

BEINLICH, Horst, SALEH, Mohamed: Corpus der hieroglyphischen Inschriften aus dem Grab des Tutanchamun, Oxford 1989

BERTSCH, Julia, BROSCHAT, Katja, ECKMANN, Christian: Die Goldbleche aus dem Grab des Tutanchamun. Die Arbeiten der Jahre 2014 bis 2016, in: E-Forschungsberichte des DAI 2017, I, S. 54–57

BIEDERMANN, Heike, DEHMER, Andreas (Hrsg.): Imagination und Anschauung. Ägyptenrezeption und Ägyptenreisen in der ersten Hälfte des 20. Jahrhunderts, Dresden 2015

BOYCE, Andrew: Notes on the manufacture and use of faience rings at

Amarna, in: KEMP, Barry J. (Hrsg.), Amarna Reports V. Occasional Publications 6, London 1989, S. 160–168

BRACKMAN, Arnold C.: Der Goldene Gott. Das Grab des Tutanchamun und seine Entdeckung, Herrsching 1987

BREASTED, James H.: Geschichte Aegyptens, Zürich 1954

BRIER, Bob: Der Mordfall Tutanchamun, München 2000

BRIER, Bob: Egyptomania. Our Three Thousand Year Obsession with the Land of the Pharaohs, New York 2013

BROSCHAT, Katja: Hintergründig! Hinterglasmalerei aus dem Grab des Tutanchamun, in: Restaurierung und Archäologie 10 (2017), S. 63–94

BROSCHAT, Katja, ECKMANN, Christian, SEIDLMAYER, Stephan: Die goldene Totenmaske des Tutanchamun. Wissenschaftliche Restaurierung und Analyse, in: Archäologie in Ägypten. Magazin des Deutschen Archäologischen Instituts Kairo (2016), S. 10–19

BRUNNER-TRAUT, Emma: Ägypten, Stuttgart ^{6}1988

CARNARVON, Fiona: Carnarvon & Carter. The Story of the Two Englishmen who discovered the Tomb of Tutankhamun, Highclere 2007

CARNARVON, Fiona: Egypt at Highclere. The Discovery of Tutankhamun, Highclere Enterprises LLP 2013

CARTER, Howard, MACE, Arthur C.: The Tomb of Tut.ankh.Amen, 3 Bände, London 1923–1933

CARTER, Howard, MACE, Arthur C.: Tut-ench-Amun. Ein ägyptisches Königsgrab, 3 Bände, Leipzig 1924–1934

CARTIER: Talisman, Nr. 37, Mailand 2014, S. 66–75

CERAM, C. W.: Götter, Gräber und Gelehrte. Roman der Archäologie, Reinbek ^{3}2005

ČERNÝ, Jaroslav: Hieratic Inscriptions from the Tomb of Tut'ankhamun, Tut'ankhamun's Tomb Series 2, Oxford 1965

CLAYTON, Peter A.: Die Pharaonen, Augsburg 1998

COLLINS, Paul, McNAMARA, Liam: Discovering Tutankhamun, Oxford 2014

COMELLI, Daniela, D'ORAZIO, Massimo, FOLCO, Luigi, et al.: The meteoritic origin of Tutankhamun's iron dagger blade, in: Meteoritics & Planetary Science, Band 51, Ausgabe 7 (2016), S. 1301–1309

DANTON, William: Tutmania: An Exploration of Western Portrayals of King Tutankhamun and Orientalism in Egypt, University of Puget Sound 2019

DAVIES, Nina M.: Tutankhamun's Painted Box, Oxford 1962

DAVIS, Theodore M., MASPERO, Gaston, DARESSY, George, CRANE, Lancelot: The Tombs of Harmhabi and Touatânkhamanou: The Discovery of the Tombs, London 1912

DESROCHES-NOBLECOURT, Christiane: Tutankhamun's Golden Trove, in: National Geographic, Band 124, Nr. 4 (Oktober 1963), S. 624–644

DESROCHES-NOBLECOURT, Christiane: Life and Death of a Pharaoh: Tutankhamen, New York 1963

DOBSON, Eleanor, TONKS, Nichola (Hrsg.): Ancient Egypt in the Modern Imagination. Art, Literature and Culture, London 2020

DODSON, Aidan: Monarchs of the Nile, Kairo / New York 1995

DODSON, Aidan: Amarna Sunset. Nefertiti, Tutankhamun, Ay, Horemheb, and the Egyptian Counter-Reformation, Kairo 2009

DODSON, Aidan, HILTON, Dyan: The Complete Royal Families of Ancient Egypt, London 2004

DODSON, Aidan, IKRAM, Salima: The Mummy in Ancient Egypt. Equipping the Dead for Eternity, London 1998

EATON-KRAUSS, Marianne: The Sarcophagus in the Tomb of Tutankhamun, Oxford 1993

EATON-KRAUSS, Marianne: Restorations and Erasures in the Post-Amarna Period, in: HAWASS, Zahi, BROCK, Lyla P. (Hrsg.): Egyptology at the Dawn of the Twenty-first Century, proceedings of the Eighth International Congress of Egyptologists, Kairo, 28 March – 3 April 2000, Band 2, Kairo 2003, S. 194–202

EATON-KRAUSS, Marianne: The Thrones, Chairs, Stools and Footstools from the Tomb of Tutankhamun, Oxford 2008

EATON-KRAUSS, Marianne: The Unknown Tutankhamun, London 2016

EGGEBRECHT, Arne: Ägyptens Aufstieg zur Weltmacht, Mainz 1987

EL MAHDY, Christine: Tutanchamun. Leben und Sterben des jungen Pharao, München 2004

EWERS, Hanns H.: Die Rache des Pharao, in: Tutanchamon: Sonderheft der Woche, Berlin 1924, S. 23–27

FORBES, Dennis C.: Tombs. Treasures. Mummies. Seven Great Discoveries of Egyptian Archaeology, Sebastopol 1998

FRANZ, Angelika: Tutanchamun. Leben, Tod und Geheimnis, Frankfurt am Main 2017

FRAYLING, Christopher: The Face of Tutankhamun, London / Boston 1992

GABOLDE, Marc: D'Akhenaton à Toutânkhamon, Lyon 1998

GABOLDE, Marc: Toutankhamon. Les grands pharaons, Paris 2015

GLITHERO-WEST, Lizzie: Tutankhartier: Death, rebirth and decoration; or, Tutmania in the 1920s as a metaphor for a society in recovery after world war one, in: DOBSON, Eleanor, TONKS, Nichola (Hrsg.): Ancient Egypt in the Modern Imagination. Art, Literature and Culture, London 2020, S. 127–144

GREWENIG, Meinrad Maria (Hrsg.): PharaonenGold, 3000 Jahre altägyptische Hochkultur, Berlin 2019

GRIMM, Alfred, SCHOSKE, Sylvia: Das Geheimnis des Goldenen Sarges. Echnaton und das Ende der Amarnazeit, München 2001

GROS DE BELER, Aude: Tutanchamun, Frechen 2001

GUNDLACH, Rolf: Der ägyptische Hof des Neuen Reiches. Seine Gesellschaft und Kultur im Spannungsfeld zwischen Innen- und Außenpolitik, Wiesbaden 2006

HABICHT, Michael H.: Nofretete und Echnaton. Das Geheimnis der Amarna-Mumien, Leipzig 2011

HABICHT, Michael H.: Tutanchamun. 100 Jahre Entdeckung seines Grabes, Berlin ²2020

HASSAN, Ali: Stöcke und Stäbe im Pharaonischen Ägypten bis zum Ende des Neuen Reiches, Münchner Ägyptologische Studien 33, München / Berlin 1976

HAWASS, Zahi: Discovering Tutankhamun: From Howard Carter to DNA, Kairo / New York 2013

HAWASS, Zahi: Auf den Spuren Tutanchamuns, Darmstadt 2015

HAWASS, Zahi, et al.: Ancestry and Pathology in King Tutankhamun's Family, in: Journal of the American Medical Association 303, Nr. 7 (2010), S. 638–647

HAWASS, Zahi, SALEEM, Sahar N.: Scanning the Pharaohs. CT Imaging of the New Kingdom Royal Mummies, Kairo 2016

HAWASS, Zahi, VANNINI, Sandro: Tutanchamun. Das legendäre Grab des Pharao, München 2008

HELCK, Wolfgang: Untersuchungen zu Manetho und den Ägyptischen Königslisten, Untersuchungen zur Geschichte und Altertumskunde Ägyptens 18, Berlin 1956

HELCK, Wolfgang: Das Grab Nr. 55 im Königsgräbertal. Sein Inhalt und seine historische Bedeutung, Sonderschrift des Deutschen Archäologischen Instituts Kairo 29, Mainz 2001

HORNUNG, Erik: Geist der Pharaonenzeit, Zürich / München 1989

HORNUNG, Erik: Der Ägyptische Mythos von der Himmelskuh. Eine Ätiologie der Unvollkommenen, Freiburg 1992

HORNUNG, Erik: Echnaton, Zürich 1995

HORNUNG, Erik (Hrsg.): Gesänge vom Nil, Zürich / München 1990

HORNUNG, Erik: Das Totenbuch der Ägypter, Düsseldorf / Zürich 1997

HORNUNG, Erik: Die Legende vom «Fluch der Pharaonen», in: WETTENGEL, Wolfgang (Hrsg.): Mythos Tutanchamun, Nördlingen 2000, S. 74–81

HORNUNG, Erik: Das Tal der Könige, München 2002

HORNUNG, Erik: Echnaton. Die Religion des Lichts, Düsseldorf 2003

HOVING, Thomas: Der goldene Pharao – Tut-ench-Amun. Die 1. authentische Darstellung der größten archäologischen Entdeckung aller Zeiten, Bayreuth 1984

HUMBERT, Jean-Marcel, PANTAZZI Michael, ZIEGLER, Christiane: Egyptomania. Egypt in Western Art 1730–1930, Ottawa 1994

HUMPHREYS, Andrew: Grand Hotels of Egypt. In the Golden Age of Travel, Kairo / New York 2011

HUMPHREYS, Andrew: On the Nile. In the Golden Age of Travel, Kairo / New York 2015

JACQ, Christian: Nofretete und Echnaton. Ein Herrscherpaar im Glanz der Sonne, Hamburg 2000

JAMES, Thomas G. H.: Howard Carter: The Path to Tutankhamun, London / New York 1992

JAMES, Thomas G. H.: Der ewige Glanz des jungen Pharaos, Köln 2000

JAMES, Thomas G. H.: Tutankhamun. The Eternal Splendor of the Boy Pharaoh, Kairo 2000

JANSEN WINKELN, Karl: Die Plünderung der Königsgräber des Neuen Reiches, in: Zeitschrift für Ägyptische Sprache und Altertumskunde 122 (1995), S. 62–78

KARNOUK, Liliane: Modern Egyptian Art, Kairo / New York 2005

KAWAI, Nozomu: Studies in the Reign of Tutankhamun, Ph.D. Dissertation, Department of Near Eastern Studies, The Johns Hopkins University 2005

KAWAI, Nozomu: Ay versus Horemheb: The political situation in the late

Eighteenth Dynasty revisited, in: Journal of Egyptian History 3 (2010), S. 261–292

KEMP, Barry: The City of Akhenaton and Nefertiti. Amarna and its People, London 2012

KRAUSS, Rolf: Zum archäologischen Befund im thebanischen Königsgrab KV62, in: Mitteilungen der Deutschen Orient-Gesellschaft zu Berlin (1986), S. 165–181

KRAUSS, Rolf: Eine Regentin, ein König und eine Königin zwischen dem Tod von Achenaten und der Thronbesteigung von Tutanchaten, in: Altorientalische Forschungen 34 (2007), S. 294–318

LABOURY, Dimitri, CONNOR, Simon (Hrsg.): Tutankhamun. Discovering the Forgotten Pharaoh, Liège 2020

LESKO, Leonard H.: King Tut's wine cellar, Berkeley 1977

MALEK, Jaromir: Egypt. 4000 Years of Art, New York 2003

MALEK, Jaromir: The Treasures of Tutankhamun, London 2012

MANNICHE, Lise: Ancient Egyptian Musical Instruments. Münchner Ägyptologische Studien 34, München 1975

MARCHANT, Jo: The Shadow King. The Bizarre Afterlife of King Tut's Mummy, Boston 2013

MARTIN, Geoffrey T.: The hidden tombs of Memphis. New discoveries from the time of Tutankhamun and Ramesses the Great, London 1993

MARTINSSEN-VON FALCK, Susanne: Die großen Pharaonen. Vom Neuen Reich bis zur Spätzeit, Wiesbaden 2018

MUMIEN DER WELT: Begleitbuch zur Ausstellung im Roemer- und Pelizaeus Museum Hildesheim, Hildesheim 2016

NIELSEN, Nicky: Egyptomaniacs: How We Became Obsessed with Ancient Egypt, Barnsley 2020

OTTO, Eberhard: Topographie des Thebanischen Gaues, in: Untersuchungen zur Geschichte und Altertumskunde Ägyptens 16 (1952)

POLZ, Daniel: The Location of the Tomb of Amenhotep I.: A Reconsideration, in: WILKINSON, Richard H. (Hrsg.): Valley of the Sun Kings: New Explorations in the Tombs of the Pharaohs, Tucson 1995, S. 8–21

REEVES, Nicholas: The Complete Tutankhamun: The King, the Tomb, the Royal Treasure, London / New York 1995

REEVES, Nicholas: Akhenaten, New York 2005

REEVES, Nicholas: The burial of Nefertiti? Amarna Royal Tombs Project, Valley of the Kings, Occasional Paper No. 1, Tucson 2015

REEVES, Nicholas: The Gold Mask of Ankhkheperure Neferneferuaten, in: Journal of Ancient Egyptian Interconnections, Band. 7, Nr. 4 (2015), S. 77–79

REEVES, Nicholas: Tutankhamun's Mask Reconsidered, in: Bulletin of the Egyptological Seminar 19 (2014), S. 511–526

REEVES, Nicholas, WILKINSON, Richard H.: Das Tal der Könige. Geheimnisvolles Totenreich der Pharaonen, Augsburg 2000

REID, Donald M.: Whose Pharaohs? Archaeology, Museums, and Egyptian National Identity from Napoleon to World War I, Berkeley / Los Angeles / London 2002

RIGGS, Christina: Photographing Tutankhamun. Archaeology, Ancient Egypt, and the Archive, London 2019

ROBINS, Gay: The Proportions of Figures in the Decoration of the Tombs of Tutankhamun (KV 62) and Ay (KV 23), in: Göttinger Miszellen 72 (1984), S. 27–32

ROEDER, Günther, Königssohn Tut-anchu-Aton, in: HANKE, Rainer: Amarna-Reliefs aus Hermopolis (Ausgrabungen der Deutschen Hermopolis-Expedition in Hermopolis 1929–1939), Band 2, Hildesheim 1969

RÜHLI, Frank J., IKRAM, Salima: Purported Medical Diagnoses of Pharaoh Tutankhamun, c. 1325 BC, in: HOMO – Journal of Comparative Human Biology 65 (1) (2014), S. 51–63

SALEH, Mohamed, SOUROUZIAN, Hourig: Die Hauptwerke im Ägyptischen Museum Kairo, Mainz 1986

SCHLÖGL, Hermann A.: Echnaton, Tutanchamun, Wiesbaden [5]2013

SCHLÖGL, Hermann A.: Nofretete. Die Wahrheit über die schöne Königin, München [2]2013

SCHMITZ, Manfred-Guido: Bad Schwalbach, Lord Carnarvon und das Grab des Tut-ench-Amun. Wie ein Autounfall vor 100 Jahren zu einer archäologischen Sensation führte, Kelkheim 1999

SCHOSKE, Sylvia: Das Tal der Könige, München 2003

SEIDLMAYER, Stephan, ECKMANN, Christian: Die Goldbleche des Tutanchamun. Zur kulturellen Kommunikation zwischen Ägypten und Vorderasien, in: Archäologie in Ägypten, Magazin des Deutschen Archäologischen Instituts Kairo 2013, S. 16–21

SETHE, Kurt: Urkunden der 18. Dynastie, IV. Abteilung, 1. Band, Heft 2, Leipzig 1906

SETTGAST, Jürgen: Tutanchamun, Kestner Museum Hannover, 20. Februar–26. April 1981, Mainz 1980

SEYFRIED, Friederike (Hrsg.): Im Licht von Amarna. 100 Jahre Fund der Nofretete, Petersberg 2012

SMITH, Elliot G.: The Royal Mummies, Kairo 1912

STEINDORFF, Georg: Die Grabkammer des Tutanchamun, in: Annales du Service des Antiquités de l'Égypte 38 (1938), S. 641–667

THE GRIFFITH INSTITUTE: Tutankhamun. Anatomy of an Excavation: http://www.griffith.ox.ac.uk/discoveringTut/

THOMPSON, Jason: Wonderful Things. A History of Egyptology, 2 Bände, Kairo / New York 2015

TUTANCHAMON: Sonderheft der Woche, Berlin 1924

TUTANCHAMUN – SEIN GRAB UND DIE SCHÄTZE: Eine Ausstellung von SC Exhibitions, Bayreuth 2020

VANDENBERG, Philipp: Der Fluch der Pharaonen, Bern / München 1973

VANDENBERG, Philipp: Der vergessene Pharao. Unternehmen Tut-Ench-Amun. Das Größte Abenteuer der Archäologie, München 1978

VELDMEIJER, André J.: Tutankhamun's Footwear. Studies of ancient Egyptian footwear, Leiden 2010

VELDMEIJER, André J., IKRAM, Salima: Sticks and Staves, in: LABOURY, Dimitri, CONNOR, Simon (Hrsg.): Tutankhamun. Discovering the Forgotten Pharaoh, Liège 2020, S. 90–93

VOGELSANG-EASTWOOD, Gillian M.: Tutankhamun's Wardrobe: Garments from the Tomb of Tutankhamun, Rotterdam 1999

WEBER, Christianne: Schmuck der 20er und 30er Jahre in Deutschland, Stuttgart 1990

WENZEL, Holger: «Ich bin wieder in die ägyptischen Sachen gekommen», in: WETTENGEL, Wolfgang (Hrsg.): Mythos Tutanchamun, Nördlingen 2000, S. 46–60

WESTENDORF, Wolfhart: Das Alte Ägypten, Baden-Baden 1979

WETTENGEL, Judith: Das «Riesenshowgeschäft» um den «Superstar aus dem alten Ägypten», in: WETTENGEL, Wolfgang (Hrsg.): Mythos Tutanchamun, Nördlingen 2000, S. 18–45

WETTENGEL, Wolfgang (Hrsg.): Mythos Tutanchamun, Nördlingen 2000

WENZEL, Diana: Tot oder lebendig? Menschlich oder unmenschlich? – Mumien im Film, in: WIECZOREK, Alfried, ROSENDAHL, Wilfried

(Hrsg.): Mumien. Der Traum vom ewigen Leben, Darmstadt [2]2015, S. 277–286

WIESE, André, BRODBECK, Andreas: Tutanchamun. Das goldene Jenseits. Grabschätze aus dem Tal der Könige, München 2004

WILKINSON, Richard H., WEEKS, Kent R.: The Oxford Handbook of the Valley of the Kings, New York 2016

WINSTONE, Harry V. F.: Howard Carter und die Entdeckung des Grabmals von Tut-Ench-Amun, Köln 1993

WULFF, Hans Jürgen: Von lebenden Toten, der Verfluchung der Lebenden und später Rache. Die Mumien der Filmgeschichte, in: Medienwissenschaft. Berichte und Papiere 169 (2016), S. 1–77

ZINK, Albert: Die Welt der Mumien, Darmstadt / Mainz 2012

ZIVIE, Alain-Pierre: La Tombe de Maia, Mère Nourricière du Roi Toutankhamon et Grande du Harem. Les Tombes du Bubasteion à Saqqara, Nr. 1, Toulouse 2009

ZÜRCHER KUNSTGESELLSCHAFT (Hrsg.): Schall und Rauch. Die wilden 20er, Katalog zur Ausstellung im Kunsthaus Zürich, Zürich 2020

Zitatquellen

Wunderbare Dinge
Carter, Mace (1924), S. 106, 112

Das Zeitalter der großen Pharaonen
Sethe (1906), S. 137 ff.
Breasted (1954), S. 215

Echnatons religiöse Revolution
Hornung (1990), S. 139, 141

Der Mensch hinter der Goldmaske
Roeder (1969), S. 40
Hornung (1990), S. 163 f.
Carter (1924), S. 199

Der Entdecker und sein Mäzen
James (2000), S. 46
Petrie's Journal (3. bis 9. Januar 1892), Griffith Institute Oxford
Carnarvon (2013), S. 12

Erste Spuren von Tutanchamun im Tal der Könige
Carter (1924), S. 61, 91, 93, 106
Otto (1952), S. 56
Davis (1912), Einleitung

Erkundungen in Theben und das Delta-Intermezzo
Mrs. Andrews, Metropolitan Museum Transcript, 19. Februar 1911, S. 159

Der Erste Weltkrieg und weitere Verzögerungen
Carter (1924), S. 96, 97, 100
James (1992), S. 193

Der langersehnte Erfolg
Carter (1924), S. 93, 105, 116, 124

James (1992), S. 218
Howard Carters Tagebuch aus dem Jahr 1922: http://www.griffith.ox.ac.uk/discoveringTut/journals-and-diaries/season-1/diary.html
Howard Carters Grabungsprotokoll aus dem Jahr 1922: http://www.griffith.ox.ac.uk/discoveringTut/journals-and-diaries/season-1/journal.html

Alle Hände voll zu tun
Carter (1924), S. 125, 144, 152
Carter (1927), S. 40, 51 f.
James (1992), S. 239, 253
Humphreys (2011), S. 179
Reeves (1995), S. 66

Das Grab und die Schätze
Veldmeijer (2020), S. 93
Carter (1924), S. 130
Carter (1933), S. 130

Die erste globale Mediensensation
Carter (1924), S. 165 f., 172, 176
Reeves (1995), S. 64
Arakaki (1999), S. 24
Wenzel (2000), S. 54
Tutanchamon Sonderheft der Woche (1924), letzte Seite

Der Fluch des Pharao
Reeves (1995), S. 62 f.
Wettengel, Judith (2000), S. 18 ff.
Hornung (2000), S. 79, 80
Hoving (1984), S. 182 ff., 200
Ewers (1924), S. 26
Danton (2019), S. 16
Wulff (2016), S. 2

Tutmania
Frayling (1992), S. 63
Glithero-West (2020), S. 130 ff.
Carter (1924), S. 131 ff.
Hawass (2015), S. 220

Abbildungsnachweise

Innenteil

S. 51: The Met, Rogers Fund 1950, Inv.-Nr. 50.6; https://www.metmuseum.org/de/art/collection/search/544690

S. 61: Howard Carter, The Emma B. Andrews Diary Project (emmabandrews.org)

S. 63: © Peter Palm, Berlin

S. 72: Apic/Hulton Archive/getty images

S. 75: General Photographic Agency/Hulton Archive/getty images

S. 81, 157: akg-images

S. 82: Karte nach James, Thomas G. H.: Howard Carter: The Path to Tutankhamun, London/New York 1992, S. 145 © Peter Palm, Berlin

S. 113: Karte nach http://www.kv5.de/html_german/kv_sites_map_german.html; © Peter Palm, Berlin

S. 122: Modell nach http://www.kv5.de/html_german/data_kv62_german.html; Karte 05Grabaufriss; TMPs (Theban Mapping Projekt) isometrische Zeichnung von KV62; © Peter Palm, Berlin

S. 129, 138, 140, 142, 153, 199: © Griffith Institute, University of Oxford

S. 133: akg-images/WHA/World History Archiv

S. 135, 144, 159, 179, 180, 217: akg-images/François Guénet

S. 145: © Tallandier/Bridgeman Images

S. 156: bpk/The Metropolitan Museum of Art/Harry Burton

S. 169: Plan nach Carter, Howard, Mace, Arthur C.: Tut-ench-Amun: Ein ägyptisches Königsgrab, 1. Band, Leipzig 1924, S. 111; © Peter Palm, Berlin

S. 212: File:Tourists outside Tutankhamun's tomb, February 1923.jpg – Wikimedia Commons; Maynard Owen Williams

S. 249: (links) Aus Mythos Tutanchamun, hrsg. von Wolfgang Wettengel, Nördlingen 2. Auflage. 2000, S. 51, Abb. 6: Vogue 7, Band 1, Les Editions Condé Nast, Paris 1926; (rechts) Wanda von Debschitz-Kunowski, 1909, © KHM-Museumsverband, Theatermuseum Wien

Tafelteil

Abb. 1: © The Egypt Exploration Society, London, mit freundlicher Genehmigung
Abb. 2, 3, 6, 9: akg-images
Abb. 4: akg-images/De Agostini Picture Library/S. Vannini
Abb. 5: akg-images/De Agostini Picture Library/G. Dagli Orti
Abb. 7, 8, 10–21: © Sandro Vannini/Laboratoriorosso
Abb. 22: akg-images/Sammlung Evelin Förster

Register

Kursiv gesetzte Stichwörter verweisen auf Orte.